QUANDO ROUBAR UM BANCO

STEVEN D. **LEVITT** & STEPHEN J. **DUBNER**

QUANDO ROUBAR UM BANCO

Tradução de
CLÓVIS MARQUES

1ª edição

EDITORA RECORD
RIO DE JANEIRO • SÃO PAULO
2016

CIP-BRASIL. CATALOGAÇÃO NA PUBLICAÇÃO
SINDICATO NACIONAL DOS EDITORES DE LIVROS, RJ

L647q

Levitt, Steven D.
    Quando roubar um banco: um guia freak de economistas desonestos sobre quase tudo / Steven D. Levitt, Stephen J. Dubner; tradução de Clóvis Marques. – 1ª ed. – Rio de Janeiro: Record, 2016.

    Tradução de: When to rob a bank: and 131 more warped suggestions and well-intended rants
    Inclui índice
    ISBN 978-85-01-07883-4

    1. Economia – Aspectos psicológicos. 2. Economia – Aspectos sociológicos. I. Dubner, Stephen J. II. Título.

16-33743

CDD: 330
CDU: 330

Copyright © Steven D. Levitt e Dubner Productions, LLC, 2015

Título original em inglês: When to rob a bank

Todos os direitos reservados. Proibida a reprodução, armazenamento ou transmissão de partes deste livro, através de quaisquer meios, sem prévia autorização por escrito.

Texto revisado segundo o novo Acordo Ortográfico da Língua Portuguesa.

Direitos exclusivos de publicação em língua portuguesa para o Brasil adquiridos pela
EDITORA RECORD LTDA.
Rua Argentina, 171 – 20921-380 – Rio de Janeiro, RJ – Tel.: (21) 2585-2000, que se reserva a propriedade literária desta tradução.

Impresso no Brasil

ISBN 978-85-01-07883-4

Seja um leitor preferencial Record.
Cadastre-se e receba informações sobre nossos lançamentos e nossas promoções.

Atendimento e venda direta ao leitor:
mdireto@record.com.br ou (21) 2585-2002.

Dedicamos este livro a nossos leitores.
Ficamos constantemente pasmos com seu entusiasmo
e gratos por sua atenção.

Sumário

O que blogs e água engarrafada têm em comum?	9
1. Estávamos apenas querendo ajudar	13
2. Mão-Boba, o Masturbador, e os perigos de Wayne	39
3. Que venha a alta dos preços da gasolina!	49
4. Concursos	83
5. Como ter medo da coisa errada	91
6. Se você não está trapaceando, é porque não tentou	119
7. Mas será que é bom para o planeta?	143
8. Acertar em cheio	161
9. Quando roubar um banco	191
10. Mais sexo, por favor, somos economistas	217
11. Caleidoscópio	229
12. Quando se é um jato...	255

O maior elogio jamais feito   295

Agradecimentos   297

Notas   301

Índice   311

O que blogs e água engarrafada têm em comum?

Dez anos atrás, quando estávamos para publicar um livro intitulado *Freakonomics*, decidimos criar paralelamente um website. Sem nenhuma imaginação, o nome escolhido foi *Freakonomics.com*. O site tinha uma função de *blogging*.

Levitt, que está sempre alguns anos atrasado, nunca tinha ouvido falar em blog, muito menos escrito para algum. Dubner explicou a ideia. Mas Levitt não se convenceu.

"Mas pelo menos vamos tentar", disse Dubner. Nossa parceria tinha começado havia tão pouco tempo que Levitt ainda não se dera conta de que essas cinco palavras eram o jeito de Dubner conseguir que ele fizesse todo tipo de coisa que não pretendia fazer.

Assim foi que resolvemos experimentar o blog. Aqui vai nosso primeiro post:

Soltando nosso filho

Todo pai acha que seu bebê é o mais bonito do mundo. Ao que parece, a evolução moldou nossos cérebros de tal maneira que, se começarmos a contemplar o rosto do nosso bebê dia após dia após dia, ele vai começar a parecer bonito. Quando os filhos de outras pessoas estão com a cara suja de comida, parece algo nojento; com o nosso garoto, é superfofo.

Pois nós estamos diante do manuscrito de *Freakonomics* há tanto tempo que agora ele já nos parece lindo — com todas as verrugas, as manchas de comida e tudo mais. De modo que começamos a pensar que talvez algumas pessoas quisessem de fato ler o texto e então se dispusessem até a manifestar suas opiniões a respeito. Daí a criação deste website. Esperamos que seja por algum tempo uma estada agradável (ou pelo menos agradavelmente polêmica).

E *realmente* tem sido uma estada agradável! Nossas postagens no blog tendem a ser mais informais, mais pessoais, mais categóricas que a maneira como escrevemos nossos livros; podemos tanto lançar no ar uma pergunta quanto dar uma resposta concreta. Escrevemos coisas sem ponderar o suficiente, para depois lamentar. Escrevemos coisas que ponderamos exaustivamente para depois também lamentar. Mas quase sempre o fato de ter o blog era um bom motivo para cultivar nossa curiosidade e nos manter abertos para o mundo.

Ao contrário do primeiro post, a grande maioria dos textos do blog era escrita por apenas um de nós, não por ambos, como acontece em nossos livros. Às vezes, convidávamos amigos (e até inimigos) a escrever para o blog; promovemos "quóruns" (convidando um grupo de pessoas inteligentes a responder a uma pergunta difícil) e perguntas e respostas (com pessoas como Daniel Kahneman e uma garota de programa de luxo chamada Allie). Durante vários anos, o *New York Times* hospedou o blog, o que lhe conferiu um verniz de legitimidade não muito justificado. Mas o *Times* acabou caindo em si e nos mandou andar para fazer o que fazemos, mais uma vez sozinhos.

Esses anos todos, sempre nos perguntamos por que continuávamos blogando. Não havia uma resposta óbvia. Não dava resultado; não tínhamos nenhuma prova de que o blog ajudava a vender mais livros. Na verdade, pode até ter canibalizado as vendas, pois diariamente estávamos oferecendo de graça nossos textos. Mas com o tempo viemos a entender por que persistíamos: os leitores gostavam de ler o blog e nós amávamos

O QUE BLOGS E ÁGUA ENGARRAFADA TÊM EM COMUM?

nossos leitores. Sua curiosidade, sua engenhosidade e especialmente seu senso de humor nos mantiveram cativos e, nas páginas que se seguem, teremos fartas demonstrações dessa espirituosidade.

Eventualmente, um leitor sugeria que reuníssemos os textos do blog em um livro. O que nos parecia uma ideia monumentalmente tola — até que, um belo dia, não faz muito tempo, a coisa mudou. Mas o quê, exatamente? Dubner foi levar um dos filhos a um acampamento de verão no Maine. No meio do nada, eles deram com uma enorme fábrica de engarrafamento de água, em Poland Spring. Como ele próprio tinha crescido no meio do nada, Dubner sempre achara muito estranho que tantas pessoas pagassem por uma garrafa d'água. E o fato é que pagam, desembolsando mais ou menos 100 bilhões de dólares por ano.

De repente, um livro de postagens de blog já não parecia uma ideia tão tola. E assim, seguindo a tradição de Poland Spring, Evian e outros "hidro-gênios", decidimos engarrafar algo que era oferecido de graça e cobrar de você por isso.

Para ser justos, realmente nos demos ao trabalho de ler todas as postagens e escolher apenas o melhor. (E foi gratificante ver que, em meio a 8 mil postagens basicamente medíocres, de fato tínhamos algumas boas.) Editamos e atualizamos na medida do necessário, organizando a coisa toda em capítulos, para fazer sentido num livro. O capítulo 1, por exemplo, "Estávamos apenas querendo ajudar", trata de abolição da titularidade acadêmica, alternativas à democracia e como pensar como um terrorista. "Mão-Boba, o Masturbador, e os perigos de Wayne" é sobre nomes estranhos, adequados ou estranhamente adequados. "Quando se é um jato..." mostra que quando alguém começa a pensar como um economista é difícil parar — seja o tema uma fórmula para bebês, filmes de animação ou comida rançosa. Ao longo da leitura, você ficará sabendo mais do que jamais desejou saber sobre nossas obsessões pessoais, como golfe, apostas e os temíveis centavos.

Tivemos um prazer descomunal ao longo desses anos em botar nossas ideias malucas no papel. Espero que você goste de dar uma olhada dentro das nossas cabeças para ver como é encarar o mundo pelas lentes da *Freakonomics*.

1

Estávamos apenas querendo ajudar

Algumas das melhores ideias na história — quase todas elas, na verdade — pareciam absurdas no início. Dito isso, o fato é que muitas ideias que parecem malucas de fato são malucas. Mas como descobrir? Uma das melhores coisas no fato de se ter um blog é dispor de um lugar para hastear as ideias mais loucas no mastro e ver se demora para serem abatidas a tiros. De todos os posts que escrevemos até hoje, o primeiro reproduzido neste capítulo foi o que provocou reações mais rápidas, ruidosas e enfurecidas.

Se você fosse um terrorista, como atacaria?
(STEVEN D. LEVITT)

O TSA (Transportation Security Administration, o Departamento de Segurança dos Transportes americano) anunciou que a maioria das restrições sobre o transporte de objetos em aviões permanecerá em vigor, apesar de ter sido revogada a proibição de isqueiros. Embora pareça um absurdo impedir que as pessoas passem com pasta de dente, desodorante e água pelos controles de segurança, não parecia assim tão estranho proibir isqueiros. Fico me perguntando se os fabricantes de isqueiros estavam fazendo pressão contra ou a favor da norma. Por um lado, o confisco diário de 22 mil isqueiros podia ser bom para as vendas; por outro, é possível que diminua o número de compradores de isqueiros se não for possível viajar com eles.

Ouvindo falar dessas normas, comecei a imaginar o que eu faria para maximizar o terror se fosse um terrorista com recursos limitados. Começaria pensando no que realmente causa medo. Uma coisa que assusta as pessoas é a ideia de que podem ser alvo de um atentado. Com isso em mente, eu pensaria em fazer algo que todo mundo achasse poder se voltar contra si, ainda que a probabilidade individual de causar dano seja muito baixa.

Os seres humanos tendem a superestimar as pequenas probabilidades, de modo que o medo causado por um ato de terrorismo é muito desproporcional em relação ao verdadeiro risco.

Por outro lado, seria interessante provocar a sensação de que existe um exército de terroristas, o que eu conseguiria ao promover vários ataques ao mesmo tempo, tratando de engendrar novos ataques logo em seguida.

Em terceiro lugar, a menos que os terroristas sempre façam questão de optar por missões suicidas (o que não entra na minha cabeça), seria ideal traçar um plano em que os terroristas não fossem mortos nem apanhados em flagrante, se possível.

Em quarto lugar, acho que faz sentido tentar fechar o comércio, pois as lojas fechadas dão mais tempo para as pessoas pensarem e verem como estão apavoradas.

Em quinto lugar, para realmente causar dor nos EUA, o ato tem de ser algo que leve o governo a baixar uma série de leis muito onerosas que permaneçam em vigor muito tempo depois de terem atendido ao seu objetivo (presumindo-se que de fato tivessem um objetivo).

Em geral, minha visão de mundo é que, quanto mais simples, melhor. E quero crer que essa ideia também se aplica ao terrorismo. Nesse sentido, o melhor plano terrorista de que já ouvi falar é o concebido pelo meu pai depois que o atirador de Washington causou todo aquele pânico em 2002. A ideia básica é disponibilizar fuzis e carros para vinte terroristas e fazê-los começar a atirar aleatoriamente em determinados momentos em todo o país. Cidades grandes, cidades pequenas, subúrbios etc. Eles têm de se movimentar bastante. Ninguém saberá onde nem quando vai ocorrer o próximo atentado. O caos seria incrível, especialmente considerando que os terroristas

ESTÁVAMOS APENAS QUERENDO AJUDAR

precisariam de pouquíssimos recursos. E também seria extremamente difícil apanhar esses caras. Os danos não seriam tão pesados quanto detonar uma bomba nuclear em Nova York, claro, mas certamente seria muito mais fácil conseguir algumas armas do que uma bomba nuclear.

Tenho certeza de que muitos leitores terão ideias melhores. Gostaria muito de ouvi-las. Você deve levar em conta que ao postá-las neste blog estaria prestando um serviço público — dá para imaginar que o blog seja lido por muito mais pessoas que se opõem ao terrorismo e o combatem do que por terroristas. De modo que a exposição dessas ideias permitirá aos que combatem o terrorismo planejar e se precaver contra essas hipóteses caso venham a ocorrer.

Este post foi publicado em 8 de agosto de 2007, no dia em que o blog Freakonomics *passou a ser hospedado no site do* New York Times. *No mesmo dia, numa entrevista ao* New York Observer, *Dubner foi convidado a explicar por que* Freakonomics *era o primeiro blog externo que o* Times *decidia publicar. Sua resposta refletia o fato de que ele trabalhava no jornal e conhecia muito bem seus padrões e hábitos: "Eles sabem que não estou aqui para lançar nenhuma* fatwa *pelo blog." Mas o fato é que a postagem de Levitt pedindo ideias para um atentado terrorista foi considerada exatamente isso. Causou tanta algazarra que o* Times *fechou a seção de comentários quando já passavam de algumas centenas. Aqui vai um dos mais típicos: "Você só pode estar brincando. Ideias para os terroristas? Acha que está sendo esperto? Inteligente? Você é mesmo um idiota." O que levou Levitt a tentar de novo no dia seguinte:*

Terrorismo, Parte II
(STEVEN D. LEVITT)

No primeiro dia de hospedagem do nosso blog no *New York Times*, publiquei uma postagem que foi a que causou mais ira nos leitores desde a publicação do texto sobre crime de aborto, há quase uma década.[1] As

15

QUANDO ROUBAR UM BANCO

pessoas que estão me mandando e-mails não sabem se sou um imbecil, um traidor ou as duas coisas ao mesmo tempo. Mas vamos lá, de novo.

Muitas dessas reações indignadas me levam a pensar o que é que os norte-americanos acham que os terroristas ficam fazendo o dia inteiro. Meu palpite é que ficam buscando ideias para atentados terroristas. E só mesmo achando que os terroristas são perfeitos idiotas se nunca lhes ocorreu, depois dos tiroteios aleatórios de Washington, que talvez não fosse má ideia fazer a mesma coisa.

A questão é esta: é praticamente infinito o leque de opções estratégicas incrivelmente simples à disposição dos terroristas. O fato de já se terem passado seis anos desde o último grande atentado terrorista nos Estados Unidos parece indicar que os terroristas são incompetentes ou talvez que seu objetivo não seja de fato gerar terror. (Outro fator são as medidas de prevenção adotadas pelo governo e os agentes da lei; tratarei disso mais adiante.) Muitos dos e-mails indignados que recebi exigiam que eu escrevesse um post explicando como conter os terroristas. Mas a resposta óbvia não é das mais animadoras: se os terroristas quiserem optar por tipos de atentado de baixa intensidade e baixa tecnologia, não temos como detê-los.

É essa hoje a situação no Iraque e, em menor grau, em Israel. E também era mais ou menos a situação com o IRA (Irish Republican Army, o Exército Republicano Irlandês) algum tempo atrás.

Que podemos fazer, então? Tal como fizeram os britânicos e os israelenses, diante de tal situação, os norte-americanos tentariam imaginar como conviver com ela. O efetivo custo desse tipo de terrorismo de baixa intensidade em termos de vidas humanas é relativamente pequeno, em comparação com outras causas de morte, como acidentes com veículos motorizados, ataques cardíacos, homicídios e suicídios. É o medo que representa o verdadeiro custo.

No entanto, assim como os cidadãos de países com inflação descontrolada aprendem relativamente rápido a conviver com ela, o mesmo acontece com o terrorismo. O efetivo risco de morrer num atentado durante uma viagem de ônibus em Israel é baixo — e assim, como mostraram Gary Becker e Yona Rubinstein,[2] as pessoas com muita experiência em viagens de ônibus em Israel não se preocupam muito com a ameaça de bombas. Tampouco existem grandes vantagens salariais em ser um motorista de ônibus em Israel.

À parte isso, acho que existem algumas outras coisas que podemos fazer preventivamente. Se a ameaça vem do exterior, será conveniente fiscalizar bem os agentes de risco que entram no país. O que também parece óbvio. Talvez menos óbvio seja o fato de que deve ser conveniente seguir os riscos em potencial depois que entram no país. Se alguém entrar com visto de estudante e não estiver matriculado em nenhuma escola, por exemplo, merece ser vigiado de perto.

Outra alternativa é a que foi usada pelos britânicos: instalar câmeras em toda parte. Isso é bem antinorte-americano, de modo que provavelmente nunca funcionaria aqui. Tampouco estou convencido de que seja um bom investimento. Mas os recentes atentados terroristas no Reino Unido parecem indicar que essas câmeras pelo menos são úteis para identificar os responsáveis, uma vez cometido o ato.

O trabalho do meu colega Robert Pape na Universidade de Chicago indica que o principal elemento que permite prever atentados terroristas é a ocupação do território de um grupo.[3] Dessa perspectiva, o fato de haver tropas norte-americanas no Iraque provavelmente não está ajudando a reduzir o terrorismo — embora possa estar servindo a outros propósitos.

Em última análise, contudo, parece-me evidente que existam duas possíveis interpretações da nossa atual situação em relação ao terrorismo.

Uma dessas visões é a seguinte: o principal motivo pelo qual não somos atualmente dizimados pelos terroristas é que as medidas antiterroristas do governo deram certo.

A interpretação alternativa é que o risco do terror não é assim tão alto e estamos gastando demais no seu combate ou, pelo menos, no que parece ser um combate. Para a maioria dos funcionários governamentais, é muito maior a pressão para que pareçam estar tentando conter o terrorismo do que para de fato contê-lo. O chefe do Departamento de Segurança dos Transportes não tem culpa se um avião for derrubado por uma bazuca, mas terá sérios problemas se ele vier abaixo por causa de um tubo de pasta de dente explosivo. Em vista disso, concentramos muito mais esforços na pasta de dente, embora provavelmente represente uma ameaça bem menos grave.

Da mesma forma, um funcionário da CIA pode ficar tranquilo se acontecer um atentado terrorista; só terá problemas se não houver nenhum relatório detalhando a possibilidade desse atentado, que deveria ter sido levado em conta por alguém mais, o que não ocorreu porque são muitos os relatórios dessa natureza.

Na minha opinião, a segunda hipótese — de que a ameaça terrorista simplesmente não é tão grande assim — é a mais provável. O que, pensando bem, não deixa de ser uma visão otimista do mundo. Mas isso provavelmente não faz com que eu deixe de ser um imbecil, um traidor ou ambas as coisas.

Que tal uma "Guerra aos Impostos"?
(STEPHEN J. DUBNER)

David Cay Johnston, que faz um trabalho incrível na cobertura para o *New York Times* sobre as políticas fiscais norte-americanas e outros temas relacionados ao mundo dos negócios, informa que o IRS (Internal Revenue Service, a Receita Federal norte-americana) está confiando a terceiros — vale dizer, agências de coleta de fundos — a cobrança de impostos atrasados.[4] "O programa de cobrança de débitos privados deve gerar US$ 1,4 bilhão em dez anos", escreve ele, "e as agências de coleta vão reter cerca de US$ 330 milhões, ou 22 a 24 centavos por dólar".

Talvez seja uma parte grande demais para entregar assim. E talvez as pessoas se preocupem com o acesso de agências privadas de cobrança aos seus dados financeiros. Mas o que mais me chama atenção é que o

ESTÁVAMOS APENAS QUERENDO AJUDAR

IRS sabe quem está devendo e como encontrar esse dinheiro, mas, como não dispõe de pessoal suficiente, não tem como coletá-lo. E assim precisa contratar alguém para fazê-lo, a um preço nada camarada.

O IRS reconhece que a coleta externa é muito mais dispendiosa que a interna. O ex-inspetor Charles O. Rossotti disse certa vez em depoimento no Congresso que, se o IRS contratasse mais agentes, "poderia coletar mais de US$ 9 bilhões por ano e gastar apenas US$ 296 milhões — o equivalente a três centavos por dólar", escreve Johnston.

Ainda que Rossotti estivesse exagerando à quinta potência, o governo faria melhor negócio contratando mais agentes do que recorrendo aos serviços de terceiros que levam uma fatia de 22 centavos por dólar. Mas, como se sabe, o Congresso, que supervisiona o orçamento do IRS, reluta em destinar mais recursos para o funcionamento da agência. Nós mesmos tratamos do tema numa coluna no *Times*:[5]

> Uma das principais tarefas de qualquer inspetor do IRS [...] é implorar recursos ao Congresso e à Casa Branca. Apesar de ser evidente o interesse de que o IRS recolha cada dólar devido ao governo, não é menos óbvia a falta de interesse de todo político de preconizar um funcionamento mais vigoroso do IRS. Michael Dukakis fez a tentativa em sua campanha presidencial de 1988 e, como vimos, não funcionou.
>
> Obrigado a fazer cumprir um código fiscal de que ninguém gosta por parte de um público que sabe que praticamente pode trapacear como bem entender, o IRS faz o que pode para ir comendo pelas beiradas.

Por que o Congresso age dessa maneira? Talvez nossos representantes sejam aficionados de história tão imbuídos do espírito de nossa República que se lembrem muito bem da Festa do Chá de Boston e receiem uma revolta do populacho se forçarem muito na cobrança de impostos. Mas é preciso ter em mente que estamos falando de cobrança de impostos, que é a função do IRS, e não de legislação fiscal, responsabilidade do Congresso. Em outras palavras, o Congresso acha muito bom estabelecer

19

as taxas de impostos, mas não quer parecer que está dando muita trela aos tiras que têm de ir a campo para coletar esses dólares.

De modo que talvez os parlamentares precisem dar um novo nome ao seu empenho de receber os impostos devidos. Como o Congresso destina tanto dinheiro à Guerra ao Terrorismo e à Guerra às Drogas, talvez esteja na hora de lançar uma Guerra aos Impostos — ou melhor, claro, uma Guerra à Sonegação. Que tal se conseguissem demonizar de verdade a sonegação de impostos, enfatizando que a "defasagem fiscal" (a diferença entre os impostos devidos e o dinheiro coletado) é mais ou menos do tamanho do déficit federal? Será que assim ficaria mais politicamente palatável conferir ao IRS os recursos necessários para coletar o dinheiro devido? Quem sabe pudessem estampar imagens de sonegação nas caixas de leite, em panfletos distribuídos nas agências de correio e até nos cartazes de mais procurados do país! Será que funcionaria? Será que uma Guerra à Sonegação, devidamente conduzida, resolveria o problema?

Por enquanto, teremos de aceitar que o IRS transfira a missão a agências de cobrança que vão coletar parte do dinheiro, mas nem de longe tudo que é devido. O que significa que muito dinheiro — vale dizer, muito dinheiro de impostos, coletado de pessoas que não sonegam — continuará a fugir pelo ralo.

Se as bibliotecas públicas não existissem, será que você poderia abrir uma?[6]
(STEPHEN J. DUBNER)

Levante a mão se você detesta bibliotecas.

Tudo bem, não achei mesmo que detestasse. Quem poderia detestar bibliotecas?

Eis aqui uma sugestão: os editores de livros. Provavelmente estou errado, mas, se você gosta de livros, preste atenção.

Almocei recentemente com umas pessoas da área editorial. Uma delas tinha acabado de voltar de uma conferência nacional de bibliotecários, na qual devia vender seu selo de livros para o maior número possível de bibliotecas. Segundo ela, haviam comparecido 20 mil bibliotecários; ela disse também que, se conseguisse que um dos grandes sistemas de bibliotecas — como os de Chicago ou de Nova York — comprasse um livro, poderia significar uma venda de até centenas de exemplares, pois muitas filiais das bibliotecas oferecem vários exemplares do mesmo livro.

Parece ótimo, não?

Bem... talvez não. É muito comum entre escritores certa queixa. Alguém se aproxima numa noite de autógrafos e diz. "Puxa, gostei tanto do seu livro, retirei na biblioteca e disse a todos os meus amigos que fossem lá também!" E o autor pensa: "Puxa, obrigado, mas por que não comprou?" A biblioteca comprou seu exemplar, claro. Mas digamos que esse exemplar venha a ser lido por cinquenta pessoas ao longo de sua vida útil. Se o exemplar da biblioteca não existisse, essas cinquenta pessoas certamente teriam comprado o livro. Mas suponhamos que pelo menos cinco pessoas o fizessem. São menos quatro exemplares vendidos pelo autor e o editor.

É possível encarar o fenômeno de outra maneira, claro. Além dos exemplares comprados pelas bibliotecas, você poderia argumentar que, a longo prazo, as bibliotecas contribuem para as vendas de livros através de alguns canais:

1. As bibliotecas contribuem para transformar os jovens em leitores; mais velhos, esses leitores comprarão livros.
2. As bibliotecas dão aos leitores acesso a obras de autores que de outra maneira não leriam; esses leitores podem então comprar outras obras do mesmo autor, ou até o mesmo livro, para tê-lo em sua estante.
3. As bibliotecas contribuem para o fomento de uma cultura geral da leitura; sem ela, haveria menos debates, críticas e cobertura dos livros em geral, o que resultaria em menos vendas.

Mas eis aonde eu queria chegar: se hoje em dia não houvesse algo parecido com a biblioteca pública e alguém como Bill Gates se propusesse a criá-la em cidades grandes e pequenas no país inteiro (mais ou menos como Andrew Carnegie fez um dia), o que aconteceria?

Aposto que os editores de livros fariam uma gigantesca pressão contra essa ideia. Considerando-se o ponto em que se encontra o debate sobre a propriedade intelectual, será que é possível imaginar os modernos editores dispostos a vender um exemplar de um livro para então permitir que o dono autorizasse uma quantidade ilimitada de estranhos a tomá-lo emprestado?

Não creio. Talvez eles se saíssem com um acordo de licenciamento: custa US$ 20 comprar um livro, com US$ 2 adicionais por ano a partir do segundo ano de circulação. Tenho certeza de que haveria muitos outros possíveis acertos. Assim como estou certo de que, como tantos outros sistemas que evoluem com o tempo, o sistema de bibliotecas, se estivesse sendo criado do nada hoje, não se pareceria nada com o que é.

Vamos acabar com a titularidade (inclusive a minha)[7]
(STEVEN D. LEVITT)

Se houve uma época em que fazia sentido que os professores de economia tivessem a titularidade estável de suas cadeiras, certamente já passou. O mesmo provavelmente se aplica a outras disciplinas universitárias e mais ainda a professores do ensino fundamental e médio.

Para que serve a titularidade? Ela distorce o esforço das pessoas de tal maneira que se deparam com fortes estímulos no início da carreira (supostamente, em consequência, trabalhando com afinco) e incentivos muito fracos pelo resto do tempo (supostamente trabalhando com menos dedicação que a média).

Daria para imaginar certos modelos nos quais essa estrutura de incentivos faça sentido. Por exemplo, se alguém precisa assimilar muita informação para se tornar competente e esse conhecimento não desaparece uma vez assimilado, não é muito importante se esforçar. Esse modelo pode ser uma boa descrição quando se trata de aprender a andar de bicicleta, mas é um modelo terrível no mundo acadêmico.

Do ponto de vista social, não parece uma boa ideia gerar incentivos tão fracos depois da titularidade. A escola fica cheia de empregados que não fazem nada (pelo menos não pelo que são pagos para fazer). E talvez também seja má ideia proporcionar incentivos tão fortes antes da titularidade — mesmo sem ela, os jovens professores têm abundantes motivos para trabalhar duro e construir uma boa carreira.

A ideia de que a estabilidade protege estudiosos que estão realizando algum trabalho politicamente impopular me parece ridícula. Embora seja possível imaginar situações em que a questão se manifeste, tenho dificuldade para lembrar casos reais em que ela se tenha mostrado relevante. A estabilidade funciona às mil maravilhas quando se trata de proteger estudiosos que não trabalham ou trabalham muito mal, mas será que existe na economia algo de alta qualidade mas tão polêmico que levasse um estudioso a ser demitido? De qualquer maneira, é para isso que existem os mercados. Se determinada instituição demitir um acadêmico basicamente porque não gosta de sua política ou de sua abordagem, haverá outras escolas dispostas a contratá-lo. Houve, nos últimos anos, por exemplo, casos de economistas que manipularam dados, desviaram fundos etc., mas ainda assim encontraram belos empregos.

Um dos benefícios ocultos da titularidade é que funciona como uma espécie de ferramenta do compromisso dos departamentos universitários de demitir profissionais medíocres. O custo de não demiti-los no momento de uma revisão da titularidade é maior com ela do que sem ela. Se é doloroso demitir, sem a titularidade o caminho do menor esforço pode ser dizer sempre que a pessoa será demitida no próximo ano sem nunca fazê-lo.

Imagine uma situação em que você dá muita importância ao desempenho (por exemplo, uma equipe de futebol, um corretor de valores). Não passaria pela sua cabeça conferir estabilidade aos envolvidos. Por que então fazê-lo no caso dos acadêmicos?

A melhor perspectiva seria que todas as escolas pudessem coordenar o momento de abolir simultaneamente a estabilidade. Talvez os departamentos dessem aos pesos mortos um ano ou dois para provar que mereciam uma chance, antes de serem demitidos. Certos não produtores iriam embora ou seriam despedidos. Os demais economistas da era da estabilidade começariam a trabalhar mais duro. Aposto que os salários e a mobilidade no emprego não mudariam tanto assim.

Se não for possível que todas as escolas se movimentem juntas para se livrar da estabilidade, o que aconteceria se uma escola decidisse tomar a medida unilateralmente? Parece-me que a coisa poderia funcionar muito bem para essa escola. Ela teria de remunerar os professores um pouco melhor para permanecerem em determinado departamento de ensino sem uma estabilidade funcionando como apólice de seguro. Detalhe importante, contudo: o valor da estabilidade é inversamente proporcional à qualidade do profissional. Se ele estiver muito acima da média, praticamente não enfrentará nenhum risco se a titularidade for abolida. De modo que os profissionais realmente muito bons precisarão de aumentos salariais bem pequenos para compensar a perda da estabilidade, ao passo que os economistas realmente ruins e improdutivos precisariam de subsídios muito mais altos para permanecer num departamento privado da titularidade. Isso funciona incrivelmente bem na universidade porque todos os profissionais ruins acabam indo embora, os bons ficam e outros profissionais bons de diferentes instituições querem chegar, para aproveitar o aumento salarial na faculdade livre da estabilidade. Se a Universidade de C. me dissesse que ia acabar com a minha estabilidade, acrescentando US$ 15 mil ao meu salário anual, eu aceitaria de bom grado. E tenho certeza de que muitos fariam a mesma coisa. Ao descartar um professor improdutivo até então beneficiado pela estabilidade, a universidade pode compensar dez outros com a economia assim feita.

ESTÁVAMOS APENAS QUERENDO AJUDAR

Por que os comissários de bordo
não recebem gorjeta?
(STEPHEN J. DUBNER)

Quantos profissionais que prestam serviços costumam receber gorjetas? Entregadores, motoristas de táxi, garçons e garçonetes, carregadores de bagagem nos aeroportos, às vezes até atendentes do Starbucks. Mas não os comissários de bordo. Por quê?

Talvez porque se ache que eles ganham muito bem a vida e não precisam de gorjeta. Talvez por se considerar simplesmente que são empregados assalariados de um tipo que, por alguma razão, não deve aceitar gorjetas. Talvez, por algum motivo, sejam proibidos de aceitá-las. Talvez a coisa remonte à época em que esses profissionais eram em sua maioria mulheres e a maioria dos passageiros, homens — e, considerando-se a reputação algo misteriosa (ou talvez mítica) do empresário conquistador e da aeromoça sensual, a troca monetária no fim do voo poderia levantar certas questões quanto ao que ela havia feito para merecer a gorjeta.

De qualquer maneira, parece-me muito estranho que tantos prestadores de serviços que desempenham funções semelhantes recebam gorjetas e os comissários de bordo não. Especialmente se considerarmos que costumam trabalhar duro para tantas pessoas, correndo para baixo e para cima com drinques, travesseiros, fones de ouvido etc. Sim, eu sei que hoje em dia a maioria das pessoas anda bem insatisfeita com as companhias aéreas e sei também que eventualmente algum(a) comissário(a) de bordo se mostra bem mal-humorado(a), mas na minha experiência a maioria faz um excelente trabalho, não raro em circunstâncias difíceis.

Não estou aqui preconizando que mais um profissional prestador de serviços receba gorjetas. Entretanto, como tenho viajado muito de avião ultimamente, e vendo como esses profissionais trabalham com dedicação, pareceu-me realmente estranho que não sejam assim recompensados. Pelo menos nunca vi ninguém dar gorjeta a um comissário de bordo. E, nos meus cinco últimos voos, tendo perguntado a vários comissários se alguma vez tinham recebido gorjeta, todos disseram que não, nunca. As reações a minha pergunta variavam do intrigado ao esperançoso.

Acho que no voo de hoje, de volta para casa, simplesmente vou passar uma gorjeta, em vez de fazer a pergunta, e ver o que acontece.

Atualização: Eu tentei, mas não deu certo. "*Uma comissária de bordo não é uma garçonete*", *fui informado — com tanta ênfase que me senti muito mal pela simples tentativa de botar dinheiro na mão da mulher.*

Quer resolver o congestionamento do tráfego aéreo em Nova York? Feche o aeroporto de LaGuardia
(STEPHEN J. DUBNER)

O Departamento de Transportes acaba de cancelar seu plano de leiloar posições de aterrissagem e levantamento de voo nos três aeroportos de Nova York. A ideia era usar as forças de mercado para melhorar o congestionamento, mas, diante da reação (e das ameaças de processo) da indústria, o secretário de Transportes Ray LaHood suspendeu o leilão.

"Continuamos decididos a resolver a questão do congestionamento aéreo na região de Nova York", declara LaHood. "Estarei em entendimentos durante o verão com partes interessadas nas companhias aéreas, nos aeroportos e entre os consumidores, além de representantes eleitos, quanto às melhores maneiras de avançar nessa questão."

Os três principais aeroportos da região de Nova York — JFK, Newark-Liberty e LaGuardia — estão sabidamente em posição de vanguarda em matéria de congestionamento e atrasos. E, como muitos voos com outros destinos passam por Nova York, esses atrasos afetam o tráfego aéreo em toda parte.

Num recente episódio de atraso em LaGuardia, conversei com um piloto que trabalha para uma das principais empresas aéreas. Era seu

ESTÁVAMOS APENAS QUERENDO AJUDAR

dia de folga e ele se mostrou extraordinariamente bem versado em todas as questões que levantei. Quando perguntei o que pensava do congestionamento do tráfego aéreo na cidade, ele disse que a solução era fácil: fechar o LaGuardia.

O problema, segundo explicou, é que o espaço aéreo de cada um dos três aeroportos se expande verticalmente em forma cilíndrica a partir da posição em terra. Dada a relativa proximidade, os três cilindros afetam uns aos outros de maneira significativa, o que gera congestionamento não só por causa do volume do tráfego, mas porque os pilotos precisam dar muitas voltas para voar por complicadas rotas de aproximação.

Se fosse eliminado o cilindro de LaGuardia, segundo ele, Newark e JFK poderiam operar muito mais livremente — e, como o LaGuardia gera muito menos tráfego que os dois outros aeroportos, o óbvio é que seja fechado.

Mas há um problema: LaGuardia é o aeroporto favorito das pessoas de maior poder político em Nova York, pois fica mais próximo de Manhattan. De modo que é pouco provável que seja fechado, pelo menos em breve. Mas se a decisão fosse tomada, insistiu meu novo amigo piloto, o tráfego aéreo em Nova York deixaria de ser um pesadelo para se transformar num sonho.

Devo reconhecer que LaGuardia é o meu aeroporto favorito, pois moro em Manhattan e em geral costumo chegar a ele em cerca de quinze minutos. Mas sob qualquer outro aspecto ele é menos agradável e confortável que Newark ou JFK.

Assim, se a eliminação do LaGuardia tivesse como efeito cascata aliviar todo o tráfego aéreo de Nova York, eu ajudaria a derrubá-lo pessoalmente. Digamos que eu ou qualquer outro viajante nova-iorquino perca em média trinta minutos em cada voo de ida e volta usando qualquer um desses três aeroportos (provavelmente sendo otimista). Significa uma hora de atraso em cada viagem. Se eu tivesse de usar Newark ou JFK em cada voo, gastaria pouco menos de uma hora extra em terra para ir e voltar do aeroporto — de modo que, sem atrasos, pelo menos não sairia

27

perdendo. Quem morasse perto de qualquer um dos dois aeroportos naturalmente se sairia ainda melhor. E então começaríamos a somar todo o tempo e a produtividade recuperados em todo o país com a eliminação dos inevitáveis atrasos nos aeroportos de Nova York.

Por que o restabelecimento do serviço militar obrigatório é uma péssima ideia
(STEVEN D. LEVITT)

Uma longa reportagem na revista *Time* tem como título "Alistamento: não é nenhuma panaceia".[8]

Milton Friedman deve estar se revirando no túmulo com a simples ideia de um alistamento militar obrigatório. Se o problema é que não há suficientes jovens se apresentando como voluntários para combater no Iraque, existem duas soluções razoáveis: 1) tirar as tropas do Iraque; ou 2) compensar os soldados o suficiente para que queiram se alistar.

A ideia de que o alistamento representa uma solução razoável é completamente retrógrada. Em primeiro lugar, ela conduz às fileiras militares pessoas "erradas" — gente que não está interessada na vida militar, não está bem preparada para ela ou preza muito fazer alguma outra coisa. Do ponto de vista econômico, são razões perfeitamente aceitáveis para não querer estar no quartel. (Entendo que haja outras perspectivas — por exemplo, certo sentimento de dívida ou de dever para com o próprio país —, mas, se alguém se sentir dessa maneira, será incluído no seu interesse pela vida militar.)

Uma coisa que os mercados fazem bem é distribuir as tarefas entre as pessoas. E o fazem através dos salários. Dessa maneira, devíamos pagar aos soldados norte-americanos um salário justo, para compensá-los pelos riscos que correm! O alistamento é basicamente um imposto alto e muito concentrado sobre os que são alistados. A teoria econômica nos diz que se trata de uma maneira extremamente ineficaz de alcançar nosso objetivo.

ESTÁVAMOS APENAS QUERENDO AJUDAR

Os críticos poderiam argumentar que mandar jovens economicamente desfavorecidos para morrer no Iraque é algo intrinsecamente injusto. Embora eu não discorde de que seja injusto que algumas pessoas nasçam ricas e outras pobres, considerando-se que existe uma disparidade de rendas no país, teríamos de ter em baixíssima conta a capacidade decisória dos alistados para dizer que o alistamento obrigatório faz mais sentido que um exército de voluntários. Dadas as alternativas com que se defrontam, os homens e mulheres que entram para a vida militar estão escolhendo essa opção em detrimento das outras que têm ao alcance. O alistamento pode fazer sentido como tentativa de reduzir a desigualdade; mas, num mundo desigual, deixar que as pessoas escolham seu próprio caminho é melhor que determinar-lhes a escolha de um deles. Como um perfeito exemplo disso, o Exército oferece atualmente os chamados bônus de "embarque rápido" — US$ 20 mil aos que se dispuserem a partir para o treinamento num prazo de trinta dias a contar da assinatura do contrato. (Esse bônus provavelmente tem algo a ver com o fato de que o Exército acaba de alcançar pela primeira vez em algum tempo sua meta mensal de recrutamento.)

Seria ainda melhor que o governo fosse obrigado a pagar salários justos aos soldados em tempo de guerra — ou seja, se a remuneração em combate fosse determinada pelo mercado e os soldados pudessem optar por ir embora quando quisessem, como acontece na maioria dos empregos. Se assim fosse, os custos para o governo dispararim, refletindo com mais exatidão os verdadeiros custos da guerra e permitindo uma avaliação mais verdadeira do peso e das vantagens da ação militar em relação aos custos.

Os críticos também argumentam que, se houvesse mais indivíduos brancos abastados na tropa, não estaríamos no Iraque. É provável que seja verdade, mas não significa automaticamente que o alistamento seja uma boa ideia. Ele tornaria muito menos eficientes os combates, o que acabaria significando menos guerras. Mas pode acontecer que, sendo possível combater eficientemente, valha a pena fazê-lo — ainda que não valha a pena combater ineficazmente. Para ser claro: não estou dizendo que esta guerra específica necessariamente valha a pena, apenas que, em teoria, isso pode ser verdade.

Marginalmente, vale lembrar que o atual sistema de recorrer aos reservistas tampouco parece bom. Basicamente, significa que o governo paga excessivamente aos reservistas quando não são necessários e insuficientemente quando se precisa deles. Esse arranjo transfere todos os riscos do governo para os reservistas. Do ponto de vista econômico, semelhante resultado não faz sentido, pois os indivíduos não deveriam gostar de riscos — e, de fato, não gostam. Em termos ideais, seria desejável um sistema em que a remuneração dos reservistas fosse extremamente baixa em épocas de paz e suficientemente alta em tempos de guerra para que fosse indiferente para eles o fato de serem ou não convocados.

Uma proposta Freakonomics para ajudar o Serviço Nacional de Saúde britânico
(STEVEN D. LEVITT)

No primeiro capítulo de nosso livro *Pense como um Freak*, relatamos um infeliz encontro que Dubner e eu tivemos com David Cameron pouco antes de ser eleito primeiro-ministro do Reino Unido. (Resumindo, brincamos com Cameron sobre a aplicação aos automóveis dos mesmos princípios que ele abraçava no caso do sistema de saúde; mas o fato é que não se brinca com primeiros-ministros!)

Essa história irritou certas pessoas, entre elas um blogueiro de economia chamado Noah Smith, que nos ataca e defende o NHS (National Health Service, o Serviço Nacional de Saúde americano).[9]

Devo dizer para começo de conversa que não tenho nada contra o NHS e também seria o último a defender o sistema norte-americano. Qualquer um que me tenha ouvido falar sobre o Obamacare sabe que não sou nenhum fã, nem nunca fui.

ESTÁVAMOS APENAS QUERENDO AJUDAR

Mas não é preciso ser muito esperto nem ter uma fé cega nos mercados para admitir que, quando não se cobra por alguma coisa (inclusive assistência à saúde), as pessoas consomem demais. Posso garantir que, se os norte-americanos tivessem de pagar do próprio bolso os preços absurdos cobrados por serviços hospitalares, uma parte muito menor do produto interno bruto dos EUA seria encaminhada para a assistência à saúde. E é claro que o mesmo se aplicaria ao Reino Unido.

Smith conclui sua crítica afirmando:

> Mas não creio que Levitt de fato tenha um modelo. O que ele tem é uma mensagem simples ("todos os mercados são iguais") e uma forte crença nessa mensagem.

Smith não teria como saber, com base no que está escrito em *Pense como um Freak*, que de fato temos um modelo para o NHS. E na verdade eu propus esse modelo à equipe de Cameron depois que ele se retirou da reunião.

O modelo é, no mínimo, admiravelmente simples.

No dia 1º de janeiro de todo ano, o governo britânico mandaria um cheque de mil libras a cada morador cidadão do país. Eles podem fazer o que quiserem com o dinheiro, mas se forem prudentes teriam interesse em deixá-lo de lado para cobrir eventuais custos de saúde. No meu sistema, os indivíduos passam a pagar do próprio bolso 100% dos custos de assistência à saúde até £ 2 mil, e 50% dos custos entre £ 2 mil e £ 8 mil. O governo paga todas as despesas acima de £ 8 mil num ano.

Do ponto de vista do cidadão, a melhor hipótese possível é não chegar a usar a assistência de saúde, para acabar com mil libras de sobra. Bem mais da metade dos cidadãos do Reino Unido acabará gastando menos de mil libras com atendimento de saúde em determinado ano. A pior hipótese imaginável para um indivíduo é acabar consumindo mais de £ 8 mil com a saúde, pois acabará no vermelho em £ 4 mil (ele ou ela gasta £ 5 mil com assistência à saúde, o que em parte é compensado pelo presente de mil libras no início do ano).

Se no fim das contas os consumidores se revelarem sensíveis aos preços (ou seja, se valer o mais elementar princípio da economia e a curva da demanda cair), o gasto total com assistência à saúde diminuirá.

Em simulações que conduzimos no site de consultoria especializada Greatest Good, chegamos à estimativa de que os gastos totais com assistência à saúde poderiam cair aproximadamente 15%, um decréscimo de quase £ 20 bilhões em gastos. Esse decréscimo ocorre porque:

a) a concorrência provavelmente levará a uma eficácia maior; e

b) os consumidores vão dispensar os serviços de saúde de baixo valor que usam apenas porque são gratuitos.

Todo mundo continua protegido contra doenças catastróficas. Como em qualquer programa governamental, há ganhadores e perdedores. A maioria dos britânicos ficará em melhor situação na hipótese que expus, mas os que precisarem gastar muito em assistência em determinado ano se sairão mal. Isso porque o sistema que proponho proporciona apenas um seguro parcial — representando um incentivo para que os consumidores façam escolhas prudentes. Nesse caso, o sistema de saúde estaria imitando a vida. Quando meu aparelho de TV quebra, tenho de comprar outro. Estou em pior situação que o sujeito cuja televisão não quebrou. Quando é preciso trocar o telhado da minha casa, é uma despesa grande e eu fico em pior situação do que se o telhado não precisasse ser substituído. Não há nada de imoral nisso, simplesmente é assim que o mundo costuma funcionar.

Certamente muitos aperfeiçoamentos poderiam ser feitos nessa simples proposta. Por exemplo, talvez o pagamento em dinheiro aos mais velhos no início do ano devesse ser maior do que aos mais jovens. Talvez venha a ser maior para os que têm doenças crônicas etc.

Não tenho a menor ideia se esse tipo de plano seria politicamente viável, mas fiz algumas pesquisas informais com eleitores britânicos. Toda vez que tomo um táxi em Londres, pergunto ao motorista se seria favorável a minha proposta. Provavelmente, os taxistas querem apenas ser educados, mas cerca de 75% dizem que prefeririam meu plano ao atual sistema.

Talvez, então, esteja na hora de outra audiência com o primeiro-ministro...

Uma alternativa à democracia?
(STEVEN D. LEVITT)

Ao se aproximar a eleição presidencial norte-americana, parece que todo mundo só pensa em política. Ao contrário da maioria das pessoas, os economistas tendem a se mostrar indiferentes à votação.[10] Na visão deles, as chances de um voto individual influenciar o resultado de uma eleição são ínfimas, de modo que, a menos que seja divertido votar, não faz muito sentido. Ainda por cima, certos resultados teóricos, em particular o teorema da impossibilidade de Arrow, enfatizam ainda mais o grau de dificuldade de conceber sistemas políticos e mecanismos de votação capazes de efetivamente promover a convergência das preferências do eleitorado.

Essas explorações teóricas dos vícios e virtudes da democracia quase sempre só me dão vontade de bocejar.

Na última primavera, contudo, meu colega Glen Weyl mencionou uma ideia desse tipo tão simples e elegante que fiquei pasmo que ninguém tivesse pensado nisso antes. No mecanismo de votação de Glen, cada eleitor pode votar quantas vezes quiser.[11] O lance, contudo, é que terá de pagar a cada vez, sendo o valor total a ser pago o quadrado do número de votos depositados. Em consequência, cada voto custa mais que o anterior. Digamos que o primeiro voto custe US$ 1. Para votar uma segunda vez, então, o eleitor teria de pagar US$ 4. O terceiro voto custaria US$ 9, o quarto, US$ 16 e assim por diante. Cem votos significariam menos US$ 10 mil no bolso. No fim das contas, por mais que goste de determinado candidato, você vai optar por votar um número finito de vezes.

QUANDO ROUBAR UM BANCO

Mas o que há de especial nesse sistema de votação? As pessoas acabam votando na exata proporção do grau de importância que conferem ao resultado da eleição. O sistema não registra apenas qual o candidato da sua preferência, mas a intensidade dessa preferência. Considerando-se os pressupostos de Glen, isso se encaixa perfeitamente no esquema de Pareto: nenhuma pessoa na sociedade pode se sair melhor sem que alguém se saia pior.

A primeira crítica que poderão fazer a esse tipo de esquema é que favorece os ricos. O que num certo nível é verdadeiro em relação ao nosso atual sistema. Talvez não seja um argumento muito popular, mas um economista poderia dizer que os ricos consomem mais em todas as esferas — por que, então, não haveriam de consumir mais influência política? No nosso sistema de financiamento de campanhas eleitorais, não resta muita dúvida de que os ricos já têm bem mais influência que os pobres. De modo que a restrição dos gastos em campanhas, associada a esse esquema de votação, poderia ser mais democrática que o nosso atual sistema.

Outra possível crítica à ideia de Glen é que gera incentivos muito fortes à fraude, pela compra de votos. É bem mais barato comprar os primeiros votos de muitos cidadãos desinteressados do que pagar o preço pelo meu centésimo voto. Uma vez atribuídos valores monetários aos votos, é mais provável que as pessoas venham a votar por conta de uma transação financeira e se mostrem dispostas a comprá-los e vendê-los.

Considerando-se que há tanto tempo estamos acostumados com o sistema de um voto para cada pessoa, acho altamente improvável que um dia a ideia de Glen venha a ser posta em prática em eleições políticas importantes. Dois outros economistas, Jacob Goeree e Jingjing Zhang, têm explorado uma ideia semelhante à de Glen, testando-a num ambiente de laboratório.[12] Não só ela funciona bem como, podendo escolher entre o padrão habitual de votação e esse sistema, os participantes em geral optam pela segunda alternativa.

ESTÁVAMOS APENAS QUERENDO AJUDAR

Esse sistema de votação pode funcionar em qualquer situação em que muitas pessoas precisem escolher entre duas alternativas — por exemplo, um grupo de pessoas tentando decidir por qual filme ou restaurante optar, duas pessoas que convivem numa mesma casa tentando resolver qual aparelho de televisão comprar etc. Em situações assim, a soma de dinheiro coletada entre os votantes seria equitativamente dividida e redistribuída aos participantes.

Minha esperança é que alguns de vocês talvez se disponham a dar uma oportunidade a esse tipo de esquema de votação. Caso o façam, eu decididamente gostaria de ficar sabendo do resultado!

A melhor remuneração dos políticos
melhoraria sua qualidade?
(STEPHEN J. DUBNER)

Sempre que analisamos um sistema político e o consideramos deficiente, a tentação é pensar: talvez nossos políticos estejam abaixo da média simplesmente porque a função não está atraindo as pessoas certas. E assim, se melhorássemos consideravelmente os salários dos políticos, poderíamos atrair dirigentes de mais alta qualidade.

Trata-se de um argumento impopular por vários motivos, sendo um deles que os próprios políticos teriam de pressionar por salários mais altos, o que não é politicamente viável (especialmente numa economia pobre). Você consegue imaginar as manchetes que viriam?

Mas a ideia não deixa de ser atraente, não é verdade? A ideia é que, elevando os salários dos políticos eleitos e outros dirigentes governamentais, seria possível a) deixar bem clara a verdadeira importância da função; b) atrair aquele tipo de pessoas competentes que de outra maneira procurariam outro campo mais remunerador; c) permitir que os políticos se concentrassem mais nas suas verdadeiras tarefas, em vez de ficar se preocupando com seus rendimentos; e d) torná-los menos suscetíveis à influência dos interesses monetários.

35

Em alguns países, os dirigentes governamentais já são muito mais bem remunerados — em Cingapura, por exemplo. Da Wikipédia:

> Os ministros de Cingapura são os políticos mais bem pagos do mundo, tendo recebido aumento salarial de 60% em 2007, e, em consequência, a remuneração do primeiro-ministro Lee Hsien Loong passou para 3,1 milhões de dólares de Cingapura, cinco vezes mais que os US$ 400 mil recebidos pelo presidente Barack Obama. Embora por breve período fosse grande a grita na opinião pública a respeito do salário, em comparação com o tamanho do país, a firme posição do governo consistia em dizer que esse aumento era necessário para garantir a continuidade da eficácia e da ausência de corrupção no governo de "Classe mundial" de Cingapura.

Embora recentemente Cingapura tenha diminuído de forma considerável a remuneração de seus políticos, os salários continuam relativamente altos.

Mas existe alguma prova de que aumentar a remuneração dos políticos de fato melhora sua qualidade? Numa investigação acadêmica, Claudio Ferraz e Frederico Finan sustentam que funcionou em governos municipais no Brasil:[13]

> Nossas principais constatações mostram que [pagar um] salário mais alto aumenta a concorrência política e melhora a qualidade dos legisladores, numa avaliação pelos critérios de educação, tipo de profissão anterior e experiência política nos cargos. Além dessa seleção positiva, constatamos que os salários também afetam a performance dos políticos, o que faz sentido do ponto de vista de uma reação comportamental a atribuição de mais alto valor ao desempenho de uma função.

Outra investigação mais recente de Finan, Ernesto Dal Bó e Martin Rossi constatou que a qualidade dos funcionários públicos também melhora quando são mais bem remunerados, desta vez em cidades mexicanas:[14]

ESTÁVAMOS APENAS QUERENDO AJUDAR

Constatamos que salários mais altos atraem candidatos mais capacitados, segundo critérios de Q.I., personalidade e pendor para o trabalho no setor público — vale dizer, não encontramos evidências de efeitos adversos da seleção sobre a motivação; os salários mais altos também elevaram os índices de aceitação, envolvendo uma elasticidade de oferta de trabalho de cerca de 2 graus de poder de monopsonia. A distância e a existência de características municipais piores diminuem fortemente os índices de aceitação, mas os salários mais altos ajudam a superar a defasagem de recrutamento nos piores municípios.

Não pretendo argumentar que a melhor remuneração dos funcionários governamentais norte-americanos necessariamente melhoraria nosso sistema político. Mas assim como parece má ideia pagar a um professor menos do que uma pessoa de talento equivalente pode ganhar em outros campos de atuação, provavelmente também não é uma boa ideia esperar que uma quantidade suficiente de bons políticos e funcionários públicos preencham essas funções, embora possam ganhar muito mais dinheiro fazendo algo diferente.

E há algum tempo venho pensando, inclusive, numa ideia ainda mais radical. E se incentivássemos os políticos com grandes somas de dinheiro se o trabalho que fizerem em seus cargos de fato se revelar útil para a sociedade? Um dos grandes problemas em política é que os incentivos aos políticos em geral não estão bem alinhados com os incentivos do eleitorado. Os eleitores querem que os políticos ajudem a resolver problemas difíceis que se projetam a longo prazo: transportes, sistema de saúde, educação, desenvolvimento econômico, questões geopolíticas e assim por diante. Os políticos, enquanto isso, têm fortes incentivos para agir por interesse próprio (conseguir ser eleito, levantar dinheiro, consolidar o poder etc.), quase sempre com recompensas de curto prazo. De modo que, por mais que nos desagrade a maneira como muitos políticos agem, eles estão simplesmente reagindo aos incentivos que o sistema lhes oferece.

Mas e se, em vez de pagar aos políticos um preço fixo por seu trabalho, estimulando-os assim a explorar o cargo em busca de ganhos pessoais que podem ir de encontro ao bem coletivo, nós os incentivássemos a trabalhar duro pelo bem coletivo?

Como é que eu faria isso? Oferecendo aos políticos incentivos financeiros em relação à legislação que geram. Se determinado político eleito ou funcionário nomeado trabalha durante anos num projeto que gera bons resultados em matéria de saúde pública, educação ou transportes, vamos entregar-lhe um cheque bem gordo cinco ou dez anos depois, quando esses resultados forem comprovados. O que você prefere? Remunerar um secretário de Educação norte-americano com o habitual salário de US$ 200 mil por ano, venha ele ou não a fazer algo de realmente útil, ou pagar-lhe um cheque de US$ 5 milhões daqui a dez anos se seu empenho de fato contribuir para elevar em 10% os resultados escolares no país?

Apresentei essa ideia a alguns políticos eleitos. Eles não acham que seja totalmente absurda, ou pelo menos se mostram suficientemente educados para fingir que não acham. Recentemente, tive oportunidade de conversar a respeito com o senador John McCain. Ele ouviu com atenção, assentindo com a cabeça e sorrindo o tempo todo. Eu mal podia acreditar o quanto parecia interessado. O que só me estimulou a ir em frente, entrando nos mínimos detalhes. Enfim, ele estendeu a mão para me cumprimentar. "Bela ideia, Steve", disse. "E boa sorte no inferno com ela!"

Virou-se e foi embora, sempre sorrindo. Nunca me senti tão bem por ser tão decididamente rejeitado. Acho que é assim que a pessoa se torna um grande político.

2

Mão-Boba, o Masturbador, e os perigos de Wayne

Uma das melhores coisas de começar a escrever um blog depois de publicar um livro é que é possível dar continuidade à conversa iniciada no livro. Uma vez publicado, um livro é praticamente como uma estátua de mármore. Mas o blog pode ser atualizado diariamente, a cada hora. Melhor ainda: agora a gente dispõe de um exército de leitores do livro esquadrinhando o universo em busca de histórias que confirmem (ou refutem) o que nele escrevemos. Foi o que aconteceu com um capítulo de Freakonomics *intitulado "Uma Roshanda seria tão doce se tivesse outro nome?", no qual explorávamos o impacto que o nome de uma pessoa tem em sua vida. Nenhum leitor se mostrou mais empenhado em seguir essa ideia do que a mulher que inspirou o primeiro post deste capítulo.*

Da próxima vez que sua filha apresentar o novo namorado, não se esqueça de perguntar seu nome do meio
(STEVEN D. LEVITT)

Recebi outro dia pelo correio um pacote interessante. Foi enviado por uma mulher do Texas chamada M. R. Stewart, que se apresenta como mãe orgulhosa e avó de quatro pit bulls.

A sra. Stewart tem um hobby estranho: recortar artigos de jornal de um tipo especial. Ela me enviou fotocópias de seus achados mais recentes, todos de seu jornal local, ao longo dos últimos anos. Os artigos tinham duas coisas em comum:

1. Todos relatavam supostos crimes.
2. Em cada um dos casos, o suposto criminoso tinha Wayne como nome do meio.

Devo reconhecer que fiquei perplexo com a quantidade de exemplos. Para proteger os possíveis inocentes, vou omitir aqui os sobrenomes:

ERIC WAYNE xxxxxx: abuso sexual

NATHAN WAYNE xxxxxx: sequestro, espancamento e homicídio

RONALD WAYNE xxxxxx: homicídio triplo

DAVID WAYNE xxxxxx: prática de enfermagem sem licença

LARRY WAYNE xxxxxx: homicídio

PAUL WAYNE xxxxxx: furto

MICHAEL WAYNE xxxxxx: furto

JEREMY WAYNE xxxxxx: homicídio

GARRY WAYNE xxxxxx: fazer sexo sem proteção sabendo ser HIV positivo

BRUCE WAYNE xxxxxx: homicídio

JOSHUA WAYNE xxxxxx: agressão a agente da ordem

BILLY WAYNE xxxxxx: homicídio

BILLY WAYNE xxxxxx: agressão

BILLY WAYNE xxxxxx: tentativa de assassinato e roubo

KENNETH WAYNE xxxxxx: agressão sexual

JERRY WAYNE xxxxxx: tentativa de homicídio

TONY WAYNE xxxxxx: agressão a avó agravada pela presença dos netos e roubo

LARRY WAYNE xxxxxx: invasão de domicílio

RICHARD WAYNE xxxxxx: resistência à polícia

CHARLES WAYNE xxxxxx: homicídio

MÃO-BOBA, O MASTURBADOR, E OS PERIGOS DE WAYNE

Talvez fosse possível estabelecer uma lista não menos impressionante com outro nome do meio, mas tenho minhas dúvidas. E, claro, qualquer pessoa com Wayne como nome do meio tem como assustador modelo o conhecido *serial killer* de Chicago, John Wayne Gacy Jr.

A sra. Stewart também coleciona recortes com nomes do meio que rimam com Wayne: havia quatro DeWaynes, quatro Duanes e dois Dwaynes. Depois de examinar o conteúdo da remessa, chamei minhas duas filhas mais velhas (são seis) e disse que jamais poderiam ter um namorado com o nome do meio de Wayne. Olivia, que está obcecada por um rapaz de sua turma chamado Thomas, vai checar seu nome do meio amanhã.

Yourhighness Morgan
(STEPHEN J. DUBNER)

Graças à seção do nosso *Freakonomics* sobre prenomes estranhos — como Temptress [Sedutora], Shithead [Cabeça de Merda, pronunciado *shuh-TEED*] e Lemonjello ou Orangejello [Geleia de limão e laranja, respectivamente] —, periodicamente recebemos e-mails de leitores com exemplos evidentes.

Acho que não houve nenhum mais interessante que o seguinte, enviado por David Tinker, de Pittsburgh. Ele mandou um artigo do *Orlando Sentinel* sobre um aluno atleta de 16 anos em Bushnell, Flórida, chamado Yourhighness [Sualteza] Morgan.[1] Ele tem um irmão menor chamado Handsome [Bonitão] e primos que atendem pelos nomes de Prince [Príncipe] e Gorgeous [Maravilhoso]. (Se ajudar alguma coisa, eu cresci numa fazenda e nós tínhamos um porco chamado Handsome.)

Yourhighness muitas vezes é chamado de YH para facilitar e, às vezes, também de Hiney — que, aparentemente, para os amigos e parentes que o chamam assim, não significa "bumbum" ou "traseiro", como na minha casa.

41

Gosto tanto de Yourhighness que vou ver se consigo que meus filhos me chamem assim por algum tempo.

Ainda no terreno das notícias sobre nomes estranhos, saiu um triste artigo no *San Diego Tribune* (que nos foi enviado por um certo James Werner, de Charlottesville, Virgínia) sobre um assassinato cometido por uma gangue.[2] O nome da vítima era Dom Perignon Champagne, nome de uma marca de bebida; o nome de sua mãe, Perfect Engelberger.

Mas que nome celestial!
(STEPHEN J. DUBNER)

Que criança nunca brincou com a ortografia do próprio nome, tentando imaginar, por exemplo, como soaria se fosse escrito de trás para a frente? (Quando garoto, eu assinei certos documentos da escola como "Evets Renbud".) Pois parece que pelo menos 4.457 pais no ano passado se adiantaram aos próprios filhos, dando-lhes o nome de "Nevaeh", que vem a ser "Heaven" [céu] escrito de trás para a frente. Quem publicou a história no *New York Times* foi Jennifer 8. Lee (ela própria abençoada do ponto de vista do nome), dando notícia de um aumento absolutamente incrível na popularidade desse novo nome: de oito casos em 1999 para 4.457 em 2005.[3]

"Nas duas últimas gerações, Nevaeh certamente é o fenômeno mais digno de nota em matéria de nomes de bebês", declarou Cleveland Kent Evans, presidente da Sociedade Norte-americana de Nomes e professor de Psicologia na Universidade Bellevue em Nebraska. [...] A preferência por Nevaeh pode ser explicada por um único acontecimento: a apresentação de uma estrela do rock cristã, Sonny Sandoval, da banda P.O.D., na MTV, em 2000, com sua filhinha Nevaeh. "Heaven escrito de trás para a frente", explicou ele.

O único ponto estranho na reportagem de Lee é a afirmação de que "Nevaeh", o nome de menina que está em septuagésimo lugar na lista de preferências nos Estados Unidos, é atualmente mais popular que "Sara" — o que não deixa de ser verdade, mas algo enganador: a grafia mais comum, "Sarah", ainda está em décimo quinto lugar.[4]

O caráter imprevisível dos nomes de bebês[5]
(STEPHEN J. DUBNER)

Seria impossível prever que nomes se tornarão mais populares com o tempo e quais perderão a preferência? Nós chegamos a fazer uma tentativa de previsão de nomes de meninos e meninas que poderiam tornar-se populares dentro de dez anos, com base na observação de que a população em geral tende a escolher nomes que já conquistaram a preferência de pais de renda e nível educacional altos. Mas as tendências, inclusive em matéria de nomes, tendem a marchar num ritmo que nem sempre é audível.

Mas, se nos últimos anos você tivesse de escolher um nome que certamente seria relegado ao abandono, poderia optar por Katrina. Quem haveria de querer dar ao seu bebê o nome de um furacão que quase varreu uma cidade inteira do mapa?

E de fato esse nome caiu fundo nos doze meses que se seguiram ao furacão Katrina, com apenas 850 casos nos EUA. Na lista dos nomes de meninas, caiu da posição 247 para a 382. Uma queda e tanto. Mas por que não terá sido maior?

Poderíamos supor que os pais de regiões distantes das áreas afetadas não estavam assim tão ligados no furacão e na destruição que causou. Mas estaríamos equivocados.

Nos dois estados mais duramente castigados pelo furacão Katrina, o nome na verdade foi mais usado nos doze meses que se seguiram à tempestade do que nos doze anteriores. Na Louisiana, o nome subiu de oito casos para quinze, ao passo que no Mississippi pulou de sete para 24. (Mas aposto que o número de crianças batizadas de Katrina aumentou ainda mais, pois muitas pessoas deslocadas de ambos os estados estavam tendo bebês — talvez chamados de Katrina — em outros lugares.)

Talvez certos pais de Louisiana batizassem as filhas de Katrina para celebrar o fato de terem sobrevivido à tormenta. Talvez o fizessem para lembrar amigos ou parentes que morreram ou perderam suas casas. Mas uma coisa é certa: não conheço ninguém que tivesse previsto que haveria mais Katrinas na Louisiana e no Mississippi depois da passagem do furacão. O que fala tanto do nosso incessante desejo de prever o futuro quanto das pessoas que tiveram filhos no ano passado.

O melhor aptônimo possível[6]
(STEPHEN J. DUBNER)

Aptônimo é um nome que também se refere ao que você faz. Nos velhos tempos, os aptônimos não eram meras coincidências, mas rótulos profissionais. Por isso é que ainda existem tantas pessoas chamadas Tanner [curtidor], Taylor [alfaiate] etc. Mas na nossa cultura eles são muito raros.

Por isso é que ontem fiquei tão empolgado ao encontrar um aptônimo fantástico. Folheando a última edição da revista *Good*, parei para dar uma olhada no expediente. Dois profissionais são mencionados na seção "Pesquisa", o que, no jargão jornalístico, em geral significa checagem de dados. Um dos nomes é... Paige Worthy. Ou seja: se um fato não passar por Paige Worthy, é porque não é *page-worthy* [digno da página], pelo menos não para a *Good*.

Esse nome seria uma pegadinha? Duvido, pois todos os outros nomes do expediente parecem perfeitamente autênticos e, sinceramente, espero que não seja. Seria possível encontrar um aptônimo melhor que Paige Worthy?

No fim deste post, anunciávamos um concurso, convidando os leitores a enviar os melhores aptônimos que conheciam. Eles seriam julgados por um seleto plantel de especialistas em nomes (Dubner e Levitt) e o vencedor ganharia um suvenir Freakonomics.

MÃO-BOBA, O MASTURBADOR, E OS PERIGOS DE WAYNE

Os vencedores do nosso concurso de aptônimos
(STEPHEN J. DUBNER)

Publicamos recentemente um post sobre uma verificadora de informações chamada Paige Worthy, convidando-os a mandar seus próprios aptônimos. Vocês responderam em peso, com quase trezentas mensagens. A julgar por essa amostragem, os dentistas, proctologistas e oftalmologistas da América parecem particularmente propensos a um comportamento aptônimo. Adiante são reproduzidos os casos mais interessantes. Primeiro, contudo, um pouco mais de informação sobre a pessoa que deu origem a tudo isso, Paige Worthy:

Sim, ela existe e seu nome, de fato, é esse. Não só ela é pesquisadora na revista *Good* como trabalha como copidesque para as revistas *Ride* e *King*, ambas voltadas para leitores negros do sexo masculino. A primeira é uma revista de carros; a outra está voltada para um público masculino jovem, sendo conhecida em certos meios como Blaxim, de "black *Maxim*", uma revista *Maxim* para jovens negros. "E por sinal eu sou branca", informou Paige por e-mail. Ela mora em Nova York, mas é de Kansas City — onde, explica, trabalhou "numa pequena empresa local chamada *Sun Tribune Newspapers*, como copidesque e diagramadora, de modo que meu nome era duplamente adequado".

Assim, como ela existe de verdade e seu nome é o perfeito aptônimo, Paige Worthy decididamente vai levar o prêmio Freakonomics que quiser. Os outros vencedores:

LIMBERHAND THE MASTURBATOR
[MÃO-BOBA, O MASTURBADOR]

Um leitor chamado Robbie escreveu relatando um caso judicial do estado de Idaho sobre direito de privacidade numa cabine sanitária de banheiro público. A história estava relacionada à celeuma do caso Larry Craig. Aqui vai um breve resumo do caso de Idaho:

O réu foi detido por atentado ao pudor quando um policial, espiando por um buraco de quatro polegadas na divisória da cabine, o viu se masturbando num banheiro público. O tribunal sentenciou que Limberhand [Mão-Boba] legitimamente tinha direito à privacidade na cabine do banheiro, não obstante a existência do buraco.

É isso mesmo: o sujeito que foi preso na cabine por se masturbar em público chamava-se Limberhand [Mão-Boba].

(A menção honrosa na categoria Abaixo da Cintura vai para o leitor que escreveu o seguinte: "Certa vez, editei um artigo de publicação médica sobre aumento de pênis escrito pelo dr. Bob Stubbs [toco]. E o melhor é que ele tinha aprendido a técnica com um cirurgião plástico chinês, o dr. Long.")

EIKENBERRY, O DONO DE FUNERÁRIA

Um leitor chamado Paul A. escreveu: "Em Peru, Indiana, há um dono de funerária cujo sobrenome é 'Eikenberry' (pronuncia-se *I can bury*, 'deixa que eu enterro'). Ele tem ali uma sociedade e a funerária se chama (que rufem os tambores, por favor) 'Eikenberry Eddy'."

(A menção honrosa na categoria Sete Palmos vai para o leitor que escreve: "Na minha cidade [Amarillo, Texas], há um dono de funerária chamado Boxwell Brothers [Irmãos Encaixote-Bem]. Melhor, impossível.")

JUSTIN CASE, O SEGURADOR

Não estou certo de que este seja verdadeiro, mas vou presumir que Kyle S., o leitor que o enviou, é honesto: "O nome do meu agente de seguros da State Farm é Justin Case [*just in case*: vai que...]. Nem precisa dizer mais nada."

E, finalmente, embora eu tenha dito que daríamos apenas três prêmios, encontramos tantos dentistas aptônimos que vamos precisar elevar o número para quatro. Aqui vai meu favorito:

MÃO-BOBA, O MASTURBADOR, E OS PERIGOS DE WAYNE

CHIP SILVERTOOTH

Um leitor chamado Scott Moonen escreve: "Meu antigo dentista chamava-se Eugene Silvertooth. E desde a infância tinha o apelido de Chip Silvertooth [lasca de dente de prata]."

(A menção honrosa dos dentistas vai para um leitor chamado Anshuman: "Infelizmente, mudei-me de São Francisco e não pude mais me tratar com meu dentista, o dr. Les Plack [placa]. Nascido para a função, certo?")

3

Que venha a alta dos preços da gasolina!

Se há uma coisa sobre a qual os economistas consideram saber tudo são os preços. Para um economista, tudo tem preço e se pode botar preço em tudo. As pessoas normais pensam nos preços como algo do que reclamar nas lojas; os economistas encaram os preços como a lógica que organiza o mundo. De modo que, naturalmente, muito tivemos de dizer sobre o tema ao longo dos anos.

Alguém me odeia por US$ 5
(STEVEN D. LEVITT)

Existe um site — tão imbecil que até me sinto envergonhado por lhe dar publicidade gratuita — chamado www.WhoToHate.com [www.aquemodiar.com]. A ideia é que o sujeito pague cinco merréis, escreva o nome de alguém odiado e o website se encarrega de escrever a essa pessoa dizendo que existe alguém que a odeia.

Recebi hoje esse tipo de correspondência, o que significa que alguém me detesta tanto que se dispôs a pagar US$ 5 para que eu a recebesse.

Do ponto de vista econômico, eles estão oferecendo um produto interessante. A pessoa que gasta US$ 5 recebe um serviço com esse ato de declarar (ainda que de maneira totalmente anônima) o seu ódio? Ou o

49

serviço seria representado pela dor (real ou imaginária) do destinatário, ao constatar o alcance do ódio de alguém?

No caso de alguém que me odeie com todas as forças, a única fonte de satisfação seria pelo primeiro canal. Diariamente, eu já recebo montes de ódio, algo muito mais perverso que o e-mail esquisito de alguém que gastou US$ 5. Na verdade, o fato de a pessoa que me odeia me ter identificado como Steve Levitt da Califórnia (onde morei por pouco tempo, quando frequentei Stanford alguns anos atrás) me fez dar boas risadas.

Mas fiquei pensando. Talvez o site tivesse interesse em permitir que o dono do ódio pagasse mais que US$ 5. Pagando US$ 50 mil para demonstrar seu ódio e levar a manifestação até a pessoa odiada, a mensagem realmente seria acachapante. Mas é possível que aqueles que odeiam prefiram mandar dez mensagens de US$ 5 para dar a impressão de que todo mundo odeia um pouquinho a pessoa odiada, que assim não seria alvo apenas de uma pessoa que a odeia muito.

O que me deixa triste no caso desse site é que, no fundo, pode mesmo acertar em cheio algum jovem inocente que seja alvo de colegas maldosos. Tratando-se de uma pessoa que, para começo de conversa, já recebe pouquíssimos e-mails por dia, pode ser muito desanimador receber dez ou doze e-mails dizendo que é odiada por gente anônima.

A parte boa é que aparentemente não tem muita gente por aí sentindo ódio suficiente para gastar US$ 5 para torná-lo conhecido. Na lista atual das dez pessoas mais odiadas estão alguns nomes conhecidos (não incluí aquelas de que nunca ouvi falar, por receio de que sejam os tais jovens inocentes que mencionei). Aqui vai a lista, com o número de ódios:

George Bush	(7)
Hillary Clinton	(3)
Oprah Winfrey	(3)
Gloria Steinem	(3)
Barbara Boxer	(2)

Quer dizer então que, mesmo com tanta gente odiando George Bush, só sete pessoas se dispuseram a empatar os US$ 5! Qualquer um precisa apenas de duas pessoas cheias de ódio para chegar à lista dos dez mais. O que não parece difícil no meu caso. Já estou na metade do caminho.

Se os traficantes de crack aprendessem com a Walgreens, realmente ficariam ricos
(Stephen J. Dubner)

Não faz muito tempo, eu conversava com um médico em Houston, aquele tipo de velho cavalheiro que atende famílias e não é mais muito visto por aí. Chama-se Cyril Wolf. Natural da África do Sul, ele me chamou atenção, contudo, como o perfeito clínico norte-americano de décadas atrás.

Eu já lhe tinha feito várias perguntas — o que mudou em sua profissão nos últimos anos, como a atividade foi afetada pelos planos de saúde etc. —, quando, de repente, seus olhos se iluminaram, as mandíbulas se cerraram e sua voz ganhou um tom de grande exasperação. Ele começou a relatar um problema simples, mas de enormes proporções na profissão: muitos remédios genéricos ainda são caros demais para seus pacientes. Muitos, explicou, são reembolsados, só que ainda assim até os genéricos em redes como Walgreens, Eckerd e CVS podem sair muito caros para eles.

Assim foi que Wolf começou a assuntar aqui e ali, e encontrou duas redes — Costco e Sam's Club — que vendiam genéricos a preços bem inferiores aos das outras cadeias. Mesmo contabilizando o custo de se associar à Costco ou ao Sam's Club, as diferenças de preço são incríveis. (E aparentemente tampouco é necessário ser associado de qualquer uma dessas lojas para fazer compras em suas farmácias, embora de fato sejam

QUANDO ROUBAR UM BANCO

oferecidos descontos maiores aos associados.) Aqui vão os preços que Wolf encontrou em farmácias de Houston para noventa comprimidos de Prozac genérico:

Walgreens: US$ 117
Eckerd: US$ 115
CVS: US$ 115
Sam's Club: US$ 15
Costco: US$ 12

Não, não são erros de digitação. A Walgreens cobra US$ 117 por um frasco das mesmas pílulas pelas quais a Costco cobra US$ 12.

Inicialmente, fiquei meio cético. Por que diabos, perguntei a Wolf, alguém pagaria US$ 100 a mais, provavelmente todo mês, para comprar o remédio na rede Walgreens e não na Costco?

Sua resposta: se um aposentado está acostumado a comprar suas receitas na Walgreens, é onde ele as compra sempre, presumindo que o preço de um medicamento genérico (ou talvez de qualquer medicamento) é praticamente o mesmo em qualquer farmácia. É o máximo da assimetria da informação, o máximo da discriminação de preços!

Decidido a escrever a respeito, eu reuni alguns dados relevantes: um noticiário de televisão em Houston sobre a descoberta de Wolf;[1] uma ampla comparação de preços compilada por um repórter de televisão em Detroit;[2] um levantamento da Consumer Reports;[3] e um relatório de pesquisa da senadora Dianne Feinstein sobre o tema.[4]

Mas já tinha esquecido tudo sobre a questão até ler um extenso artigo do *Wall Street Journal* avaliando muito bem as diferenças de preços entre as diferentes redes.[5] Em sua maioria, essas diferenças não são drásticas como no exemplo de Wolf, mas não raro são ainda maiores. Talvez a frase mais interessante seja esta:

52

QUE VENHA A ALTA DOS PREÇOS DA GASOLINA!

Depois do telefonema de um repórter, a CVS disse que baixaria seu preço da sinvastatina [de US$ 108,99] para US$ 79,99, num "processo de análise de preços".

Então é assim que se chama, "processo de análise de preços". Precisarei me lembrar disso na próxima vez em que meus filhos me pegarem tentando comprar um brinquedo de US$ 2 depois de ter prometido um de US$ 20.

A dança do acasalamento do carro novo
(Steven D. Levitt)

Meu carro tem dez anos e neste fim de semana eu saí para comprar um novo. Em *Freakonomics* e *SuperFreakonomics*, escrevemos muito sobre como a internet mudou mercados nos quais existem informações assimétricas. A compra de um veículo me deu a oportunidade de ver em primeira mão essas forças em ação no mercado de carros novos.

Eu não me decepcionei. Sabia perfeitamente que tipo de carro queria. Em questão de apenas quinze minutos e sem qualquer custo, recorrendo a sites como TrueCar e Edmunds, não só tinha uma boa ideia de um preço justo a pagar como pude comunicar a alguns revendedores próximos que estava fazendo uma tomada de preços.

Minutos depois, uma revendedora me ofereceu o carro por US$ 1,3 mil em esquema de subfaturamento. Parecia um bom começo, mas, antes que eu reunisse os filhos para ir até lá, outra revendedora telefonou e, ao ser informada da oferta da primeira, fez a sua, abatendo algumas centenas de dólares. Telefonei de volta para a primeira revendedora, mas caí na caixa de mensagens e então nos dirigimos para a segunda. Eu sabia que ainda estava bem distante de um preço final, mas não podia ser um melhor começo, sem sequer sair de casa.

Aprendi muito em matéria de compra de carros da última vez que fiz esse tipo de aquisição: as várias mentiras contadas pelas revendedoras a respeito dos preços; o ridículo jogo de gato e rato com o vendedor que volta e meia vai conversar com o gerente etc. Detestei todo o processo da última vez que precisamos comprar um carro, mas dessa vez, encarando a coisa de maneira mais intelectual, estava ansioso por participar do complexo ritual da compra de um carro novo.

Talvez a disposição de regatear decorresse da minha inesperada vitória final da última vez. Eu tinha recebido por fax — ainda não estávamos na era da internet — uma estimativa de qual seria um preço justo a pagar pelo veículo. Distraído, tinha esquecido a folha de papel em casa, mas julgava lembrar-me do preço. E lutei um bocado por esse preço, ameaçando ir embora a toda hora, indo e vindo, indo e vindo, e finalmente conseguindo que o revendedor se aproximasse um pouco mais de algumas centenas de dólares do preço de que me lembrava. Ao chegar em casa, descobri que minha memória havia transposto dois dígitos; o preço constante do fax era, na verdade, US$ 2 mil acima do que eu tinha concedido barganhar. Achando equivocadamente que um preço justo seria US$ 2 mil abaixo do que realmente era, eu tinha regateado com incrível eficácia, conseguindo um acerto ridiculamente bom. O fato de ter esquecido aquele fax em casa valeu milhares de dólares.

De modo que cheguei à revendedora e me sentei para negociar. O vendedor explicou que o preço oferecido estava bem abaixo da fatura, discretamente mostrando documentos com o carimbo "confidencial" e enfatizando todo o dinheiro que eles iam perder com o negócio. Eu respondi que ele sabia tanto quanto eu que o preço faturado que estava me apresentando não era na realidade o que a revendedora pagava pelo carro. Pedi então que simplesmente me fizesse sua melhor oferta. O vendedor desapareceu por alguns momentos, supostamente para conversar com o patrão, mas provavelmente para avaliar melhor quem estava ganhando o jogo até então.

Sua ausência durou o suficiente para que uma terceira revendedora mandasse por e-mail uma oferta de preço. Essa ficava US$ 1,5 mil abaixo da melhor oferta até então feita pela revendedora onde eu estava. O ven-

QUE VENHA A ALTA DOS PREÇOS DA GASOLINA!

dedor voltou e disse que o melhor que podia fazer era baixar US$ 200. Eu respondi: "Neste caso, acho que não, pois outra revendedora acaba de fazer uma oferta com vantagem de US$ 1 mil para mim." Estendi então o celular para mostrar-lhe o e-mail. Ele ficou algum tempo desmerecendo a outra revendedora e foi buscar o chefe. Este me assegurou que a última oferta feita era até onde podiam chegar — era uma oferta generosa por uma infinidade de motivos.

Eu respondi: "Tudo bem, mas, se só chegam até aí, vou agora mesmo para a outra revendedora."

Pelas minhas estimativas, estávamos mais ou menos pela metade do ritual de acasalamento. Em cerca de quinze minutos, depois de muita queixa e reclamação, chegaríamos ao preço que fora oferecido pela terceira revendedora. O que provavelmente ainda significava pagar demais, mas eu estava disposto a aceitar o resultado.

"Neste caso, ficamos por aqui", reiterei.

"Tudo bem", disse o gerente. "Se não der certo na outra revendedora, volte aqui e nós venderemos o carro pelo preço oferecido."

Eu me levantei e comecei a reunir as crianças, parte da encenação de barganha. Elas simplesmente me olhavam, como se tivessem esquecido que tudo aquilo fazia parte do ritual. Mas, se tinham esquecido sua fala, eu não esquecera a minha. "Sabemos muito bem que se eu sair daqui agora nunca mais vou voltar."

Diante disso, o sujeito simplesmente respondeu: "Vamos pagar para ver."

E eu saí.

Estava chocado. Aquela revendedora me tinha enviado um preço pela internet, reduzido apenas US$ 200, e achava ótimo que eu desse as costas para ir comprar um carro em outro lugar. Considerando-se isso, eu achava que o novo revendedor devia estar oferecendo um acerto realmente muito bom. Não tinha mais energia para começar outra dança de acasalamento, de modo que me limitei a aceitar a oferta que fizeram, sem barganhar. Fui apanhar o carro na terça-feira.

Por US$ 25 milhões, nem pensar — mas por US$ 50 milhões, posso pensar
(STEVEN D. LEVITT)

Pelo menos no meu caso, não existem muitas perguntas que me levassem a responder: "Por US$ 25 milhões, nem pensar — mas por US$ 50 milhões, posso pensar." Vinte e cinco milhões de dólares é tanto dinheiro que fica até difícil imaginar o que faríamos com ele. Certamente seria muito bom ter os primeiros US$ 25 milhões, mas nem estou certo de que de fato precisaria de mais US$ 25 milhões.

O Senado norte-americano tem a esperança de que haja no Afeganistão e no Paquistão gente que não pense assim. Frustrados com o fato de os US$ 25 milhões oferecidos pela captura de Osama bin Laden não terem dado resultado, os senadores aprovaram, por maioria esmagadora de 87 a 1, a elevação da oferta para US$ 50 milhões. (O solitário que discordou foi Jim Bunning, republicano do Kentucky.)

De certa forma, temos de aplaudir a iniciativa do governo. Para um camponês paquistanês, US$ 50 milhões é uma quantia inconcebível. Para o governo norte-americano, que gasta US$ 10 bilhões por mês no Iraque, US$ 50 milhões são praticamente nada. Se um dos principais objetivos da guerra no Iraque era livrar-se de Saddam Hussein, basta pensar como teria sido muito mais barato oferecer uma recompensa, digamos, de US$ 100 bilhões para quem quer que se dispusesse a tirá-lo do poder pelos meios que fossem. O próprio Saddam poderia perfeitamente ter aceitado a oferta, trocando a trabalheira e os aborrecimentos de governar um país por uma agradável pensão de US$ 100 bilhões e uma bem equipada mansão francesa.

Na verdade, já escrevemos antes sobre as vantagens de oferecer valores altos para estimular as pessoas a agir em relação aos problemas, seja na cura de doenças, seja no aperfeiçoamento dos algoritmos da Netflix.[6]

Por outro lado, se eu não tenho muita clareza quanto à diferença entre 25 milhões e 50 milhões, não creio que uma elevação das apostas leve um paquistanês hesitante a colaborar com o governo norte-americano.

QUE VENHA A ALTA DOS PREÇOS DA GASOLINA!

Muito mais importante, porém mais difícil, seria encontrar uma maneira de fazer acreditarem que de fato pagaremos a soma. Tenho certeza de que não faltaria margem de manobra para decidir que parte desse valor seria paga a quem. Por exemplo, se eu fizesse uma análise estatística permitindo reduzir seu possível paradeiro a um raio de 1 km e as equipes de terra, mar e ar da Marinha norte-americana esquadrinhassem a área até encontrá-lo, será que eu receberia o dinheiro? Não estou tão certo. Quero crer que o camponês paquistanês dispondo de alguma informação sobre Bin Laden provavelmente tem as mesmas dúvidas.

Na verdade, nenhuma recompensa veio a ser paga. Segundo a ABC News, "o ataque que levou à morte do líder da Al-Qaeda no Paquistão no dia 2 de maio [de 2011] resultou de ações de inteligência eletrônica, não de informantes humanos [...] A CIA e os militares não conseguiram que algum agente da Al-Qaeda atuasse como informante para entregá-lo".[7]

Quanto a Pepsi estaria disposta a pagar pela fórmula secreta da Coca-Cola?
(STEVEN D. LEVITT)

Alguns funcionários traidores da Coca-Cola foram apanhados recentemente tentando vender segredos da empresa à Pepsi. A Pepsi entregou os caras e colaborou na operação de desmascaramento.

Será que os executivos da Pepsi abriram mão de lucros gigantescos, à custa da concorrente, só para "fazer a coisa certa"?

Almocei ontem com meu amigo e colega de trabalho Kevin Murphy, que levantou uma questão interessante: descobrir a fórmula secreta da Coca provavelmente não vale quase nada para a Pepsi. Vamos ver qual é a lógica.

Digamos que a Pepsi descobrisse a fórmula secreta da Coca e viesse a torná-la pública, de tal maneira que qualquer um poderia fazer uma bebida exatamente com o gosto da Coca-Cola. Seria muito parecido com o que acontece com remédios quando perdem as patentes e entram em cena as empresas de medicamentos genéricos. O resultado seria uma grande queda do preço da Coca-Cola verdadeira (provavelmente não chegando aos preços das cópias genéricas). Naturalmente, seria terrível para a Coca. E provavelmente também seria ruim para a Pepsi. Custando a Coca muito mais barato, as pessoas trocariam a Pepsi pela Coca. Os lucros da Pepsi provavelmente cairiam.

Assim, se a Pepsi tivesse a fórmula secreta da Coca, não teria interesse em distribuí-la para todo mundo. E se ficasse com ela só para si e passasse a produzir uma bebida igualzinha à Coca? Se de fato convencesse as pessoas de que sua bebida era idêntica, a nova versão da Coca feita pela Pepsi e a de verdade seriam o que os economistas chamam de "substitutos perfeitos". Quando dois produtos são basicamente equivalentes do ponto de vista dos consumidores, a tendência é que se estabeleça uma feroz concorrência nos preços e os lucros sejam bem baixos. Nem a Coca nem a cópia feita pela Pepsi dariam bastante lucro. Mais baixo o preço da Coca, os consumidores deixariam de lado a Pepsi original em troca da Coca ou de sua nova cópia feita pela Pepsi, que de qualquer maneira seria muito menos lucrativa que a Pepsi original.

No fim das contas, *tanto a Coca-Cola quanto a Pepsi* provavelmente só teriam a perder se a Pepsi obtivesse a fórmula secreta da Coca e viesse a explorá-la.

De modo que talvez os executivos da Pepsi de fato estivessem agindo com rigor moral e honradez ao entregarem os indivíduos suspeitos de terem roubado os segredos da Coca-Cola.

Ou talvez sejam apenas bons economistas.

QUE VENHA A ALTA DOS PREÇOS DA GASOLINA!

Será que já dá para nos livrarmos dos centavos?
(STEPHEN J. DUBNER)

Começou como um comentário de passagem, mas de alguma maneira acabou se transformando numa cruzada, tornando-se Dubner um porta-voz extraoficial da abolição dos centavos. Numa reportagem do programa 60 Minutes sobre o tema, ele disse que os Estados Unidos sofrem de "centavite" e que os centavos são tão úteis quanto "ter um quinto dedo e meio na mão". Reproduzimos abaixo trechos dos vários posts contra o centavo.

Sempre que recebo troco por US$ 1, digo à caixa que pode ficar com os centavos. Eles não valem o tempo que eu gastaria com o troco, nem o tempo dela, nem o seu. Às vezes, a caixa recusa por motivos contábeis da empresa e, neste caso, eu recebo polidamente os centavos e os atiro na lata de lixo mais próxima. (Será que é ilegal? Se for, acho que deveríamos começar a prender pessoas por jogarem dinheiro em fontes e poços dos desejos.)

Se eu fosse o tipo de pessoa que a) enche diariamente os bolsos com moedas para troco ou b) leva as moedas acumuladas a um banco ou uma máquina de moedas de supermercado, talvez valesse a pena guardá-las. Mas não é o caso. Esses fatos, associados à realidade da inflação, levaram-me a desejar durante anos que os centavos fossem abolidos, e provavelmente os níqueis de US$ 0,50 também. (Na infância, brincando de Banco Imobiliário, nós nunca usávamos as cédulas de US$ 1. Você usava?)

Não faltam motivos para nos livrarmos dos centavos, mas talvez baste lembrar que eles custam muito mais ao governo norte-americano do que um centavo por moeda. Considerando que perdemos dinheiro toda vez que um centavo é fabricado e que não são úteis de nenhuma maneira que realmente importe, não é preciso dar muitos tratos à bola para saber que devemos nos livrar deles. A inflação os transformou numa má ideia, tanto para os produtores quanto para os consumidores.

Mas é bom saber que existe uma alternativa sensata a simplesmente jogar fora o troco sem valor: "transcender" o centavo, fazendo-o valer cinco centavos. A ideia é de François Velde, economista do Chicago Fed.

QUANDO ROUBAR UM BANCO

Gostaria de ter a expectativa de que as pessoas sérias no comando da moeda do nosso país levarão a sério esse argumento, mas, considerando o que sei dos centavos, da política e da inércia, não estou propriamente otimista.

* * *

Por que os EUA ainda usam centavos? Um motivo importante: os lobistas. Recentemente, participei de uma reportagem do *60 Minutes* intitulada "Fazendo centavos".[8] Eu falava do absurdo que é manter os centavos; mas o *60 Minutes* também contemplava um espaço para a posição favorável ao centavo. Aqui vai um trecho:

> Mark Weller é a voz dos "Norte-americanos pelo Centavos Comuns", grupo favorável ao centavo segundo o qual sua abolição custaria 600 milhões de dólares por ano aos norte-americanos [...]. Ele afirma que, sem os centavos, as organizações caritativas também seriam prejudicadas, com base no argumento de que não é provável que as pessoas tenham a mesma disponibilidade para doar igual quantidade de moedas de cinco centavos. Hoje em dia, as coletas caritativas de centavos em todo o país recolhem dezenas de milhões de dólares por ano para pesquisas médicas, para os sem-teto, para a educação [...].
>
> Entretanto, Weller, de bom grado, reconhece que tem interesse financeiro na tese do alto custo da abolição dos centavos: é lobista da Jarden Zinc, empresa do Tennessee que vende as rodelas de metal que são transformadas pela cunhagem nos centavos com a efígie de Lincoln.

Acho que, em vez de perder tempo fazendo campanha contra o centavo, eu devia simplesmente comprar ações do zinco nos mercados futuros.

* * *

O Grande Debate dos Centavos continua se arrastando. Cem milhões de centavos recolhidos por estudantes foram exibidos no Rockefeller

QUE VENHA A ALTA DOS PREÇOS DA GASOLINA!

Center. Enquanto isso, muita gente continua argumentando em favor da eliminação dos centavos.

Eu me posiciono firmemente entre os abolicionistas. Os únicos motivos que me ocorrem para preservar o centavo são a inércia e a nostalgia. Como é possível gostar tanto de peso morto!

O mais ridículo argumento favorável ao centavo que eu vi em muito tempo foi publicado recentemente num anúncio de página inteira no *Times*. Foi apresentado pela Virgin Mobile, que promovia seu serviço de mensagem de texto afirmando que sai tão barato que justifica até guardar as moedas de centavo. O título dizia:

**"Uma nova lei pretende
DESCARTAR OS CENTAVOS.
E o que virá depois? Os cãezinhos? O arco-íris?"**

E aqui vai a frase que me chamou atenção:

E o que pensam os norte-americanos? Entre a nossa população, 66%* querem manter os centavos e 79% parariam na rua para apanhar a moedinha do chão.

Indo verificar no pé da página a remissão do asterisco, encontramos:

*Fonte: 8ª Pesquisa Anual Coinstar da Moeda Nacional.

Para quem não sabe, Coinstar é a empresa que instala máquinas de moedas em supermercados, para trocá-las por um recibo que permitirá retirar cédulas na caixa registradora. Aparentemente, a Coinstar leva uma comissão de 8,9% pelo serviço.

Embora se declare que a Pesquisa Coinstar da Moeda Nacional é conduzida por uma empresa independente de pesquisa de mercado, não chega propriamente a me surpreender que um levantamento encomendado por uma companhia que ganha dinheiro coletando moedas gere um resultado afirmando que dois terços dos norte-americanos "querem manter os centavos".

* * *

Eu nunca tomei a decisão de ser contra os centavos, mas a coisa aconteceu e atualmente abro o bico publicamente sempre que possível para alardear que precisam ser abolidos.

Embora me mantenha firme na convicção de que o centavo não serve para nada como moeda, alguém finalmente me levou a reconsiderar o argumento da extinção, apresentando um uso para ele: forrar o chão!

O piso de centavos pode ser encontrado no Standard Grill do recém-inaugurado Standard Hotel em Nova York, junto ao parque de High Line. Segundo o hotel, foram usadas 250 moedas por metro quadrado, o equivalente a um total de 480.000 centavos.

Se você estiver pensando em reformar a casa, são US\$ 2,50 por metro quadrado em material de revestimento. O que parece mais que vantajoso em relação aos ladrilhos (US\$ 25), ao mármore polido (US\$ 12), à porcelana (US\$ 4) e até à imbuia (US\$ 5). A inutilidade do centavo como moeda corrente não podia ser mais bem ilustrada, quando se sabe que, embora de fato seja dinheiro, sai mais barato que qualquer desses outros materiais no revestimento de um piso.

Confusão na Planned Parenthood!*
(STEVEN D. LEVITT)

Há muito tempo, o movimento em favor da preservação da vida se tem mostrado perfeitamente consciente da maneira como as pessoas reagem a incentivos. As manifestações em frente a clínicas revelaram-se uma

---

*Planned Parenthood é uma das principais organizações de planejamento familiar nos Estados Unidos. (*N. da E.*)

QUE VENHA A ALTA DOS PREÇOS DA GASOLINA!

estratégia das mais eficazes para elevar os custos sociais e morais da opção pelo aborto.

Uma clínica de planejamento familiar na Filadélfia, a Planned Parenthood Southeastern Pennsylvania, saiu-se com uma estratégia muito inteligente para reagir, chamada "Investindo no Piquete". A explicação:

> Toda vez que manifestantes se reúnem em frente ao nosso centro de saúde em Locust Street, nossas pacientes enfrentam ataques verbais da parte deles. Elas veem cartazes destinados a gerar confusão e intimidar [...] Somos todos chamados de assassinos, ouvimos sermões sobre as consequências de cometer pecados e nos informam que pagaremos o "supremo preço" por nossos atos.
>
> Eis como a coisa funciona: Você decide a quantia que se dispõe a empatar para cada manifestante (mínimo de 10 centavos). Quando eles aparecem na calçada, a Planned Parenthood Southeastern Pennsylvania conta e registra diariamente sua quantidade. [...] Afixamos do lado de fora do centro de saúde um contador digital registrando as quantias destinadas à clínica, para informar aos manifestantes que seus atos a estão beneficiando. No fim dos dois meses da campanha, você receberá uma atualização sobre as manifestações de protesto e um lembrete das somas empatadas.

Minha previsão é que as clínicas de aborto de todo o país logo estarão adotando essa abordagem. O que me parece particularmente inteligente é a maneira como transforma a raiva, a indignação e a impotência de ardorosos defensores do direito individual de escolha frente aos manifestantes num incentivo financeiro em benefício daqueles, não destes. Marginalmente, acho que as doações serão mais altas, pois os eventuais doadores podem extrair algum prazer da presença dos manifestantes ou pelo menos se sentir menos incomodados. Dá uma sensação de poder. Por outro lado, se eu fosse um manifestante desses, detestaria a ideia de que o que estou fazendo pode na verdade fortalecer a política de planejamento familiar, diminuindo a utilidade do protesto.

Perdidos: US$ 720 bilhões. Quem encontrar, favor devolver ao dono, de preferência em dinheiro
(Steven D. Levitt)

De acordo com o índice S&P/Case-Shiller de preços imobiliários, os preços de residências caíram cerca de 6% nos EUA em 2007. Num cálculo por alto, isso significa que os proprietários perderam cerca de US$ 720 bilhões. O que equivale a aproximadamente US$ 2,4 mil por pessoa no país e a US$ 18 mil em média para cada proprietário.

No contexto das quedas da bolsa, contudo, essa perda de US$ 720 bilhões num ano não parece assim tão grande. O total da capitalização de mercado nas bolsas norte-americanas é da mesma ordem de magnitude que o valor total do mercado imobiliário (entre 10 e 20 trilhões de dólares). Numa semana do mês de outubro de 1987, a bolsa de valores americana perdeu mais de 30 por cento do seu valor.

Esses US$ 720 bilhões também são mais ou menos da mesma magnitude que a quantidade de dinheiro que o governo norte-americano gastou nos primeiros anos na guerra no Iraque.

Se você é proprietário de um imóvel, como se sente a respeito? Não pode se sentir nada bem, mas aposto que vai se sentir muito pior na seguinte hipótese: os preços dos imóveis residenciais não caíram nada no ano passado, mas um belo dia você tirou US$ 18 mil do banco para comprar um carro novo à vista e sua carteira foi roubada com todo o dinheiro dentro. No fim das contas, sua riqueza seria a mesma (com menos US$ 18 mil, fosse pela desvalorização da sua casa, fosse pelo roubo do dinheiro), mas uma dessas duas perdas é psicologicamente bem pior que a outra.

São muitos os possíveis motivos pelos quais não dói tanto perder dinheiro num bem como uma casa. Em primeiro lugar, ele não é muito tangível, já que na verdade ninguém sabe realmente quanto vale a própria casa. Em segundo lugar, sempre dói menos quando alguém mais também

QUE VENHA A ALTA DOS PREÇOS DA GASOLINA!

está perdendo com sua casa. (Certa vez, ouvi um sujeito muito rico dizer que não se importava com o valor absoluto da própria riqueza, apenas com sua posição na lista de pessoas mais ricas da *Forbes*.) Em terceiro lugar, você não pode se sentir culpado pela queda dos preços imobiliários, mas de fato poderia pensar melhor em se tratando da decisão de sair por aí com US$ 18 mil na carteira. E, em quarto lugar, o fato de seu dinheiro estar com um ladrão é pior que a simples evaporação do dinheiro no espaço, que é o que acontece quando os preços caem. Provavelmente, ainda existem outros motivos.

De maneira mais genérica, o economista Richard Thaler cunhou a expressão *contabilidade mental* para se referir à maneira como as pessoas parecem encarar diferentes bens como não fungíveis, embora em princípio tudo indique que devessem ser. Embora eu seja objeto de zombaria dos meus amigos economistas por isso, decididamente uso a contabilidade mental. Para mim, um dólar ganho jogando pôquer significa bem mais que um dólar recebido em consequência de um movimento ascendente no mercado. (E, da mesma forma, um dólar perdido jogando pôquer dói muito mais.)

Mesmo as pessoas que se dizem alheias à contabilidade mental não raro são apanhadas nela. Tenho um amigo nessa categoria: ele ganhou uma aposta pesada na loteria da Liga Nacional de Futebol Americano (pesada em relação a suas apostas habituais, mas muito, muito pequena no contexto da sua riqueza) e no dia seguinte gastou o dinheiro recebido em um novo taco de golfe.

Qual a importância de tudo isso no contexto dos preços imobiliários? Bem, se os preços voltarem a subir, seria muito mais divertido se esses aumentos viessem na forma de pequenos pacotes de dinheiro jogados à sua porta junto com o jornal da manhã, não através da valorização da casa. Provavelmente, as pessoas que fizeram empréstimos imobiliários já descobriram isso há muito tempo.

Em que uma cantora pop canadense se parece com um vendedor de biscoitos?

(STEPHEN J. DUBNER)

Exatamente como Paul Feldman, o economista transformado em vendedor de biscoitos de que falamos em *Freakonomics*, a cantora e compositora Jane Siberry decidiu oferecer sua música ao público por um esquema de pagamento baseado na confiança. Ela oferece aos fãs quatro opções:

1. gratuito (presente de Jane)
2. livre escolha (pagar agora)
3. livre escolha (pagar depois para assentar bem sua decisão)
4. padrão (a taxa de hoje é cerca de US$ 0,99)

Em seguida, de maneira bem inteligente, ela divulga estatísticas sobre os índices de pagamento até hoje:

% dos que aceitaram como presente de Jane: 17%
% pagos por preço estabelecido: 37%
% pagamento posterior: 46%

Preço médio por faixa: US$ 1,14
% pagos abaixo do preço proposto: 8%
% pagos no preço proposto: 79%
% pagos acima do proposto: 14%

De maneira ainda mais inteligente, Siberry divulga o índice médio de pagamento por cada canção no momento em que o interessado escolhe a sua opção no menu — mais um lembrete de que ele pode perfeitamente roubar a música, mas vai ficar sabendo como as outras pessoas se têm comportado no passado recente.

Ao que tudo indica, Siberry entende muito bem a força de um incentivo. O que propicia pelo menos duas coisas interessantes: as pessoas

QUE VENHA A ALTA DOS PREÇOS DA GASOLINA!

podem resolver o que pagar depois de ouvir a música e decidir o quanto vale realmente para elas (parece que em geral pagam mais caro por canção nessa opção); e o esquema de variação de preços tão apreciado pelos economistas é posto nas mãos do consumidor, não do vendedor.

Acho que será preciso muito mais esforço de convencimento com as gravadoras até que se disponham a experimentar esse modelo em larga escala. Talvez os fãs de Jane Siberry que entram no seu website em busca da sua música constituam um grupo altamente seleto, muito mais interessado que o usuário médio de downloads. Mas, no desespero em que as gravadoras se encontram, não me surpreenderia que esquemas assim venham a ser mais adotados no futuro.

DOIS DIAS DEPOIS...

Uma lambada de Jane Siberry
(STEPHEN J. DUBNER)

Ao que tudo indica, Jane Siberry não gosta que se chame atenção para seu website, no qual cada um pode pagar o que quiser para baixar suas canções. Eu achei a ideia boa e comentei no blog. Mas eis o que Siberry escreveu hoje no seu diário Myspace:

> A política "autodeterminada de preços" da loja voltou a despertar atenção, freakonomics está com um artigo on-line; abc news mandou por e-mail. Não quero merecer essa atenção toda. Acho que vou mudar a sugestão de preço para "pode pagar o que quiser, mas não vou deixar ouvir".

Ai! Foi mal, sra. Siberry. Parece que não somos muito populares entre os cantores pop — vocês lembram quando Levitt anunciou que Thomas Dolby ia lançar um novo disco, o que se revelou 100% um equívoco?[9]

Acho melhor desistir deles e ficar mesmo com traficantes de crack, corretores de imóveis e trapaceiros do pôquer.

Quanto de impostos os atletas aceitam pagar?
(Stephen J. Dubner)

A curva de Laffer é um conceito "unicórnio" para explicar o índice de taxação a partir do qual a renda diminui, pois seus titulares se mudam ou decidem ganhar menos (ou trapacear mais, suponho).

Se eu fosse um especialista em impostos interessado nesse conceito, estaria examinando bem de perto o comportamento dos atletas profissionais top de linha. O boxe é particularmente interessante, pois permite ao desportista escolher onde se apresenta. Um jogador profissional de golfe ou tênis pode preferir evitar determinado evento esportivo em virtude dos impostos, mas em geral precisa jogar onde o evento acontece. Já um boxeador de primeira linha pode lutar onde conseguir o melhor acerto.

Por isso é interessante ler que Manny Pacquiao provavelmente nunca lutará em Nova York — basicamente, explica o agente Bob Arum, por causa dos impostos que teria de pagar.[10] Do *Wall Street Journal*:

> Manny Pacquiao venceu lutas na Califórnia, no Tennessee, no Texas e em Nevada, para não falar do Japão e da sua terra natal, as Filipinas. Mas com sua chegada esta semana a Nova York para promover sua nova luta — um confronto em novembro, em Macau, contra Brandon Rios — a equipe de Pacquiao disse que o Barclays Center e o Madison Square Garden são dois estádios onde não pretende se apresentar, pois teria de pagar o índice fiscal do estado, além dos impostos federais. "Ele teria de ser maluco", declarou Bob Arum, o agente de Pacquiao.

Em artigo no *Los Angeles Times*, Arum afirma que Pacquiao talvez nunca volte a se apresentar nos EUA:[11]

> Ao lutar fora do país, como faz desta vez com Rios, Manny não precisa mais pagar impostos norte-americanos — que chegam à taxa de 40% para atletas estrangeiros.
>
> Se essa apresentação *pay-per-view* e outras coisas derem certo, como esperamos, não creio que Pacquiao volte um dia a lutar nos EUA.

QUE VENHA A ALTA DOS PREÇOS DA GASOLINA!

Naturalmente, outros fatores estão em jogo além dos impostos — as apostas, para começar, um dos principais motivos da transformação de Macau num grande centro do boxe. Mas, qualquer que seja sua opinião a respeito da curva de Laffer, fica difícil ignorar a variação internacional dos índices fiscais, especialmente no caso de atletas que podem ganhar muito dinheiro em pouco tempo.

Em janeiro, o jogador de golfe Phil Mickelson declarou que teria de "fazer algumas mudanças radicais" em função dos aumentos de impostos federais e na Califórnia (onde ele vive).[12] "Somando todos os impostos federais e levando em conta os seguros por invalidez e desemprego, a Previdência Social e a situação no estado, meu índice é de 62, 63%", declarou.

Um dos mais populares jogadores de golfe de todos os tempos, Mickelson caiu na malha fina e foi muito atacado por criticar publicamente a política fiscal. E assim, mês passado, ao vencer dois torneios na Escócia (o Scottish ⌐pen e o Open Championship), ele calou a boca. Mas a mídia falou por ele. Na revista *Forbes*, Kurt Badenhausen escreveu um artigo (muito bom) sobre a situação fiscal de Mickelson na Grã-Bretanha, estimando que ele teria de pagar cerca de 61% em impostos sobre os quase US$ 2,2 milhões que ganhou.[13] E Badenhausen aponta um interessante artifício:

> Mas não é tudo. O Reino Unido vai taxar uma parte da sua renda isenta de impostos pelas duas semanas que ele permaneceu na Escócia. E também quaisquer bônus que tenha recebido por vencer esses torneios, além de uma parte dos bônus de ranking que ele receberá no fim do ano, tudo por 45%...
>
> O Reino Unido é um dos poucos países que recolhem impostos sobre renda isenta no caso de atletas não residentes que competem na Grã-Bretanha (os EUA fazem o mesmo). A norma tem impedido que a estrela Usain Bolt dispute corridas na Grã-Bretanha desde 2009, à parte as Olimpíadas de 2012, quando a cobrança foi suspensa como condição para que o país sediasse os Jogos. O espanhol Rafael Nadal também tem pautado sua agenda nas quadras de tênis pela política fiscal do Reino Unido.

E não devemos esquecer que o maior atleta de longo curso da nossa era, Mick Jagger, exilou-se do Reino Unido há anos por questões fiscais (e também porque a polícia gostava de prendê-lo e a seus amigos).[14]

O preço das asas de frango
(STEVEN D. LEVITT)

Outro dia, parei numa lanchonete de frango frito, a Harold's Chicken Shack. Só para dar uma ideia do tipo de estabelecimento que é, um vidro à prova de bala separa os empregados dos clientes. Eles só preparam o frango quando o pedido é feito, de modo que tive de esperar uns cinco ou dez minutos pelo meu prato.

Um dos itens do cardápio é um prato de asa de frango, acompanhado de batatas fritas e salada de repolho.

O prato de duas asas custa US$ 3,03. O de três asas, US$ 4,50.

Como a única diferença entre os dois é uma asa a mais, a terceira custa US$ 1,47 para o cliente. Achei interessante, pois se as duas primeiras asas saíssem por US$ 1,47 cada, o preço das fritas e da salada, por exclusão, soma 9 centavos.

Parece então que a Harold's está cobrando mais pela terceira asa do que pelas duas primeiras, o que não parece normal, pois em geral as empresas dão descontos por compras de maior quantidade.

Eu continuei lendo o cardápio:

prato com duas asas	US$ 3,03
prato com três asas	US$ 4,50
prato com quatro asas	US$ 5,40
prato com cinco asas	US$ 5,95

Os preços dos pratos com quatro e cinco asas estão mais de acordo com a política de preços habitual das empresas.

QUE VENHA A ALTA DOS PREÇOS DA GASOLINA!

Quanto você acha, então, que a Harold's cobra por um prato de seis asas? Aqui vai a resposta:

prato com seis asas US$ 7,00

Decididamente, muito estranho. Quando um economista vê alguma coisa que não faz sentido, não pode deixar de pensar numa história que sirva para racionalizar o comportamento aparentemente absurdo. Talvez a Harold's cobre um preço alto pelo prato de seis asas para combater a obesidade. Mas não parece provável, já que todos os itens do cardápio são fritos. A sexta asa seria particularmente grande ou saborosa? A demanda dos fregueses que pedem seis asas seria mais invariável?

Talvez possamos encontrar alguma explicação nos preços praticados em outros itens. O peixe frito é vendido de maneira semelhante ao frango frito, igualmente acompanhado de batatas fritas e salada de repolho. Aqui vão os preços do peixe:

prato de peixe com duas postas: US$ 3,58
prato de peixe com três postas: US$ 4,69
prato de peixe com quatro postas: US$ 6,45

A terceira posta, portanto, sai barato, mas onde eles nos pegam realmente é na quarta posta. O que certamente parece indicar que a Harold's considera que existe certa lógica nessa política de preços.

Em última análise, contudo, quero crer que a pessoa que escolheu esses preços estava simplesmente confusa. Uma coisa de que me dei conta trabalhando mais com empresas é que elas estão longe de ser de fato as máquinas de maximizar lucros idealizadas na teoria econômica. A confusão é endêmica nelas. Afinal, as empresas são feitas de pessoas; se as pessoas quase sempre se confundem com a economia, por que o problema não haveria de ser transferido às empresas?

Por que o kiwi é tão barato?
(Stephen J. Dubner)

Tenho comido muito kiwi ultimamente. Na delicatéssen da esquina, perto da minha casa, no West Side de Manhattan, compro três por um dólar. São deliciosos. A menos que as etiquetas estejam mentindo, vêm da Nova Zelândia. Por US$ 0,33 a unidade, um kiwi da Nova Zelândia custa menos que o envio de uma carta ao East Side de Manhattan. (E olhe que eu considero um selo de primeira classe uma das coisas mais baratas que existem.) Como diabos custa tão pouco cultivar, colher, embalar e transportar uma fruta para o outro lado do mundo?

Para complicar ainda mais a lógica frutífera, eu compro uma banana (também importada) e um kiwi mais ou menos pelo mesmo preço que uma maçã, que pode perfeitamente ter sido cultivada no próprio estado de Nova York. Assim foi que resolvi escrever a Will Masters, economista especializado em questões alimentares na Escola Friedman de Nutrição da Universidade Tufts.

Como você deve saber, a maioria dos economistas responde a esse tipo de pergunta em versos, e Will não é exceção:

> *Maldita oferta, maldita demanda: /*
> *Por que porcos baratos e presunto caro?*
> *Trigo de pechincha, farinha custosa,*
> *A força de mercado do mais antigo vilão.*
>
> *Um vendedor basta para nos deixar nervosos,*
> *Como o serviço postal dos EUA:*
> *Ele pode oferecer preços de pechincha,*
> *Mas quem disciplina seus vícios?*

QUE VENHA A ALTA DOS PREÇOS DA GASOLINA!

Os intermediários há muito são culpados
Por todo mercado que se inflama,
Mas explicações melhores são dadas
Por muitos oradores em Hyde Park.

Os modernos pontos de vista da Universidade de Chicago
Dão uma visão matizada da verdade,
Steven Levitt e John List
Fizeram de cada um de nós um freakonomista.

Permitimos que os dados dissessem o que pensam
Não importando a opinião de Friedman
Para constatar que o preço de frutas e legumes
É determinado pela margem de mercado.

Como o rabo que manda no cachorro,
A lógica marginal dissipa a bruma:
Vendedores, compradores e comerciantes também
Interagem e daí decorre o preço.

Um kiwi custa 33 centavos
Simplesmente porque ninguém impede
Mais uma fazenda ou loja de Nova York
De entrar e vender mais.

Em comparação, as maçãs podem custar caro,
Por motivos que logo ficarão claros:
Colhê-las não está à nossa altura,
Para baixar os preços precisamos de imigração.

Com as bananas a história é outra,
Magia sem sementes, glória do criador,
Barato para cultivar e transportar,
E daí se os trabalhadores ganham uma miséria?

O método de produção de cada cultivo,
Onde germina e como é transportado,
Atende a certas necessidades a preço bem barato
Ao passo que outros custos aumentarão mais abruptamente.

As decisões do comprador também são importantes,
No caso de absurdos como xampus de luxo,
Os preços não são realistas,
Quanto mais se pagar, mais vale.

O comportamento é o que é,
Talvez certas coisas sejam "simplesmente porque são",
Muita coisa na vida é um mistério,
Um hábito decorrente da história.

Mas no caso dos preços é a concorrência
Mais as tarifas determinadas pelos políticos,
Que determinam se teremos direito
A esse kiwi tão deliciosamente barato.

Bravo.

Pete Rose dá uma aula básica de economia
(STEVEN D. LEVITT)

Algum tempo atrás, Pete Rose deu autógrafos num monte de bolas de beisebol com a seguinte frase: "Lamento estar ganhando dinheiro com o beisebol." Segundo informações da mídia, ele entregou essas bolas a amigos e não pretendia que fossem vendidas pelo lucro.

Mas o espólio de algumas pessoas que receberam essas bolas decidiu leiloar trinta delas. Especulou-se que talvez chegassem a ser vendidas por muitos milhares de dólares.

Foi quando o próprio Rose entrou em cena, dando uma lição básica de economia: enquanto houver substitutos parecidos por perto, os preços não subirão muito.

Ao saber que as bolas estavam sendo leiloadas, Rose ofereceu-se para vender outras bolas com a mesma frase por apenas US$ 299 através do seu website, na prática acabando com o mercado de leilão das bolas. Claro que as bolas recém-autografadas não seriam substitutos perfeitos, pois um colecionador ainda poderia dizer que estava de posse de uma das trinta originais. Por esse motivo, não se poderia esperar que o preço das bolas originais no leilão chegasse a cair a US$ 299. No fim das contas, o leilão foi suspenso e as bolas, vendidas por US$ 1 mil a unidade.

(Parabéns a John List, o único vendedor de suvenires de beisebol transformado em economista que eu conheço.)

Ah, se Deus tivesse tido patrocínio empresarial...
(Stephen J. Dubner)

... no livro do Gênese, quando o mundo é criado. Dá para imaginar como Ele teria ficado rico vendendo direitos de uso do nome de cada animal, mineral e vegetal?

Se Deus teve de dar duro antes da era dos patrocínios empresariais, o time de beisebol dos White Sox de Chicago conseguiu se sair melhor. Eles acabam de anunciar que nas três próximas temporadas suas partidas noturnas jogando em casa começarão às 19h11, não mais, como de hábito, às 19h05 ou às 19h35. Por quê? Porque a loja de conveniência 7-Eleven vai pagar US$ 500 mil para que assim seja.

Ultimamente, tenho visto publicidade nos lugares mais inesperados: cascas de ovos e saquinhos de vômito de avião, por exemplo. Mas devo reconhecer que me parece particularmente criativo estabelecer um valor para o próprio tempo, especialmente quando se pode receber esse valor em benefício próprio.

Talvez eu escreva mais a respeito amanhã."

O que o comandante Sullenberger queria dizer
(mas se conteve por educação)
(POR "COMANDANTE STEVE")

O comandante Steve é um experiente piloto internacional de uma grande companhia aérea norte-americana e amigo de Freakonomics. *(Em vista do caráter delicado do que escreve, ele prefere manter o anonimato.) Este post foi publicado no dia 24 de junho de 2009, seis meses depois do "Milagre no Hudson", quando o comandante Chesley Sullenberger conseguiu aterrissar um Airbus A320-200 no rio Hudson sem que ninguém se machucasse. Os dois motores do avião tinham parado após terem colidido com pássaros, pouco depois de levantar voo no Aeroporto LaGuardia, em Nova York.*

Depois de ler trechos dos vários discursos do comandante Sullenberger, especialmente os que pronunciou semanas atrás para o Comitê Nacional de Segurança dos Transportes, gostaria de fazer alguns comentários.

O comandante Sullenberger tem-se mostrado irrepreensível. Nada de mesquinhez, autossuficiência nem ego inflado. Mas ele é muito parecido com a maioria dos comandantes que conheço e, de maneira geral, a maioria dos pilotos também. Por quê? Porque não precisa ser diferente. Quando alguém realizou o que ele e dezenas de outros homens e mulheres como ele realizaram, para que se gabar?

Ele dá a entender que o que fez ao atuar como "surfista" do voo 1549 da US Airways era simplesmente o seu trabalho. Está sendo o mais sincero e exato que pôde: "Por favor, nada de fanfarras, nada de aplausos, estou

QUE VENHA A ALTA DOS PREÇOS DA GASOLINA!

apenas fazendo meu trabalho." Mas em alguns discursos ele também mencionou que foram necessários anos e até décadas para se preparar para aquele específico "acontecimento único de uma vida", ao proporcionar ao seu jato uma aterrissagem tranquila e segura no rio Hudson.

O que ele não diz é o seguinte:

Nós, pilotos de avião, estamos perdendo a batalha no departamento de relações públicas. Todo mundo acha que ganhamos salários faraônicos e somos tratados como a realeza. Pura ficção. Por que estamos perdendo essa batalha há tanto tempo? Simples. Porque na maioria dos casos somos como "Sully": não queremos aplausos nem fanfarras por fazer o que somos treinados para fazer. Mas de fato nos damos conta de que deveríamos ser recompensados de maneira justa pelo que fizemos para conseguir esse emprego e o que continuamos fazendo diariamente para mantê-lo. A atual investida de críticas aos pilotos está chegando ao ponto de fervura.

As empresas regionais, como no caso do voo da Colgan Airlines em Buffalo [que caiu, matando os 49 ocupantes], contratam os pilotos menos qualificados. Não vai aí nenhuma ofensa: nada pessoal. É o sistema que está errado. Dinheiro e lucros a qualquer custo.

Lição número 101 de história das companhias aéreas: até meados da década de 1980, normalmente um jovem piloto era contratado por uma grande empresa, trabalhava como engenheiro de voo (EV) e passava alguns anos administrando os sistemas dos aviões mais antigos. Enquanto isso, aprendia. Esses novos "pilotos" sentavam-se na cadeira de EV e faziam seu trabalho, ao mesmo tempo que observavam os "pilotos" voando, dia após dia.

Os EVs aprendiam com os pilotos experientes tudo que precisavam saber sobre o mundo real dos voos chegando e partindo dos O'Hares e LaGuardias da vida. Aprendiam a tomar decisões, a delegar, a realidade da "autoridade suprema do comandante", tal como previsto na lei. Quando tinham oportunidade de progredir na carreira, tornavam-se copilotos. Cabia ao copiloto assistir ao comandante durante o voo; mas, mesmo em seu período como novo copiloto, eles desfrutavam do luxo de uma supervisão do EV — vale dizer, aprendiam mais. Esse conceito da tripulação de três, hoje uma saudosa memória nos mercados domésticos, usado predominantemente nos voos internacionais, era considerado mais uma camada de proteção.

Mas isso se foi. Hoje, os voos domésticos estão sendo transferidos para as empresas regionais, como Colgan, American Eagle, Comair e Mesa, para mencionar algumas. Nelas, os menos qualificados e experientes voam no mais difícil dos ambientes. As empresas aéreas sustentam que a coisa funciona e que se trata de voos de rotina. Peço vênia para discordar.

Analogia: você fica sabendo que terá de implantar três pontes de safena. Começa então a pesquisar na internet o menor preço e se apressa a marcar a operação, pois essa tarifa baixa só se encaixa em duas datas.

Algum de nós faz isso? Não. Que fazemos? Ouvimos uma segunda opinião, perguntamos quem é o melhor na cidade etc. Perguntamos: "Alguém tem feito essa cirurgia nos últimos vinte ou vinte e cinco anos?" Não dizemos: "Vou recorrer a alguém que acaba de se formar e passou batido pela residência porque sai mais barato."

Por que não aplicar a mesma lógica usada para comprar uma passagem aérea a essa situação cirúrgica? As operações de ponte de safena são rotineiras, certo? Certos cirurgiões fazem duas, três ou quatro por dia. Deve ser fácil.

Indo um pouco mais longe, quantos cirurgiões precisam ser reavaliados a cada nove meses por seus conselhos? É o que acontece com os pilotos. Somos submetidos à checagem de voos de simulação de nove em nove meses para demonstrar conhecimento, proficiência e capacidade.

Quantos cirurgiões têm de se submeter a exames de saúde física de seis em seis meses para continuar trabalhando? Nenhum! Mas os pilotos, sim. Se algum faltar ao exame médico, está frito! Quantos cirurgiões (ou qualquer outro profissional de uma atividade crítica, inclusive políticos) estão sujeitos a testes aleatórios de drogas e álcool? Nenhum.

Atravessar voando o Atlântico Norte é algo rotineiro, certo? Mas não era há poucas décadas. Nós, pilotos, fazemos com que seja uma rotina porque temos capacidade, experiência e treinamento como pouquíssimos outros profissionais.

Talento? Não, não é o caso para muitos de nós. Mas podem apostar que somos dedicados e focados na excelência! Tenho dito algo a meus filhos muitas vezes, desde que eram pequenos: "Não espero perfeição, espero excelência." Espero 100% de esforço em tudo que fizerem. É o credo de todo piloto que conheço.

Voar do aeroporto de O'Hare em Chicago a Denver é rotina, certo? Pois somos nós, os pilotos, que fazemos com que seja. Mas será que a sua vida vale menos sobre o coração da América do que sobre o Atlântico? Certamente é o caso se estiver num avião de uma companhia aérea regional *low-cost*. Se você estiver voando para Denver num avião desse tipo e o motor pegar fogo, tenho certeza de que será reconfortante saber que economizou 15% vasculhando a internet em busca da tarifa mais baixa. Não é bom saber que essa companhia aérea regional pôs à sua disposição a equipe de cabine mais jovem, menos experiente, mais exausta e mais esfaimada?

Eu disse esfaimada? Sim, disse. Você sabia que essas tripulações regionais podem trabalhar até quatorze horas diariamente, voando para cinco a oito escalas por dia, mas a companhia não considera importante fornecer comida para elas? Esses profissionais já ganham salários baixos e ainda precisam encontrar tempo e dinheiro nos 25 minutos das escalas terrestres simplesmente para se alimentar. É uma situação lamentável. Mas é só se lembrar de que você comprou a passagem mais barata.

Que venha a alta dos preços da gasolina![15]
(Steven D. Levitt)

Este post foi publicado em junho de 2007, quando o preço médio da gasolina nos EUA era de US$ 2,80 o galão, depois de subir dramaticamente nos meses anteriores. Um ano antes, o preço tinha chegado a US$ 4. No momento em que escrevo (janeiro de 2015), o preço voltou a cair para US$ 2,06 por *galão. De modo que, mesmo sem recalcular pela inflação, a gasolina hoje custa 26% mais barato do que quando este post foi escrito. Enquanto isso, os impostos federais sobre a gasolina não aumentam desde 1993.*

Há muito tempo eu considero que o preço da gasolina nos Estados Unidos é muito baixo. Praticamente todos os economistas acham o mesmo e também acreditam, portanto, que o imposto sobre a gasolina devia ser consideravelmente aumentado.

O motivo pelo qual precisamos de impostos altos sobre a gasolina é a existência de toda uma série de custos associados ao fato de eu estar dirigindo e pelos quais não pago — alguém mais vai pagar. É o que os economistas chamam de "externalidade negativa" Como eu não pago plenamente o custo da utilização do veículo, uso-o demais. Em termos ideais, o governo poderia corrigir o problema com um imposto sobre a gasolina que alinhasse meus incentivos privados para usar o carro com os custos sociais de fazê-lo.

Três possíveis externalidades associadas ao ato de dirigir são as seguintes:

a. O fato de eu dirigir um carro aumenta o congestionamento para outros motoristas.
b. Ele pode se chocar com outros carros ou pedestres.
c. O uso do meu carro contribui para o aquecimento global.

Se você tivesse de adivinhar, qual desses três fatores representa a maior justificativa para um imposto mais alto sobre a gasolina?

A resposta, pelo menos com base nos fatos que constatei, pode surpreendê-lo.

A mais óbvia é o congestionamento. Os engarrafamentos são uma consequência direta da existência de carros demais nas ruas. Se alguns deles fossem retirados, os outros motoristas disporiam muito mais rapidamente de lugares. Da página da Wikipédia sobre engarrafamentos:

QUE VENHA A ALTA DOS PREÇOS DA GASOLINA!

O Instituto de Transportes do Texas estima que em 2000 as 75 maiores áreas metropolitanas tiveram 3,6 bilhões de horas-veículo de atraso, resultando em 5,7 bilhões de galões (21,6 bilhões de litros) de combustível desperdiçado e US$ 67,5 bilhões em produtividade perdida, o equivalente a cerca de 0,7% do PIB do país.

Esse levantamento não nos diz o que realmente precisamos saber para estimar o valor que o imposto sobre a gasolina deveria ter. (Queremos saber em quanto o acréscimo de um motorista ao bolo geral afeta a produtividade perdida.) Mas de fato demonstra que, como alguém que diariamente vai para o trabalho, terei vantagem se você mandar avisar que está doente.

Uma vantagem mais sutil da permanência de menos motoristas nas ruas é que haveria também menos batidas. Aaron Edlin e Pinar Mandic sustentam de maneira perfeitamente convincente, numa dissertação que tive o orgulho de publicar no *Journal of Political Economy*, que cada motorista a mais eleva em cerca de US$ 2 mil os custos de seguro dos outros motoristas.[16]

Sua tese é que, se meu carro não estiver por perto para ser abalroado, talvez não aconteça um acidente. Eles concluem que o imposto adequado geraria US$ 220 bilhões por ano. Assim, se estiverem certos, a redução do número de acidentes é uma justificativa mais importante para a criação de um imposto sobre a gasolina do que a diminuição dos congestionamentos. Não estou muito certo de acreditar nisso, certamente é uma conclusão que eu jamais teria imaginado.

E quanto ao aquecimento global? Cada galão de gasolina que eu queimo libera gás carbônico na atmosfera, presumivelmente apressando o aquecimento global. Se colocarmos o crédito ao verbete da Wikipédia sobre o imposto do gás carbônico, o custo social de uma tonelada de gás carbônico na atmosfera é de aproximadamente US$ 43. (Naturalmente, uma enorme margem de erro está embutida nesse número, mas vamos aceitá-lo.) Se o valor estiver certo, o imposto sobre a gasolina necessário

QUANDO ROUBAR UM BANCO

para compensar o efeito estufa é de aproximadamente doze centavos por galão. Segundo um relatório da Academia Nacional de Ciências, os veículos motorizados norte-americanos queimam cerca de 160 bilhões de galões de gasolina e diesel por ano.[17] A doze centavos por galão, temos uma externalidade de US$ 20 bilhões em matéria de aquecimento. Assim, em comparação com a redução dos engarrafamentos e a diminuição do número de acidentes, o combate ao aquecimento global fica apenas em terceiro lugar, em termos de motivos para elevar o imposto sobre a gasolina. (Não que US$ 20 bilhões sejam pouco; apenas, servem para chamar atenção para o nível alto dos custos de engarrafamentos e acidentes.)

Combinando esses três números, juntamente com os outros motivos para aumentar o imposto sobre a gasolina (por exemplo, a manutenção das pistas), parece fácil justificar um aumento de pelo menos um dólar por galão. Em 2002 (o ano sobre o qual foi fácil encontrar dados), o imposto médio era de quarenta e dois centavos por galão ou talvez apenas um terço do que deveria ser.

Os preços altos da gasolina são exatamente como os impostos, só que são mais transitórios e a renda extra vai para os produtores de petróleo, refinadores e distribuidores, não para o governo.

Meu ponto de vista é que, em vez de reclamar do preço alto da gasolina, deveríamos comemorá-lo. E, se algum candidato presidencial se pronunciar a favor de uma taxa de US$ 1 por galão sobre a gasolina, vote nele.

Uma consequência menosprezada dos preços altos da gasolina: geram mais mortes no trânsito, pois os motoristas optam por carros menores e econômicos em termos de combustível — e, cada vez mais, por motocicletas. Um estudo publicado em 2014 pelo jornal Injury Prevention *indicava que só na Califórnia um aumento de trinta centavos por galão de gasolina levou a mais oitocentas mortes relacionadas a motocicletas num período de nove anos.[18]*

4

Concursos

Toda vez que escrevemos um livro, nosso editor manda fazer um monte de camisetas, cartazes etc. para uso promocional. Nós recebemos algumas caixas, que inevitavelmente vão acabar num armário. Um belo dia, ficamos pensando como nos livrar disso, oferecendo a pessoas que realmente possam querer. Foi quando decidimos promover o primeiro concurso em nosso blog, dando uma dessas peças ao vencedor como prêmio. Esses concursos eram tão divertidos — os leitores do nosso blog são incrivelmente engenhosos — que promovemos dezenas. Em seguida, alguns dos nossos favoritos.

Qual a coisa mais viciante do mundo?
(Steven D. Levitt)

Estive conversando recentemente com meu colega e amigo Gary Becker sobre a questão do vício. Entre suas muitas realizações, pelas quais ganhou um Nobel, Becker introduziu a ideia do vício racional.

Quando ele me deu sua opinião sobre qual seria o bem mais viciante, fiquei inicialmente surpreso e cético. Mas, pensando melhor, acho que ele está certo.

Pois aqui vai a charada: Qual é a coisa mais viciante do mundo para Gary Becker?

No dia seguinte...

Mais de seiscentos leitores se arriscaram a tentar adivinhar o que Gary Becker considera a coisa mais viciante do planeta.

Muita gente disse coisas como crack e cafeína, mas você acha realmente que eu proporia no meu blog um enigma de resposta óbvia?

Embora não fosse exatamente a resposta que eu buscava, havia algo de poético no palpite de Deb:

Um bocejo. Um sorriso. Sal.

Antes de dar a resposta, vale a pena pensar no que significa o fato de determinado bem ser viciante. Pelo menos na minha maneira de pensar, algo viciante tem as seguintes características:

1. Depois que você começa a consumir, quer sempre consumir mais.
2. Com o tempo, vai desenvolvendo uma tolerância; ou seja, obtém menos prazer com o consumo de uma quantidade determinada.
3. A busca desse bem faz com que você sacrifique tudo mais na vida para consegui-lo, podendo levá-lo a fazer coisas ridículas.
4. Há um período de recuo, no qual você para de consumir o bem.

Não resta dúvida de que o álcool e o crack se encaixam muito bem nessa descrição. Na visão de Becker, contudo, existe algo ainda mais viciante que certas substâncias: gente.

Quando ele o disse pela primeira vez, a coisa me pareceu meio sem pé nem cabeça. Que significa dizer que gente é algo viciante?

Até que pensei melhor — e acho que ele está certo. Apaixonar-se é o supremo vício. Não resta dúvida de que, nas primeiras etapas de uma atração, passar algum tempo com alguém faz com que você desesperadamente queira mais. Uma paixão pode ser avassaladora e as pessoas são

CONCURSOS

capazes de fazer qualquer coisa para que um relacionamento floresça. Arriscam tudo e muitas vezes acabavam parecendo absolutamente ridículas. Uma vez que alguém já esteja numa relação, contudo, diminui a utilidade que ele ou ela extrai do tempo passado com a pessoa amada. A emocionante excitação do período de corte dá lugar a algo muito mais trivial. Mesmo quando um relacionamento não é tão bom assim, pelo menos para uma das partes ocorre um doloroso período de recuo.

Até conseguir exatamente a resposta que eu procurava, foi preciso chegar ao comentário número 343, no qual Bobo respondeu "outras pessoas". Muitos outros chegaram perto. Jeff (comentário #13) disse "sociedade e companheirismo humano". Laura (comentário #47) disse "amor".

Vou declarar vencedores os três.

As consequências inesperadas de uma competição no Twitter
(STEPHEN J. DUBNER)

Outro dia, nos demos conta de que estávamos para chegar ao nosso seguidor número 400 mil no Twitter. Mandamos então o seguinte tweet, oferecendo um suvenir *Freakonomics* como recompensa:

@freakonomics
Estamos com 399.987 seguidores no Twitter. Obrigado a todo mundo! O seguidor número 400.000 ganhará um mimo Freakonomics!

Bem inocente, não?

Mas o fato é que tínhamos caído numa armadilha em forma de incentivo.

Ficamos acompanhando o status no nosso Twitter para identificar o quadrigentésimo milésimo seguidor. E foi muito rápido, pois novos seguidores se inscreviam num ritmo que parecia de cinco ou seis por segundo. Tratamos então de contar cuidadosamente, até que encontramos nosso vencedor:

> @freakonomics
> @emeganboggs Você é nosso 400.000º seguidor no Twitter! Parabéns! Encerrado o concurso, obrigado a todo mundo!

Mas, ao voltarmos a nossa página principal no Twitter, vimos que estávamos abaixo da marca de 400 mil, e não era por pouco, não. Na verdade, tínhamos menos seguidores depois do concurso que antes.

Que tinha acontecido, então?

Se você for um profissional do Twitter, provavelmente já entendeu tudo. A oferta de um suvenir criou um incentivo para que as pessoas deixassem de nos seguir para então voltar a se inscrever como seguidoras. E muito convenientemente nossos seguidores não deixaram de nos informar prontamente:

> @guinevereXandra
> @freakonomics vocês não estão me incentivando a deixar de seguir e voltar a seguir, repetindo até chegar a 400.000?

> @Schrodert
> @freakonomics E vai começar o des-seguir seguido do res-seguir!

> @Keyes
> @freakonomics Hah, lá se vão vinte dos seus seguidores. É a versão twitter daqueles leilões de um centavo por lance.

> @Chaseroper
> @freakonomics vocês acabam de criar um incentivo para que os seguidores deixem de seguir e tentem voltar a seguir para ser o #400K.

CONCURSOS

Gostaria de poder dizer que foi um experimento inteligente, mas na verdade foi apenas uma boa lição em matéria de incentivos no Twitter. De modo que a pessoa que achávamos que era nosso seguidor número 400 mil, @emeganboggs, não o era realmente. Ainda assim, vamos mandar-lhe algum mimo, mas igualmente vamos fazê-lo para um par de outras pessoas que também chegaram perto da marca dos 400 mil. Mesmo que tenham deixado de nos seguir para chegar lá :-). Obrigado a todo mundo por um dia bem divertido no Twitter e mais uma lição sobre consequências inesperadas.

Concurso: Um lema de seis palavras para os EUA?
(STEPHEN J. DUBNER)

Inspirado numa recente viagem a Londres e num artigo do *Times* (de Nova York) sobre a relutante busca de um lema nacional na Inglaterra (entre as sugestões, "Nada de lemas, por favor, somos britânicos" e "Um poderoso império, ligeiramente gasto")[1] e também num novo livro sobre memórias com seis palavras apenas,[2] para o qual escrevi um texto ("Na sétima palavra, ele descansou"), convido todos vocês a tentar o seguinte:

Escreva um lema em seis palavras para os EUA.

Participantes estrangeiros são bem-vindos. Esteja à vontade para pontuar livremente seu lema; por exemplo: "Surrado? Meio. Derrotado? Fala sério. Avante!"

DUAS SEMANAS DEPOIS...

Vocês reagiram muito bem a nossa proposta de concurso para um lema nacional, com mais de 1,2 mil respostas até hoje. Quem quiser ter uma boa ideia do pulso da opinião pública nesse tão interessante ano de eleição [2008] só teria a ganhar percorrendo os comentários: são dos mais esclarecedores e nem de longe otimistas.

Os primeiros comentários enviados tendiam a pender claramente para a esquerda. Até que, provavelmente porque o concurso chegou ao conhecimento de alguns blogs de direita, começamos a receber uma longa série de lemas corretivos. Ao entrar nessa refrega, um cínico poderia propor o seguinte lema para o nosso concurso de lemas:

Esquerdistas lamentam; direitistas reagem; caos instaurado

Ou quem sabe este:

Divisão mortal entre patriotas e odiotas

Considerando que este blog pelo menos eventualmente se volta para questões econômicas, fiquei surpreso ao constatar que não houvesse mais sugestões ligadas aos mercados livres, talvez algo como...

Destruição criativa em seu melhor desempenho

No fim das contas, foram tantas as sugestões boas, criativas, divertidas, sentidas e perversas que ficava evidente estar totalmente fora do nosso alcance escolher apenas um vencedor. Conseguimos então chegar a cinco finalistas. Você está convidado a votar numa das opções abaixo e dentro de 48 horas o lema com mais votos será declarado vencedor.

1. O império mais gentil até hoje.
2. Você precisava ver qual a alternativa.
3. Cuidado! Experiência em andamento desde 1776.
4. Igual ao Canadá, com bacon melhor.
5. Nossos críticos mais irados preferem ficar.

CONCURSOS

UMA SEMANA DEPOIS...

Como prometido, contamos os seus votos para um novo lema de seis palavras para os EUA. O vencedor incontestável foi:

Nossos críticos mais irados preferem ficar (194 votos)

A votação dos outros finalistas:

Cuidado! Experiência em andamento desde 1776 (134)

O império mais gentil até hoje (64)

Você precisava ver qual a alternativa (38)

Igual ao Canadá, com bacon melhor (18)

Aplaudo a escolha do vencedor e especialmente "edholston", o autor do lema escolhido. Embora "Nossos críticos mais irados preferem ficar" talvez não seja exatamente animador, representa um reconhecimento maravilhosamente conciso do paradoxo que uma democracia capitalista inevitavelmente é: um lugar do qual muitas vezes vale a pena se queixar e que lhe permite queixar-se tão alto quanto quiser.

Pode parecer uma recompensa insignificante receber apenas um su-venir *Freakonomics* por uma tarefa tão portentosa quanto escrever um novo lema para os Estados Unidos, mas é tudo que temos a oferecer. É isso e nosso agradecimento a Ed e a todos vocês que participaram.

E, agora, quem de vocês pode providenciar para que o lema de fato seja adotado?

5

Como ter medo da coisa errada

Em SuperFreakonomics, *identificamos uma das mais perigosas atividades para qualquer pessoa: caminhar bêbado. Sério. Os dados demonstram que caminhar um quilômetro bêbado é oito vezes mais perigoso que dirigir um quilômetro bêbado. Mas a maioria das pessoas simplesmente achou graça e nos ignorou. Na hora de avaliar os riscos, todo mundo torce o nariz pelos mais variados motivos — de preconceitos cognitivos à ênfase da mídia em acontecimentos raros. Com o passar dos anos, isso gerou muita conversa nos blogs sobre temas tão diversificados quanto medo de estranhos, ficar sem gasolina e cavalgar.*

Arriégua
(STEPHEN J. DUBNER)

Matthew Broderick recentemente quebrou a clavícula montando a cavalo. Pelo que fiquei sabendo, ele é a quarta ou quinta pessoa que se machuca assim nos últimos meses. O que me levou a pensar: Qual o grau de perigo de cavalgar, especialmente em comparação, por exemplo, com andar de motocicleta?

Uma rápida pesquisa no Google revela um relatório publicado em 1990 pelo Centro de Controle de Doenças: "Estima-se que 30 milhões de pessoas montem a cavalo todo ano nos Estados Unidos. E se estima que o índice de ferimentos graves por número de horas de montaria é mais alto no caso de cavaleiros do que de motociclistas e pilotos de corrida de automóveis."[1]

Curiosamente, as pessoas que se machucam cavalgando muitas vezes estão alcoolizadas, exatamente como as que se ferem (e ferem outras) conduzindo veículos motorizados.[2]

Então por que nunca ouvimos falar de todo esse risco da montaria? Tenho algumas hipóteses:

1. Grande parte dos acidentes hípicos ocorre em propriedades privadas, envolvendo apenas uma pessoa.

2. Esses acidentes provavelmente tendem a não gerar registros policiais, como inevitavelmente aconteceria com um acidente de moto ou em um pega automobilístico.

3. As pessoas com probabilidade de chamar atenção da polícia para atividades inseguras gostam mais de cavalos que de motocicletas.

4. Um acidente sério de motocicleta tem mais probabilidade de chegar ao noticiário noturno da televisão do que um acidente a cavalo — a menos, claro, que a vítima deste seja um Matthew Broderick ou um Christopher Reeve.

Posso estar errado, mas não recordo que o trágico acidente de Reeve tenha levado a propor a proibição ou a regulamentação do hipismo — ao passo que, quando o jogador de futebol americano Ben Roethlisberger, por exemplo, feriu-se andando de motocicleta sem capacete, a discussão toda girou em torno do absurdo do seu ato. Não estou dizendo que Big Ben não tivesse feito uma besteira; mas, como um autêntico fã do time do Pittsburgh Steelers, fico feliz que ele não estivesse montando um cavalo.

O que o secretário de Transportes tem a dizer sobre minha pesquisa sobre assentos de carros
(Steven D. Levitt)

No seu blog oficial,[3] o secretário de Transportes do governo norte-americano, Ray LaHood, menosprezou minha pesquisa sobre a segurança dos assentos infantis dos carros.[4] Nessa investigação, constatei que os assentos não contribuem mais que os cintos de segurança para reduzir mortes ou ferimentos graves em crianças de até 6 anos; ela se baseava em dados recolhidos em quase trinta anos pelo Sistema de Informações sobre Análises de Mortalidade dos Estados Unidos, além de testes de acidentes encomendados por Dubner e por mim.

Meu trecho favorito no comentário do secretário é este:

> Qualquer um pode manipular os dados para fazer uma provocação. Mas, como avô e secretário de uma instituição que tem como missão primordial a segurança, não posso me dar esse luxo.

Lendo a postagem no blog do secretário, chama-me atenção a diferença da sua reação a um desafio em relação à de Arne Duncan quando lhe comuniquei meu trabalho sobre os professores que trapaceiam.[5] Hoje secretário de Educação do governo norte-americano, Duncan estava na época à frente das escolas públicas de Chicago. Eu esperava que ele fizesse o que LaHood fez: descartar as informações, encher-se de brios etc. Mas Duncan me surpreendeu. Disse que sua única preocupação era que as crianças aprendessem o máximo possível e que as trapaças por parte dos professores as estavam impedindo. Chamou-me para conversar e no fim das contas obtivemos resultados.

Se o objetivo final neste caso realmente é a segurança das crianças, eis o que LaHood poderia ter escrito no seu blog:

QUANDO ROUBAR UM BANCO

Durante muito tempo, tenho confiado em que os assentos dos automóveis são capazes de garantir a segurança de nossos filhos. Toda a literatura acadêmica vem confirmando até recentemente o ponto de vista de que os assentos dos carros têm tido perfeito êxito nesse sentido. Entretanto, numa série de dissertações divulgadas em publicações controladas pelo meio acadêmico, Steven Levitt e seus coautores contestaram essa visão, valendo-se de três diferentes conjuntos de dados coletados pelo Departamento de Transportes, além de outras informações. Não sou nenhum especialista em coleta de dados e tenho de dirigir uma secretaria, de modo que não posso me dar ao luxo de analisá-los. Mas sou avô e minha secretaria tem como missão primordial a segurança, de modo que solicitei aos pesquisadores que dela fazem parte que façam o seguinte:

1. Examinem com atenção os dados coletados em nossa secretaria, que constituem a base do trabalho de Levitt. Será que de fato não se encontram nesses dados indícios suficientes ou algum indício de que os assentos dos carros apresentam um desempenho melhor que os cintos de segurança dos assentos para adultos na proteção de crianças de 2 anos ou mais? Nossa referência na avaliação da eficácia dos assentos sempre foram as crianças agitadas. Seria o caso de revê-la?
2. Exigir que os médicos do Hospital Infantil da Filadélfia, que reiteradas vezes afirmaram ter constatado que os assentos funcionam, tornem públicos os dados de que dispõem. Fui informado de que esses médicos se recusaram a compartilhar seus dados com Levitt, mas a bem da verdade outros pesquisadores devem ter a oportunidade de examinar o que eles fizeram.
3. Promover uma série de testes usando bonecos, para estabelecer se os cintos de segurança dos assentos de adultos de fato são aprovados em todos os requisitos governamentais dos testes de impacto. Em *SuperFreakonomics*, Levitt e Dubner comunicam suas descobertas com uma amostragem muito pequena de testes; precisamos de mais elementos de comprovação a respeito desses dados.
4. Tentar entender o motivo pelo qual, passados 30 anos, a grande maioria dos assentos de carros ainda não é instalada de maneira

adequada. Depois de todo esse tempo, podemos realmente botar a culpa nos pais ou ela cabe a alguém mais?

5. Depois de explorar todas essas questões, vamos tentar descobrir a verdade e usá-la para orientar nossas políticas públicas.

E, se o secretário LaHood tiver interesse em levar adiante alguma dessas investigações, estou pronto para oferecer a ajuda que estiver ao meu alcance.

Atualização: O secretário LaHood não se manifestou sobre minha oferta de ajuda.

Segurança total na troca de fraldas
(STEPHEN J. DUBNER)

Ultimamente, tenho pensado muito em excesso de zelo em matéria de segurança. O que abarca não só o conceito de "ambiente de segurança", mas também os muitos casos em que alguém coloca uma camada de segurança entre mim e minhas atividades cotidianas, sem aparente vantagem.

Meu banco, por exemplo, certamente sustentaria que suas muitas e variadas medidas contra fraudes são importantes. Mas na verdade elas são: a) concebidas para proteger o banco, não a mim; e b) ridículas de tão incômodas. Chegou ao ponto em que eu sou capaz de prever qual despesa no cartão de crédito vai disparar o imbecil do algoritmo do banco e congelar minha conta simplesmente por não ter gostado do código de endereçamento postal usado no cartão.

E o excesso de zelo nas medidas de segurança já se espraiou para a vida civil. Quando os pais da escola dos meus filhos mandam uma lista de contatos no início do ano escolar, ela chega em uma planilha de Excel protegida por senha. Vale lembrar que na lista não constam números de contas bancárias ou de cartões da previdência social — apenas nomes, endereços e telefones dos pais. Posso prever o dia, daqui a vários meses, em que alguém de fato precise usar a lista e venha a empacar na dificuldade da senha, há muito esquecida.

O exemplo mais ridículo de excesso de zelo em matéria de segurança com que me deparei recentemente foi na Estação da Rua 30, o principal terminal ferroviário de Filadélfia. Havia um console para trocar fraldas com um daqueles cadeados com segredo. Uma mensagem manuscrita no alto do console dizia: "Peça a combinação ao atendente." Tenho certeza de que seria fácil imaginar algumas coisas bem ruins que poderiam acontecer numa bandeja de troca de fraldas sem cadeado e suponho que, como na maioria dos casos de excesso de zelo em matéria de segurança, tal medida foi inspirada por algum acontecimento anômalo que deixou alguém apavorado (ou precisou envolver os advogados de alguém). Mas ainda assim...

A mais recente ameaça terrorista
(STEVEN D. LEVITT)

A melhor estratégia que descobri para reduzir as crescentes medidas de segurança é fingir que sou um terrorista e tentar imaginar onde há brechas e como eu poderia aproveitá-las. Acho que encontrei uma maneira de entrar com um revólver ou explosivos na Casa Branca durante o governo de George W. Bush. Mas só fui convidado à Casa Branca uma vez, de modo que não tive oportunidade de testar minha teoria concretamente numa segunda visita.

Na Irlanda, onde estive de passagem recentemente, fiquei sabendo de um novo método contra o terrorismo. Em Dublin, o pessoal da segurança no aeroporto exige que você retire da bagagem de mão não só o notebook, mas também outro item que nunca tinha passado pela minha cabeça ser perigoso: o guarda-chuva. Juro por tudo que é mais sagrado que não consigo imaginar que mal eu poderia causar com um guarda-chuva — ou, mais precisamente, que mal a ser causado com um guarda-chuva poderia ser impedido pelo fato de retirá-lo da bagagem de mão e colocá-lo diretamente na esteira. Perguntei para a agente responsável por que os guarda-chuvas iam direto para ela, mas seu sotaque era muito pesado e eu não entendi a resposta. Acho que cheguei a ouvir a palavra *bater*.

O fato de saber dos possíveis riscos apresentados pelos guarda-chuvas diminuiu dramaticamente minha intimidade. Agora, toda vez que embarco num voo doméstico nos EUA, onde as medidas de segurança para guarda-chuvas são tão ineptas, eu passo o voo inteiro preocupado com a eventualidade de que um guarda-chuva perdido tenha sido introduzido no avião.

Uma coisa é certa: se um dia eu vir uma passageira sacar seu guarda-chuva da bagagem de mão durante um voo, vou neutralizá-la primeiro e fazer perguntas depois.

"Pico de petróleo": Bem-vindo à nova versão da mídia sobre os ataques de tubarões
(STEVEN D. LEVITT)

Este post foi publicado no dia 21 de agosto de 2005. Teria sido difícil encontrar então alguém disposto a prever que, dez anos depois, os avanços tecnológicos na extração de petróleo permitiriam aos EUA superar a Arábia Saudita e se tornar o maior produtor mundial. Mas foi exatamente o que aconteceu.

Numa recente matéria de capa da *New York Times Magazine*, Peter Maass trata dos chamados "picos de petróleo".[6] A ideia por trás do conceito é que o mundo vem há muitos anos percorrendo um caminho de crescente produção petrolífera e agora estamos para chegar ao pico e entrar numa situação de diminuição das reservas, levando o barril de petróleo a preços de três dígitos, a uma depressão mundial sem precedentes e, no dizer de um website voltado para a questão do fim das reservas, ao fato de que "a civilização tal como conhecemos estará em breve chegando ao fim".

Caberia supor que os adeptos do juízo final moderassem seu discurso diante da longa história de pessoas como eles que se equivocaram: Nostradamus, Malthus, Paul Ehrlich etc. Mas com toda evidência não é o caso.

O que a maioria dessas previsões catastróficas não leva em conta é a ideia fundamental da economia: as pessoas reagem a incentivos. Quando o preço de um bem aumenta, a demanda diminui, as empresas que o fabricam tentam encontrar uma maneira de produzir mais e todo mundo procura encontrar um jeito de criar substitutos. Some-se a isso a marcha da inovação tecnológica (como a revolução verde, o controle de natalidade etc.). Resultado: os mercados em geral encontram uma maneira de lidar com problemas de oferta e demanda.

É exatamente a situação do petróleo hoje. Não entendo muito de reservas mundiais de petróleo. Nem sequer estou necessariamente argumentando contra os fatos expostos por esses observadores que constatam o quanto a produção dos poços de petróleo existentes vai diminuir ou que a demanda mundial vem aumentando. Mas essas mudanças na oferta e na demanda são lentas e graduais — poucos por cento ao ano. Os mercados têm seu jeito de lidar com situações assim: os preços aumentam um pouco. O que não é uma catástrofe, mas uma mensagem de que certas coisas que valiam a pena fazer quando os preços do petróleo eram baixos não valem mais a pena. Algumas pessoas vão migrar dos enormes utilitários esportivos (os SUVs) para híbridos, por exemplo. Talvez nos disponhamos a construir algumas usinas nucleares ou venha a valer a pena instalar painéis solares em maior número de casas.

A matéria do *New York Times* maltrata a economia repetidas vezes. Aqui vai um exemplo:

As consequências de uma queda da oferta seriam enormes. Se o consumo começar a superar a produção, ainda que em pequena quantidade, o preço do barril de petróleo pode chegar a valores de três dígitos. Isso, por sua vez, pode causar uma recessão global, resultando de preços exorbitantes para o transporte de combustíveis e produtos dependentes

COMO TER MEDO DA COISA ERRADA

de petroquímicos — vale dizer, praticamente todos os produtos do mercado. O impacto no estilo de vida norte-americano seria profundo: não é possível movimentar carros com moinhos de vento instalados no teto. O modo de vida suburbano e exurbano, baseado em dois carros por família e constantes viagens de ida e volta para o trabalho, a escola e o Wal-Mart, poderia tornar-se insustentável ou, em caso de racionamento de gasolina, impossível. O transporte solidário seria a menos incômoda de muitas inconveniências; o custo do aquecimento doméstico dispararia — presumindo-se, naturalmente, que as habitações de clima controlado não se tornem apenas uma saudosa recordação.

Se os preços do petróleo subirem, os consumidores estarão (um pouco) piores. Mas estamos falando da necessidade de diminuir a demanda em uns poucos por cento ao ano. O que não significa instalar moinhos de vento nos carros, mas cortar algumas viagens de pequena importância. Não significa deixar de viajar de carro para Dakota do Norte, mas manter o termostato um ou dois graus mais baixo no inverno.

Pouco mais adiante, o autor escreve:

A chegada de preços de três dígitos pode parecer uma bênção para os sauditas — que receberiam mais dinheiro por seu petróleo cada vez mais escasso. Mas é um equívoco muito disseminado considerar que os saudi-tas — como a Organização dos Países Exportadores de Petróleo (OPEP) em geral — se beneficiam de preços altos, seja de que altura forem.

Embora a elevação dos preços do petróleo acima de US$ 60 o barril não tenha provocado uma recessão global, isso ainda pode acontecer: pode levar algum tempo para que os preços altos causem um impacto ruidoso. E, quanto mais acima de US$ 60 eles subirem, mais provável será uma recessão. Preços altos no caso do petróleo são inflacionários, elevando os custos de praticamente tudo — da gasolina aos fertilizantes, passando por plásticos e combustível de jatos —, o que significa que as pessoas compram menos e viajam menos, gerando uma queda na ativi-dade econômica. Assim, depois de um breve período de bonança para os produtores, os preços do petróleo cairiam com a chegada da recessão e a desaceleração de economias até então vorazes, que passariam a usar menos petróleo. Já tivemos casos anteriores de queda de preços há não muito tempo: em 1988, o petróleo caiu para US$ 10 o barril depois de um aumento inoportuno da produção da OPEP e uma redução da demanda da Ásia, que enfrentava um *crash* financeiro.

Ops, lá vem de novo o argumento do pico do petróleo. Quando o preço sobe, a demanda cai e os preços do petróleo voltam a escorregar. E o que aconteceu com "o fim do mundo que conhecemos"? Agora estamos de volta ao petróleo por US$ 10 o barril. Sem se dar conta, o autor acaba de invocar um dos fundamentos da economia para invalidar toda a premissa do seu artigo!

Mas só para firmar a argumentação, ele prossegue:

> Os preços altos podem ter outro efeito pernicioso para os produtores. Quando o petróleo bruto custa US$ 10 por barril ou mesmo US$ 30 por barril, os combustíveis alternativos tornam-se proibitivamente caros. Por exemplo, o Canadá tem grande quantidade de areia betuminosa que pode ser transformada em petróleo. No entanto, o custo é muito alto. Mas essa areia betuminosa e demais alternativas, como o etanol, as células de combustível de hidrogênio e o combustível líquido do gás natural ou do carvão, tornam-se economicamente viáveis quando o preço do barril de petróleo chega a mais de US$ 40, por exemplo, em especial se os governos dos países consumidores optam por oferecer incentivos ou subsídios. Assim, ainda que os preços altos não provoquem uma recessão, os sauditas podem perder partes do mercado para rivais para cujas mãos não fundamentalistas os norte-americanos prefeririam de longe enviar seus dólares do consumo energético.

Como ele observa, os preços altos levam ao desenvolvimento de substitutos. E é exatamente por isso que, para começo de conversa, não precisamos entrar em pânico por causa do pico do petróleo.

COMO TER MEDO DA COISA ERRADA

Por que então eu comparo o pico do petróleo aos ataques de tubarões? Porque os ataques de tubarões basicamente se mantêm constantes, mas o medo que provocam dispara quando a mídia decide falar a respeito. O mesmo, aposto, vai acontecer agora com o pico do petróleo. Tenho certeza de que toneladas de jornalismo de macaqueação vão agora insuflar nos consumidores o medo de uma catástrofe energética, muito embora nada tenha mudado fundamentalmente na paisagem petrolífera na última década.

Apostando no pico do petróleo
(STEVEN D. LEVITT)

John Tierney publicou no *New York Times* uma excelente coluna em resposta à matéria de Peter Maass sobre o "pico do petróleo" que eu critiquei aqui.[7] Tierney e o banqueiro de energia Matthew Simmons, o porta-voz do pessoal do pico do petróleo, apostaram US$ 5 mil numa discussão para saber se, em 2010, o preço do barril de petróleo estaria acima ou abaixo de US$ 200 por barril (corrigido pela inflação para valores de 2005).

A aposta foi feita no espírito da famosa aposta entre Julian Simon e Paul Ehrlich, vencida pelo economista Simon quando caíram consideravelmente os preços dos cinco bens que, segundo Ehrlich, deveriam subir.

Eu gosto de apostar. E, quando vejo que o preço do petróleo bruto no mercado de futuros NYMEX está a menos de US$ 60 o barril, em dezembro de 2011, menos de US$ 200 fica me parecendo um excelente preço! Perguntei então a Simmons se ele ainda achava necessário fazer alguma coisa.

Ele teve a gentileza de me responder. E acontece que eu não fui o primeiro economista a convidá-lo a entrar de novo em ação. Ele declinou a oferta da minha aposta, mas se manteve na firme convicção de que os preços do petróleo estão baixos demais e de que "uma política de preços

QUANDO ROUBAR UM BANCO

que realmente faça sentido do ponto de vista econômico logo acabará com quase um século de preços fantasistas".

Uma afirmação em que Simmons decididamente está certo é a de que o petróleo e o gás são incrivelmente baratos em volume em comparação com outras coisas que consumimos. Imagine que um brilhante inventor afirmasse ter bolado uma pílula a ser mergulhada num galão de água destilada para transformá-la em gasolina. Quanto você estaria disposto a pagar por essa pílula? Levando em conta a maior parte do tempo nos últimos cinquenta anos, a resposta é praticamente nada, pois um galão de gasolina praticamente custa quase o mesmo que um galão de água destilada.

Mas onde, na minha opinião, a lógica de Simmons sai dos trilhos é que ele aparentemente sustenta que, como um galão de gasolina parece tão valioso quanto, por exemplo, um condutor de jinriquixá, deveria ser tão caro quanto um condutor de jinriquixá. Em mercados razoavelmente competitivos, como os mercados de gasolina, petróleo e, presumivelmente, jinriquixás, o fator determinante do preço é quanto custa para fornecer o bem, não quanto os consumidores estão dispostos a pagar. Isso porque a oferta do bem é quase perfeitamente elástica num horizonte de tempo razoável. Se fosse possível obter lucros gigantescos com determinado preço, as empresas tratariam de eliminar o lucro da concorrência diminuindo os preços. A intensidade da apreciação do bem pelos consumidores determina apenas a quantidade consumida quando a oferta é perfeitamente elástica. Por isso é que a água, o oxigênio e o brilho do sol — todos eles produtos incrivelmente valiosos — saem praticamente de graça para os consumidores: é barato ou gratuito fornecê-los. E por isso também é que usamos muita gasolina e muito petróleo, mas não muitos jinriquixás, pelos preços atuais.

Se os custos do fornecimento de petróleo subitamente aumentassem, os preços certamente se elevariam, mais a curto prazo que a longo prazo, enquanto as pessoas tentassem encontrar sucedâneos da gasolina e do petróleo. (Provavelmente os jinriquixás não serão o principal substituto,

COMO TER MEDO DA COISA ERRADA

pelo menos não nos EUA.) A preocupação que devemos ou não ter com o "pico de petróleo" resume-se a: 1) o custo do fornecimento de petróleo vai aumentar?; 2) se de fato aumentar, será em quanto?; e 3) até que ponto a demanda é elástica?

John Tierney ganhou a aposta: o preço anual médio do barril de petróleo em 2010 foi de US$ 80, o equivalente a US$ 70 pelos preços de 2005. Infelizmente, Matthew Simmons morreu no último mês de agosto, aos 67 anos.[8] "Os colegas que examinaram seu legado procederam a uma revisão dos números", escreveu Tierney, "e consideraram que os US$ 5 mil do sr. Simmons deviam ser entregues a mim".

A obesidade mata?
(STEPHEN J. DUBNER)

Faz-se tanto barulho hoje em dia em torno da obesidade que pode até ser difícil entender o que é importante na questão e o que não é. Para tentar encontrar o caminho, eu às vezes divido a questão da obesidade em três tópicos.

1. Por que o índice de obesidade nos EUA aumentou tanto? Muitas, muitas respostas têm sido apresentadas, em sua maioria relacionadas a mudanças na dieta e no estilo de vida (e, em certo grau, à definição de obesidade). Uma interessante dissertação dos economistas Shin-Yi Chou, Michael Grossman e Henry Saffer aponta muitos fatores (entre eles o número de restaurantes per capita, os tamanhos de porções e os preços etc.),[9] concluindo — o que não chega a surpreender — que o pico de obesidade tem a ver sobretudo com a disseminada disponibilidade de comida muito barata e muito saborosa. Eles também constatam que um generalizado declínio do consumo de cigarros contribuiu para elevar o índice de obesidade. O que parece fazer sentido, pois a

103

nicotina ao mesmo tempo é um estimulante (que ajuda a queimar calorias) e diminui o apetite. Mas Jonathan Gruber e Michael Frakes publicaram um estudo questionando se a diminuição do tabagismo de fato provoca aumento de peso.[10]

2. Como as pessoas obesas podem deixar de ser obesas? Trata-se, naturalmente, da pergunta que sustenta uma indústria multibilionária de dietas e exercícios. Uma rápida olhada na lista dos cinquenta livros mais vendidos pela Amazon.com revela o quanto as pessoas querem perder peso: vamos encontrar *Intuitive Eating: A Revolutionary Program That Works* [Comer intuitivamente: um programa revolucionário que funciona]; *The Fat Smash Diet: The Last Diet You'll Ever Need* [A dieta arrasa-gordura: a última que você vai fazer]; e *Ultrametabolism: The Simple Plan for Automatic Weight Loss* [Ultrametabolismo: um plano simples de perda automática de peso]. Esses livros lembram-me a tese de que toda história na história humana, da Bíblia ao mais recente filme do Super-Homem, é construída a partir de um dentre sete padrões dramáticos habituais. (Apenas para registrar, o Super-Homem e a Bíblia foram evidentemente construídos a partir do mesmo padrão: o bebê Super-Homem e o bebê Moisés foram salvos de morte certa, despachados pelos pais desesperados num foguete/cesto de vime e vêm a ser criados por uma família alienígena, mas sempre se lembram do estilo de vida do seu povo e passam a vida inteira lutando pela justiça.) Essa história dos sete padrões aplica-se ainda mais aos livros de dieta. Todos eles são praticamente a mesma coisa, com algumas variantes embaralhadas.

3. Qual o verdadeiro grau de perigo da obesidade? Para mim, é a pergunta mais difícil. O senso comum afirma que a obesidade é como uma onda gigantesca que mal começou a quebrar nas costas dos EUA, gerando um infindável pântano de problemas médicos e econômicos. Mas existe um crescente sentimento de que o pânico em relação à obesidade pode ser um problema tão grave quanto ela própria.[11] Entre os que sustentam esse ponto de vista está Eric

COMO TER MEDO DA COISA ERRADA

Oliver, cientista político na Universidade de Chicago e autor de *Fat Politics: The Real Story Behind America's Obesity Epidemic* [Política da gordura: a verdadeira história por trás da epidemia de obesidade da América]. Oliver argumenta que o debate sobre a obesidade está eivado de mentiras e desinformação. O livro pretende mostrar, segundo a contracapa, que "um punhado de médicos, burocratas governamentais e pesquisadores da área de saúde, com apoio financeiro da indústria de remédios e da perda de peso, abriram uma campanha para desqualificar mais de 60 milhões de norte-americanos como vítimas de 'excesso de peso', exagerar os riscos da gordura para a saúde e promover a ideia de que a obesidade é uma doença mortal. Examinando as provas científicas nesse terreno, Oliver demonstra que não se pode afirmar que a obesidade cause tantas doenças e mortes ou que a perda de peso deixe as pessoas mais saudáveis".

Bem, mesmo que Oliver esteja certo, e deixando de lado por enquanto as Perguntas 1 e 2, a obesidade parece ser realmente a culpada em pelo menos vinte mortes recentes. Em outubro passado, uma embarcação turística transportando 47 passageiros idosos afundou no lago George, no estado de Nova York, e vinte deles morreram.

Segundo relatório do Comitê Nacional de Segurança nos Transportes, isso ocorreu porque havia excesso de peso no barco: a empresa turística usava padrões superados de peso dos passageiros para determinar quantos podiam ser transportados em segurança. O limite de passageiros não fora ultrapassado na embarcação acidentada, mas o limite de peso sim, e muito. Quando os turistas acorreram para um dos lados do barco para apreciar a paisagem e tirar fotos, veio a tragédia. Segundo o *New York Times*, a companhia de turismo usava o antigo padrão de 63 quilos por passageiro,[12] que o comitê já advertira não ser mais válido e que veio a ser atualizado pelo governador George Pataki no estado de Nova York, estabelecendo como novo peso médio de passageiros 78 quilos.

As disputas jurídicas já têm sido intensas, cada um tentando culpar os outros pelo acidente. A companhia de turismo considera que o acidente foi "um ato de Deus". Outros botam a culpa numa empresa que reformou a embarcação. E agora só falta esperar que alguém processe o McDonald's por ter botado todos esses quilos a mais nos passageiros.

Daniel Kahneman responde suas perguntas[13]
(STEVEN D. LEVITT)

Uma das primeiras vezes em que me encontrei com Danny Kahneman foi num jantar, pouco depois da publicação de *SuperFreakonomics*. "Gostei do seu novo livro", disse ele. "Vai mudar o futuro do mundo." Eu me enchi de orgulho. Mas Danny não tinha acabado. "Vai mudar o futuro do mundo — mas não para melhor."

Embora certamente muita gente concordasse, ele foi a única pessoa que o disse bem na minha cara!

Se você ainda não o conhece, Daniel Kahneman é o não economista que até hoje teve maior influência sobre os economistas que qualquer outro não economista. Formado em Psicologia, ele é o único não economista que ganhou o Prêmio Nobel de Economia, por seu trabalho pioneiro na economia comportamental. Não creio ser um exagero dizer que ele está entre os cinquenta mais influentes pensadores econômicos de todos os tempos e entre os dez mais influentes pensadores econômicos vivos.

Nos anos transcorridos desde aquele jantar, vim a conhecer Danny muito bem. Toda vez que nos encontramos, ele me ensina alguma coisa. Seu brilho muito especial, sei hoje, está em enxergar o que deveria ser absolutamente óbvio, mas que por algum motivo ninguém mais consegue notar, até que ele chame nossa atenção.

Agora ele escreveu um livro fantástico voltado para um público popular: *Rápido e devagar: duas formas de pensar*. Trata-se de um passeio maravilhosamente envolvente pelo mundo da economia comporta-

COMO TER MEDO DA COISA ERRADA

mental — o tipo de livro de que as pessoas estarão falando durante muito, muito tempo. Danny generosamente aceitou responder a perguntas dos leitores do blog *Freakonomics*, que são parafraseadas a seguir. Aqui vão suas respostas.

P. Diversas pesquisas efetuadas pelo senhor e por outras pessoas provam que muitas vezes tomamos decisões irracionais. Mas que tal se as pesquisas encontrassem maneiras de ser mais racional? Já tentou isso também?

R. Sim, naturalmente, muitos já tentaram. Não creio que autoajuda seja útil nesse caso, embora seja muito boa ideia diminuir o ritmo quando coisas importantes estão em questão. (E até mesmo o valor desse conselho tem sido questionado.) A melhora do processo decisório tem mais probabilidade de funcionar em organizações.

P. Suas pesquisas apontam algo sobre o tipo de risco assumido pelos dirigentes da Universidade Estadual da Pensilvânia, que decidiram não expor os crimes sexuais do treinador de futebol Jerry Sandusky?

R. Num caso assim, a perda decorrente da exposição do escândalo é grande, imediata e fácil de imaginar, ao passo que as consequências desastrosas da procrastinação são vagas e retardadas. É provavelmente assim que começam muitos processos de acobertamento. Se as pessoas tiverem certeza de que as tentativas de acobertar terão péssimas consequências pessoais (como aconteceu nesse caso), é possível que tais processos venham a se repetir menos no futuro. Desse ponto de vista, a decisiva reação do comitê diretor da universidade provavelmente terá consequências benéficas futuramente.

P. Levitt disse que o senhor achou que *SuperFreakonomics* mudaria o mundo para pior. Que quis dizer com isso?

R. Foi um comentário jocoso sobre o debate em torno de soluções tecnológicas para o problema do crescimento global em *SuperFrea-konomics*. Achei que a apresentação favorável de certas soluções dava a entender aos leitores que não há grandes motivos de preocupação se o problema for facilmente resolvido. Mas não foi uma discordância séria.

P. Como as suas pesquisas e os seus livros podem ajudar as pessoas a tomar decisões mais acertadas em matéria de assistência de saúde, do lado da demanda ou da oferta?

R. Não creio que seja possível que as escolhas dos pacientes e dos fornecedores mudem sem que mude o contexto em que se inserem. Os incentivos para a adoção de uma política de tarifas a serem cobradas por cada serviço são muito fortes, assim como a norma social de que a saúde não tem preço (especialmente quando paga por terceiros). Onde a psicologia do comportamento muda e as cutucadas da economia comportamental entram em ação é no planejamento de uma transição para um sistema melhor. A pergunta a fazer é "Como permitir que médicos e pacientes possam mais facilmente mudar na direção desejada?", o que está muito próximo de "Por que eles ainda não querem mudar?". Muitas vezes, quando a questão é levantada, podemos descobrir que alguns ajustes nada caros no contexto mudarão consideravelmente o comportamento das pessoas. (Por exemplo, temos consciência de que as pessoas tendem mais a pagar seus impostos quando sabem que os outros estão pagando.)

P. Poderia falar da relação entre felicidade e satisfação?

R. Sim, ser feliz (em média) no momento e ficar satisfeito retrospectivamente não são a mesma coisa. As pessoas têm mais probabili-

COMO TER MEDO DA COISA ERRADA

dade de ser felizes quando passam muito tempo com aqueles que amam e maior probabilidade de ficar satisfeitas se alcançam metas convencionais, como renda alta e casamento estável.

P. Alguma recomendação para ajudar pessoas inteligentes a contemplar a hipótese da legitimidade de ideias ou provas científicas das quais discordam?

R. É interessante distinguir o conteúdo dos pensamentos dos mecanismos do pensamento. Algumas ideias preconcebidas (por exemplo, conceitos preestabelecidos, crenças não científicas, estereótipos específicos) são uma questão de conteúdo provavelmente ligada à cultura. Outras (por exemplo, a desconsideração de estatísticas e da ambiguidade, o fato genérico de que tendemos a estereotipar) são inevitáveis efeitos colaterais do funcionamento dos mecanismos psicológicos genéricos.

P. É possível que uma das barreiras para o trabalho das mulheres em áreas dominadas pelos homens seja o fato de esses ambientes exigirem um esforço mental extra em favor das mulheres?

R. Ser autocentrado ocupa a capacidade mental e certamente não é bom para o desempenho. Além disso, quanto mais autocentrado você for, maior probabilidade terá de interpretar (às vezes equivocadamente) as atitudes dos outros como partindo de uma posição baseada no gênero, o que contribuirá para piorar ainda mais as coisas. Mas há esperança: o autocentramento provavelmente diminui num ambiente estável, permitindo a interação com pessoas que conhecemos bem. A tendência parece ser favorável: melhorar as atitudes dos homens, aumentar a representação das mulheres em muitas ocupações dominadas pelos homens, de modo que o futuro tem probabilidade de ser melhor que o passado.

Os riscos da tecnologia, versão iPad
(Stephen J. Dubner)

Ultimamente, tenho lido muitos livros num iPad, usando o aplicativo Kindle. Quase sempre é uma ótima experiência, especialmente para leitura recreativa.

Outro dia, de férias com a família, caí numa armadilha. Estava lendo o velho romance sobre futebol *North Dallas Forty*. É muito interessante, especialmente as partes sobre corridas e drogas. Naquele momento, minha filha de 9 anos estava enroscada ao meu lado lendo seu livro, *The Doll People*, num exemplar impresso. Deu então uma olhada para o que eu estava lendo. Seus olhos imediatamente bateram num palavrão.

"Ei", foi dizendo. "Que palavra feia!"

"Sim", reconheci. "É feia mesmo."

E então, cedendo a algum instinto parental infantil, tapei a palavra ofensiva com o polegar. Do que eu estava com medo? Não sei sequer o que estava querendo fazer. Ela já tinha visto a palavra! Meu polegar acaso tinha o poder de fazer com que deixasse de tê-la visto? E, mesmo que pudesse, qual seria a vantagem?

No fim das contas, meu polegar não se limitou a esconder a palavra, pois ao tocá-la na tela deu acesso a uma definição no dicionário:

1. Tabu. Ter relação sexual com; COPULAR [tr. + com] [td.]
2. Bras. Fig. Provocar(-se) dano em ou dar-se mal; ARRUINAR(-SE) [td.] [tr. + com] [int.]

Obrigado, tecnologia. Você de fato é uma faca de dois gumes. E é bem feito que eu fique tão f---do de pavor que minha filha esteja vendo um palavrão.

COMO TER MEDO DA COISA ERRADA

Eis o que chamo de ser avesso a riscos
(STEVEN D. LEVITT)

Outro dia eu me vi numa agência de apostas esportivas em Las Vegas com meu bom amigo, o economista John List. Como moramos em Chicago e temos filhos que jogam beisebol, achamos que seria divertido apostar no time do Chicago White Sox. Teríamos mais uma razão para nos sentir ligados aos White Sox e daríamos a nossos filhos um motivo para abrir o jornal de manhã e ver se o time havia ganhado.

Não temos nenhuma informação especial sobre os White Sox, nenhum acesso a informações privilegiadas. Era apenas pelo prazer do consumo.

Se a agência de apostas nos oferecesse algo interessante, ou seja, o equivalente a jogar uma moeda para cima, com 50% de chances de acertar, estaríamos dispostos a apostar bastante, pois não somos muito avessos ao risco. Diria que estaríamos dispostos a apostar pelo menos US$ 10 mil, provavelmente até mais.

Mas é claro que a agência de apostas não faz negócios justos. Naquela que nos interessava particularmente — quantas vezes os White Sox ganhariam no campeonato —, a agência cobra uma comissão de 8%. Por esse preço, decidimos que estávamos dispostos a apostar US$ 2.500. 8% de US$ 2,5 mil são US$ 200, de modo que basicamente estávamos dispostos a pagar à agência de apostas US$ 200 na expectativa de que nos permitisse fazer essa aposta.

Fomos então até o guichê e dissemos que queríamos apostar US$ 2.500 que os White Sox ganhariam mais de 84,5 jogos no ano.

A senhora que atendia por trás do balcão disse que a aposta máxima era de US$ 300.

O quê?!

Perguntamos o motivo e ela chamou o gerente, que explicou: o cassino "não queria assumir riscos demais nesse tipo de apostas".

Esse cassino faz parte da Caesars Entertainment, a maior empresa de cassinos do mundo, com renda anual próxima dos US$ 10 bilhões. E não quer nos deixar pagar-lhes US$ 200 para jogar uma moeda para o alto numa aposta de US$ 2,5 mil?

Daqui a pouco, o cassino vai me dizer que não posso botar US$ 2,5 mil no "preto" na mesa da roleta. Afinal, trata-se basicamente do mesmo jogo que na nossa aposta nos White Sox: jogar uma moeda para o alto com o cassino levando quase todas as chances.

Parece uma maneira muito maluca de gerir um negócio. O que é particularmente inesperado, porque a Caesars é um dos poucos negócios geridos por um economista, Gary Loveman, que projetou boas ideias econômicas em muitos outros aspectos do funcionamento da empresa.

Se eu não fosse economista, administrar uma agência de apostas seria um excelente negócio. Fico me perguntando se a Caesars está aceitando currículos.

Quatro razões pelas quais a repressão ao pôquer pela internet nos EUA é um equívoco
(STEVEN D. LEVITT)

Recentemente, o governo dos EUA fechou os três maiores sites de pôquer pela internet para jogadores norte-americanos.[14] Aqui vão quatro motivos pelos quais a medida não faz sentido:

1. *As proibições voltadas para a punição dos fornecedores são em grande medida ineficazes. A proibição do pôquer pela internet não é exceção.*

   Quando existe demanda de algum bem ou serviço, é extremamente difícil combater o problema mediante a punição governamental dos fornecedores. As drogas ilegais são um bom exemplo. Os norte-americanos querem cocaína. Ao longo dos quarenta

COMO TER MEDO DA COISA ERRADA

últimos anos de "Guerra às Drogas", gastamos enormes recursos para reprimir os traficantes. (Ao contrário da opinião prevalecente, a punição dos usuários de drogas tem sido relativamente limitada; pelas minhas estimativas, 95% do tempo de cumprimento de penas de prisão têm cabido a vendedores de drogas, não a usuários.) Especialmente quando a demanda de um bem não varia, não tem resultado reprimir a oferta. Dificultar a vida dos fornecedores em atividade atrai novos interessados, ansiosos por atender à demanda.

Como sei que a repressão norte-americana aos sites de pôquer na internet não funciona? Menos de meia hora depois de ser fechada a minha conta no Full Tilt Poker, uma das grandes empresas afetadas pela repressão, eu pude abrir nova conta em outro site semelhante, porém menor, depositando US$ 500 com meu cartão de crédito sem qualquer problema.

2. *Em relação ao excedente de consumo gerado pelo pôquer on-line, as externalidades causadas são pequenas. As intervenções do governo deveriam centrar-se nos casos em que aconteça o contrário.*

Os norte-americanos adoram jogar pôquer. Ao longo de um ano, gastam bilhões de dólares para poder entregar-se ao jogo on-line. Não creio estar exagerando ao estimar que mais de 5 milhões de norte-americanos já jogaram pôquer on-line. Os jogadores profissionais são celebridades no país. O habitual jogador de pôquer on-line não representa um perigo para ninguém, exatamente como qualquer cinéfilo ou entusiasta dos esportes. Claro que existem viciados e eles representam custos para outras pessoas. Mas a própria natureza do pôquer na internet, com a facilidade de impor limites aos valores monetários que podem ser baixados em determinado período, é na verdade um ambiente muito melhor para regulamentar o comportamento viciante do que os cassinos de pôquer.

3. *Do ponto de vista moral, não faz sentido que o governo tolere o jogo e lucre com ele, por um lado, ao mesmo tempo que, por outro, criminaliza os fornecedores privados de pôquer pela internet.*

Seria compreensível se, por motivos dos quais discordo, o governo adotasse uma posição coerente contra qualquer tipo de jogo. Mas os governos se beneficiam enormemente da renda obtida em jogos, seja através de loterias, seja por meio de cassinos autorizados a funcionar. De modo que ninguém pode invocar uma argumentação de tipo moral nessa questão. Eu certamente simpatizo com o desejo do governo de extrair uma renda fiscal dos jogos de azar. Só que a maneira certa de fazê-lo não é uma proibição, mas um contexto regulatório no qual os governos levem a sua parte. Para todas as partes envolvidas, esse tipo de sistema é mais eficaz que a atual abordagem.

4. *Mesmo pelas próprias leis governamentais, não parece haver grande dúvida de que o pôquer on-line deva ser legal.*

Embora pessoalmente eu considere profundamente equivocada a lógica por trás da Lei de Aplicação da Proibição de Apostas na Internet, ela não deixa de ser a lei em vigor no país. Pelos seus termos, os jogos de habilidade ficam isentos da lei, que se aplica apenas aos jogos de azar. Legalmente, portanto, o fato de o pôquer on-line ser legal depende da interpretação de um tribunal sobre se é ou não predominantemente um jogo de habilidade. Se alguma vez você já jogou pôquer, vai parecer óbvio que é um jogo de habilidade. Se quiser mais uma prova disso, escrevi recentemente com Tom Miles, professor na Faculdade de Direito da Universidade de Chicago, uma dissertação intitulada "O papel da habilidade frente à sorte no pôquer".[15] Usamos dados do 2010 World Series of Poker para confirmar o que já era evidente.

COMO TER MEDO DA COISA ERRADA

Quanto custa ter medo de estranhos
(STEPHEN J. DUBNER)

O que Bruce Pardo e Atif Irfan têm em comum?

Caso você não conheça esses nomes, vou perguntar de outra maneira:

O que o sujeito branco que se fantasiou de Papai Noel e matou a ex-mulher e a família (para depois se matar) tem em comum com o sujeito muçulmano que foi impedido de prosseguir num voo da AirTran sob suspeita de terrorismo?

A resposta é que ambos tiveram muito mal-interpretadas as suas intenções. O que deveria ser assustador para as pessoas que o conheciam não era; e o que assustou pessoas que não o conheciam revelou-se que não era de modo algum assustador.

Como veremos adiante, trata-se de um padrão muito comum. Mas, antes de continuar, vamos fazer um pequeno retrospecto.

Pardo era um frequentador da igreja que ninguém considerava um maníaco homicida. "Ele é uma pessoa completamente diferente do que vocês estão vendo e ouvindo no noticiário por causa do que ele fez", disse um amigo da família. "Estou absolutamente chocado, chocado. Não acredito que tenha sido realmente a mesma pessoa."

Irfan, nascido em Detroit, é um advogado especializado em questões fiscais que vive com a família em Alexandria, Virgínia. Estava num voo de Washington à Flórida com vários membros da família, para um retiro religioso. Segundo testemunhas, ele conversava com o irmão sobre qual seriam os assentos mais "seguros" do avião. "Eles foram ouvidos por outras pessoas, que os interpretaram mal", disse um porta-voz da AirTran ao *Washington Post*.[16] "Acontece que essas pessoas eram de fé e aparência muçulmanas. A coisa foi crescendo, saiu do controle e todo mundo tratou de tomar suas precauções." Entre as "precauções" estavam a retirada de todos os membros da família Irfan do avião e a convocação do FBI para interrogá-los. Estabeleceu-se, sem demora, que decididamente não eram terroristas, mas que ainda assim a AirTran não deveria levá-los no voo para a Flórida.

De quem, então, você teria mais medo? De uma família muçulmana norte-americana da qual nada soubesse ou do frequentador da sua igreja que acabara de se divorciar?

Como escrevemos antes, a maioria das pessoas é péssima em matéria de avaliação de risco. Tendem a exagerar o risco de acontecimentos dramáticos e improváveis, em detrimento de fatos mais comuns e tediosos (ainda que igualmente devastadores). Uma pessoa pode temer um atentado terrorista e a doença da vaca louca mais que qualquer coisa neste mundo, embora na verdade devesse se preocupar mesmo com a eventualidade de um ataque cardíaco (e assim cuidar-se) ou com a salmonela (e por isso lavar muito bem sua tábua de cortar).

Por que tememos mais o desconhecido que o conhecido? É uma pergunta de alcance maior do que eu seria capaz de responder aqui (não que seja capaz, de fato), mas provavelmente tem a ver com a heurística — os atalhos para descobrir as coisas por si mesmo — que o nosso cérebro usa para resolver problemas e com o fato de que essa heurística depende de informações já estocadas na nossa memória.

E o que vem a ser estocado? As anomalias — os acontecimentos importantes e raros, do tipo "cisne negro", tão dramáticos, tão imprevisíveis e talvez capazes de mudar tudo no mundo que ficam na nossa memória e nos enganam, fazendo-nos pensar que são típicos, ou pelo menos prováveis, embora na verdade sejam extraordinariamente raros.

O que nos leva de volta a Bruce Pardo e Atif Irfan. As pessoas que aparentemente não temiam Pardo eram parentes e amigos. As que de fato temiam Irfan eram estranhos. Todo mundo trocou completamente as bolas. Em geral, tememos os estranhos muito mais do que deveríamos. Veja só estes elementos de comprovação da tese:

1. Nos Estados Unidos, a proporção de vítimas de assassinato que conheciam os agressores em relação a vítimas mortas por estranhos é de aproximadamente 3 para 1.

2. 64% das mulheres estupradas conhecem os agressores; e 61% das vítimas femininas de agressão com agravantes conhecem os agressores. (Os homens, por outro lado, têm maior probabilidade de ser atacados por um estranho.)

3. E o rapto de crianças? Não é o clássico caso de crime cometido por estranhos? Um artigo publicado em *Slate* em 2007 informa que, dentre os casos de crianças desaparecidas num ano recente, "203,9 mil envolviam raptos em família, 58,2 mil raptos sem participação de um membro da família e apenas 115 eram 'sequestros estereotípicos', definidos num estudo como 'rapto sem participação de membro da família, cometido por algum conhecido ou estranho, no qual uma criança é detida de um dia para outro, transportada à distância de pelo menos 50 quilômetros, retida para pedido de resgate ou raptada com a intenção de ser mantida em caráter permanente ou morta'".[17]

De modo que, da próxima vez que seu cérebro insistir em temer estranhos, tente ordenar-lhe que se acalme um pouco. Não que você deva necessariamente insistir em que ele tema seus amigos ou a sua família — a menos, claro, que seja amigo de alguém como Bernie Madoff. Não devemos esquecer que a maior fraude financeira da história foi cometida basicamente entre amigos. E, com amigos assim, quem precisa de estranhos?

6

Se você não está trapaceando, é porque não tentou

*"Trapacear pode ou não ser uma característica da natureza humana",
escrevemos no primeiro capítulo de* Freakonomics, *"mas sem dúvida tem
participação crucial em praticamente todas as empreitadas do homem.
A trapaça é, primordialmente, um ato econômico: obter mais gastando
menos". Esse capítulo se intitulava "O que os professores e os lutadores de
sumô têm em comum?" Nos dez anos subsequentes, não tivemos o menor
problema para encontrar mais provas corroborando essa tese.*

Trapaceando para ser o tal
(STEPHEN J. DUBNER)

Será que somos cínicos demais?

Não creio, mas algumas pessoas acham. Frequentemente os leitores
se queixam de que é um absurdo que tenhamos chamado atenção para
tantas trapaças, fraudes e atos de má-fé entre lutadores de sumô, professores, contribuintes e adeptos do namoro on-line. Eu poderia contra-
-argumentar dizendo: "Mas nós também chamamos atenção para pessoas
que não trapaceiam, como os funcionários de escritório que depositam
dinheiro numa 'caixa da honestidade' para pagar por suas rosquinhas."[1]

A questão não é que seja possível dividir as pessoas entre grupos de más e boas, trapaceadoras e não trapaceadoras. A questão é que o comportamento das pessoas é determinado pela maneira como se alinham os incentivos numa determinada situação.

De modo que foi interessante ler o artigo de Farhad Manjoo em *Salon* sobre um concurso promovido por *FishbowlDC* para apontar os dois jornalistas mais quentes de Washington no momento.[2] Embora concorde que os vencedores de fato formam um belo par, Manjoo informa que o concurso foi uma perfeita burla:

> [Os vencedores] Capps e Andrews reconhecem que só venceram porque seus amigos on-line — sem que os encorajassem, segundo afirmam — construíram softwares "robôs" que votaram milhares de vezes em ambos. Os robôs foram distribuídos no *Unfogged*, um blog de humor nada digno de crédito e site de debates muito popular na capital norte-americana, um dia antes da abertura da votação. Se alguém baixasse e pusesse para funcionar o software, seu computador começava a mandar votos para Capps e Andrews mais rapidamente do que a Diebold trapaceava nas eleições em favor de George W. Bush.

O que me leva a dizer:

1. Não precisa haver muita coisa em jogo para as pessoas trapacearem.
2. Quando não existe punição por trapacear, a tentação é grande demais.
3. Também fomos acusados de fraudar uma ou duas urnas, embora não houvesse robôs envolvidos (que eu saiba).[3]
4. Será que alguém poderia apontar quem foram os caras da Diebold que fraudaram essas máquinas? Seria divertido conversar com eles!

SE VOCÊ NÃO ESTÁ TRAPACEANDO, É PORQUE NÃO TENTOU

Por que você mente? Os riscos do relatório em causa própria
(STEPHEN J. DUBNER)

Eu sempre me surpreendo de ver como é fácil e barato para nós, seres humanos, mentir.

Já lhe aconteceu de alguma vez estar conversando, por exemplo, sobre determinado livro e se sentir tentado a dizer que o leu, embora não seja verdade?

Vou apostar que a resposta é sim. Mas por que alguém haveria de mentir em algo de tão pouca importância?

A mentira do livro é o que você poderia chamar de mentira de reputação: você se preocupa com o que outras pessoas pensam a seu respeito. Dentre os muitos motivos pelos quais as pessoas mentem, sempre achei que a mentira de reputação é a mais interessante — em comparação com uma mentira para obter vantagem, evitar problemas, livrar-se de uma obrigação etc.

Um recente estudo de César Martinelli e Susan W. Parker, intitulado "Engano e informação errada num programa social", traz alguns esclarecimentos fascinantes sobre as medidas de reputação.[4] O estudo se vale de um conjunto extraordinariamente rico de dados do programa de previdência social mexicano Oportunidades. Registra os objetos caseiros que as pessoas afirmam possuir quando se candidatam ao programa e também os itens que de fato são encontrados na residência, uma vez aceita a inscrição do interessado. Martinelli e Parker trabalharam com dados de mais de 100 mil inscritos, representando 10% dos candidatos entrevistados no ano em questão (2002).

Verificou-se que muitas pessoas omitiam certos itens por temerem ser impeditivos de receber os benefícios. Reproduzimos, a seguir, uma lista de itens omitidos, junto com os percentuais de interessados que deles dispunham mas disseram não dispor:

Carro (83%)
Van (82%)
Gravador de vídeo (80%)
TV por satélite (74%)
Aquecedor a gás (73%)
Telefone (73%)
Máquina de lavar (53%)

Não chega a surpreender: era mesmo de se esperar que as pessoas mentissem para levar alguma vantagem num benefício previdenciário. Mas aqui vai a surpresa: temos abaixo uma lista das pessoas que informaram a mais — ou seja, os itens que os candidatos disseram que tinham mas na verdade não tinham (de novo, seguidos pelos percentuais):

Banheiro (39%)
Água corrente (32%)
Fogão a gás (29%)
Piso de concreto (25%)
Geladeira (12%)

Quatro em cada grupo de dez candidatos não tinham banheiro em casa, mas disseram que tinham. Por quê?

Martinelli e Parker resumem a coisa pura e simplesmente com a palavra vergonha. As pessoas mais terrivelmente pobres aparentemente também eram as mais terrivelmente preocupadas em não admitir para um funcionário da previdência que viviam sem um banheiro em casa, ou água corrente, ou mesmo piso de concreto. É uma das mais incríveis mentiras de reputação que eu poderia imaginar.

Cabe notar que são muitos os incentivos para mentir a fim de se inscrever no programa Oportunidades, pois os benefícios em dinheiro equivalem a 25% dos gastos domésticos do candidato médio. Além disso, a penalidade por omissão de itens não era muito pesada: muitas pessoas apanhadas omitindo bens como televisão por satélite e vans não foram excluídas do

SE VOCÊ NÃO ESTÁ TRAPACEANDO, É PORQUE NÃO TENTOU

programa. Mas também é verdade que a penalidade por mentiras "para mais", por outro lado, era maior, pois a pessoa podia ser excluída do programa — o que torna esse tipo de mentira ainda mais oneroso.

O estudo Martinelli-Parker pode ter amplas implicações não só para os programas de assistência à pobreza como para qualquer tipo de projeto em que os dados são fornecidos pelos próprios interessados. Basta pensar nos habituais levantamentos sobre uso de drogas, comportamento sexual, higiene pessoal, preferências eleitorais, comportamento ambiental etc. Aqui vai o que escrevemos certa vez, por exemplo, num artigo sobre falta de higiene das mãos nos hospitais:[5]

> Num estudo médico australiano, os médicos informaram que seu índice de lavagem das mãos era de 73%, mas, depois que foram observados, constatou-se que o índice na verdade era de escassos 9%.

Também escrevemos a respeito dos tópicos nos quais as pessoas que namoram pela internet têm maior probabilidade de mentir e o arriscado negócio das pesquisas eleitorais — especialmente quando está envolvida a questão racial.[6] Mas, se nós e qualquer pessoa pudemos escrever sobre os riscos das informações dadas pelos interessados, o estudo Martinelli-Parker realmente fornece um embasamento para toda a questão. Não só ajuda de maneira surpreendente a entender por que mentimos, como serve para lembrar que se trata muito naturalmente de desconfiar de dados colhidos dessa maneira — pelo menos até que alguns cientistas nos permitam investigar reciprocamente em nossas mentes para ver o que de fato está acontecendo lá dentro.

Como enganar o sistema ferroviário de Mumbai
(STEPHEN J. DUBNER)

Um blogueiro chamado Ganesh Kulkarni descobriu que os trens de Mumbai atendem a 6 milhões de passageiros diariamente, mas o sistema não tem recursos para fiscalizar os bilhetes de cada um deles.[7] Pelo contrário, escreve Kulkarni, os agentes de controle efetuam apenas intervenções aleatórias. O que deu origem a um tipo de trapaça elegantemente chamada de "viagem sem bilhete". Embora provavelmente não seja muito comum ser interpelado por estar viajando sem passagem, a multa para quem for apanhado é considerável. Assim, prossegue Kulkarni, um usuário esperto concebeu uma apólice de seguro para que os passageiros apanhados em flagrante possam livrar-se de parte da despesa.

Eis como funciona. O sujeito paga quinhentas rúpias (cerca de US$ 11) para se filiar a uma organização de usuários sem passagem. Se for apanhado viajando sem ela, paga a multa e apresenta o recibo à organização, que faz o reembolso de 100% da multa.

Não seria bom se todo mundo na sociedade tivesse a criatividade dos trapaceiros?

Por que o serviço postal entrega correspondência sem selo?
(Steven D. Levitt)

Se essa pergunta me tivesse sido feita há uma semana, eu diria com toda certeza que o serviço postal não manda cartas sem selo.

Dias atrás, contudo, minha filha recebeu uma carta. No lugar onde deveria estar o selo, o remetente escrevera: "Isento de tarifa: tentativa Livro Guinness de Recordes."

O envelope continha uma única folha de papel, relatando uma tentativa de estabelecer o recorde mundial de carta enviada em corrente, juntamente com instruções para passá-la adiante a sete amigos. O texto afirmava que, se a corrente fosse interrompida, o serviço postal, que vinha acompanhando a tentativa de quebrar o recorde, saberia quem eram os indivíduos que tinham estragado todo o esforço daqueles que participavam do projeto desde 1991!

A simples aritmética das cartas-corrente garantia que alguém estava mentindo.

SE VOCÊ NÃO ESTÁ TRAPACEANDO, É PORQUE NÃO TENTOU

Uma carta-corrente de fato reenviada a sete outras pessoas por cada destinatário rapidamente envolveria todas as crianças do mundo (sete elevado à potência de dez é basicamente toda a população dos EUA). Mas eu pelo menos reconheci que o remetente foi honesto, informando que se tratava de uma carta-corrente.

O que me intrigava era o fato de o serviço postal estar colaborando com a coisa. Parecia estranho, mas ao mesmo tempo conferia credibilidade à iniciativa. Talvez tivesse mesmo a ver com uma tentativa de quebrar um recorde mundial.

Uma rápida pesquisa no Google revelou, contudo, que eles não estão apoiando nenhuma correspondência em corrente. Na verdade, a explicação para o fato de a carta estar sendo entregue sem tarifa nem selos parece-me ainda mais interessante: aparentemente, as máquinas automáticas de triagem de correspondência deixam passar muitas cartas cujo selo se perdeu.

Pensando bem, faz sentido: a maximização dos lucros requer que o custo marginal de uma ação seja equivalente ao lucro marginal. Se quase todas as cartas têm selos, a vantagem de verificar cada uma delas com 100% de precisão é infinitesimal, de modo que faz sentido permitir que algumas cartas sem selo sigam em frente. (A mesma ideia vale quando se trata de apanhar em flagrante as pessoas que não pagam a passagem de trem.)

Mas agora estou curioso de saber qual o real grau de laxismo do serviço postal. Vou daqui a pouco postar uma correspondência. Talvez me esqueça de comprar selos — embora desconfie de que minha declaração de renda vai chegar à Receita Federal de qualquer maneira, com ou sem selos.

Mentalidade de rebanho?
Viajar de ônibus ao estilo *Freakonomics*
(STEPHEN J. DUBNER)

Alguns dias por semana, levo minha filha à creche no East Side de Manhattan. Nós moramos no West Side e geralmente atravessamos a cidade de ônibus. É uma hora agitada do dia. No ponto mais próximo de

125

nosso prédio (vamos chamá-lo de Ponto A), encontramos habitualmente de quarenta a cinquenta pessoas à espera do ônibus. Isso ocorre basicamente porque há uma estação de metrô ali perto; muita gente toma o trem do subúrbio para o centro da cidade e sobe à superfície para seguir no ônibus que atravessa a cidade.

Não gosto muito de multidões, em geral (eu sei: Por que então moro em Nova York?), e me desagrada particularmente ter de lutar com uma multidão quando estou tentando entrar num ônibus com minha filha de 5 anos. Como são muitas as pessoas esperando o ônibus no Ponto A, temos talvez 30% de chance de entrar no primeiro que parar e provavelmente 80% de entrar num dos dois primeiros. Para você ver como ficam cheios.

Quanto a se sentar no ônibus, temos talvez 10% de chances de consegui-lo num dos dois primeiros que chegam ao Ponto A. A viagem não é assim tão longa, talvez quinze minutos, mas ficar de pé num ônibus superlotado com roupas de inverno e o lanche da minha filha sendo esmagado em sua mochila não é a melhor maneira de começar o dia. O Ponto A fica tão lotado que, quando os passageiros na direção leste saltam do ônibus pela porta de trás, outro bando se arremessa para dentro pela mesma porta, o que significa que a) não vão pagar, pois o pagamento é feito na entrada da frente, e b) tomam o lugar das pessoas que comportadamente esperam na frente da fila para entrar no ônibus.

Há algum tempo, assim, começamos a caminhar um quarteirão na direção oeste para pegar o ônibus naquele que chamamos de Ponto B. O Ponto B fica talvez a uns 230 metros do Ponto A e, portanto, 230 metros mais longe do nosso destino. Mas no Ponto B, onde não há uma parada de metrô, as filas são muito menores e os ônibus chegam menos lotados. Nele, temos 90% de chance de entrar no primeiro ônibus que chega e talvez 40% de chance de conseguirmos nos sentar. Para mim, parece justificar o esforço e o tempo gasto na caminhada de 230 metros.

Tendo chegado a essa solução, não mais tomamos um único ônibus no Ponto A. Conseguimos nos sentar; podemos ouvir juntos o iPod (ambos adoramos Lily Allen; nem me importo tanto assim com as partes mais

SE VOCÊ NÃO ESTÁ TRAPACEANDO, É PORQUE NÃO TENTOU

picantes, pois o sotaque britânico de Lily as torna quase indecifráveis para Anya); e não chegamos com o lanche esmagado.

Mas o que não entendo é por que tão poucos passageiros (se é que algum) do Ponto A fazem o que fazemos. Para qualquer pessoa de pé no Ponto A toda santa manhã, as condições são evidentemente ruins. As condições no Ponto B com toda certeza são melhores, pois a) o Ponto B está a uma distância suficientemente pequena para ser visto a olho nu e b) os ônibus que chegam do Ponto B ao Ponto A muitas vezes ainda têm espaço, embora apenas para os primeiros dez ou vinte passageiros esperando.

Pessoalmente, acho bom que mais passageiros do Ponto A não se animem a caminhar até o Ponto B (o que poderia obrigar-me a estudar a hipótese do Ponto C), mas não entendo por quê. Aqui vão algumas possibilidades:

1. Caminhar 230 metros não parece um investimento justificável para melhorar uma experiência breve, ainda que infeliz.

2. Tendo acabado de sair do metrô, os passageiros do Ponto A não conseguem juntar forças e ânimo para otimizar esse trecho da viagem.

3. Talvez alguns passageiros do Ponto A simplesmente nunca pensem na existência do Ponto B ou pelo menos não nas condições que pode proporcionar.

4. Existe um rebanho no Ponto A; as pessoas podem dizer que não gostam de se sentir parte de um rebanho, mas psicologicamente ficam de certa maneira reconfortadas com essa ideia; sucumbem à "mentalidade de rebanho" e inconscientemente acompanham, pois se todo mundo está fazendo algo deve ser a melhor coisa a se fazer.

Pessoalmente, estou convencido de que esses quatro pontos podem ser válidos de alguma forma e certamente haveria hipóteses adicionais a considerar. Mas, se tivesse de escolher um vencedor absoluto, seria o número quatro: a mentalidade de rebanho. Quanto mais conhecemos a ciência social, mais nos damos conta de que as pessoas, embora valorizem muito a própria independência, são na verdade atraídas para comportamentos de rebanho em quase todos os aspectos da vida cotidiana. O lado bom é que, uma vez que nos damos conta disso, podemos explorar a mentalidade de rebanho em nosso benefício (como nos transportes coletivos) ou pelo bem coletivo, como no caso das pressões sociais para aumentar os índices de vacinação.

Uma experiência de memórias falsas
(STEPHEN J. DUBNER)

Por que existem tantos livros de memórias falsificadas neste mundo? As mais recentes são *Love and Consequences* [Amor e consequências], de Margaret Seltzer. (De bom grado eu ofereceria aqui o link para a página da Amazon, mas infelizmente o livro não tem mais uma página na Amazon.)

Se você tivesse escrito um livro de memórias que fosse, digamos, 60% verdadeiro, tentaria apresentá-lo como memórias ou romance? Se você fosse o editor de um livro de memórias e o considerasse 90% verdadeiro, o publicaria como memórias ou romance?

Ou talvez fosse melhor perguntar: Quais as vantagens de publicar um livro assim como memórias, não como romance? Aqui vão algumas possibilidades:

1. Uma história real obtém muito mais cobertura na mídia que um romance do tipo "a vida como ela é".
2. Uma história real gera mais comentários de maneira geral, entrando pela esfera das possíveis vendas de direitos para o cinema, leituras públicas etc.
3. O leitor se envolve com a história de maneira mais visceral quando o livro é de memórias do que se fosse de ficção.

Toda vez que se denuncia um livro de memórias como falso, ouvimos comentários do tipo: "Se é uma história tão boa assim, por que não publicaram como romance?" Mas acho que as razões acima expostas, e talvez

SE VOCÊ NÃO ESTÁ TRAPACEANDO, É PORQUE NÃO TENTOU

mais algumas, incentivam os autores, os editores e outros envolvidos a dar preferência às memórias, em detrimento do romance.

Tendo em mente o motivo número três, e depois de ler recentemente que um placebo caro em forma de pílula açucarada funciona mais que um placebo barato na mesma forma, imaginei uma experiência de memórias/romance para nos divertirmos. Eis o que seria feito:

Tome um manuscrito inédito contando uma história intensa e angustiante na primeira pessoa. Junte um grupo de cem voluntários, dividindo-os aleatoriamente pela metade. Entregue um exemplar do manuscrito a cinquenta dessas pessoas, com uma carta descrevendo as memórias que vão ler. Então entregue um exemplar do manuscrito às outras cinquenta pessoas com uma carta descrevendo o romance que vão ler. Em cada caso, adicione um longo questionário sobre as reações à leitura do livro. Espere que tenham tempo de ler para então compilar os resultados. Será que as "memórias" de fato se sairão melhor que o "romance"?

O mais recente titular do campeonato da trapaça
(STEVEN D. LEVITT)

Se você gosta de trapacear, não pode deixar de admirar a tacada do jogador de rúgbi britânico Tom Williams semana passada.

Aparentemente existe no rúgbi, como no futebol, uma regra segundo a qual um jogador substituído durante o jogo não pode retornar. A exceção é conhecida como "ferimentos de sangue", caso em que um jogador pode sair do campo até o sangramento parar e então retornar ao jogo.

Tom Williams sofreu exatamente esse tipo de ferimento num momento absolutamente crítico de uma partida recente. Não entendo nada de rúgbi, mas seu time tinha perdido um ponto, precisava de um jogador acostumado a reverter esta situação de jogo e era o momento perfeito para ele entrar em cena e tentar uma jogada que daria a vitória ao time, os Harlequins.

O problema começou quando Williams saiu de campo parecendo satisfeito demais, considerando-se a grande quantidade de sangue que saía por sua boca. A coisa podia ser atribuída ao fato de ser um jogador de rúgbi, mas aparentemente até os jogadores de rúgbi se sentem mal quando levam uma pancada na boca. Abriu-se então uma investigação. No fim das contas, as tomadas de televisão revelaram que Williams se tinha valido de uma cápsula de sangue cênico escondida na meia e a havia mordido para apresentar o falso ferimento.

Uma ideia brilhante, mas infelizmente não só Williams foi suspenso como seu substituto errou a jogada e os Harlequins perderam o jogo por um ponto apenas.

A trapaça faz bem ao esporte?
(STEPHEN J. DUBNER)

É a pergunta que me fiz dias atrás ao ler a seção de esportes do *Times*. Sei que estamos num período de maré vazante, entre campeonatos. O Super Bowl terminou, o beisebol ainda não começou, a temporada da Associação Nacional de Basquete (a NBA, National Basketball Association) se arrasta por seu longo estirão de inverno e a da Liga Nacional de Hóquei — bom, lamento, mas não estou nem aí para o hóquei.

Seja como for, parece evidente que não é um momento de pico dos esportes profissionais no ano. Ainda assim, é incrível a quantidade de artigos sobre esportes que não têm nada a ver com os esportes propriamente ditos, mas com as trapaças e maracutaias que cercam a atividade. Andy Pettitte pede desculpas aos companheiros de time e aos torcedores dos Yankees por usar anabolizantes, revelando que sua amizade com Roger Clemens anda tensa... Clemens retira-se de um evento da ESPN para não causar "perturbação"... Podemos ler artigos sobre testes de drogas impostos a Alex Rodriguez, Miguel Tejada e Éric Gagné.

E isso só no beisebol! Também podemos ler sobre Bill Belichick negando que filme os treinos dos adversários e a eterna história de dopagem

SE VOCÊ NÃO ESTÁ TRAPACEANDO, É PORQUE NÃO TENTOU

dos ciclistas. Há também alguns artigos sobre a NBA (embora mais nada ultimamente sobre apostas entre juízes) e sobre futebol (embora nada recentemente sobre acertos de resultados nos bastidores), mas o fato é que a seção de esportes que chega toda manhã parece mais uma seção de trapaças.

Mas talvez seja essa exatamente a nossa preferência. Por mais que afirmemos gostar do esporte pelo esporte, talvez as trapaças façam parte desse interesse, uma extensão natural dos esportes condenada pelas pessoas com argumentos morais, mas secretamente apreciada como aquilo que de fato torna os esportes empolgantes. Apesar de todo o blá-blá-blá sobre a fraude "destruir a integridade do jogo", talvez não seja realmente verdade. Talvez as trapaças acrescentem uma camada de interesse — certo elemento de gato e rato, de história policial — que complementa o jogo. Ou quem sabe representam apenas mais uma faceta da corrente de força do vencer-a-qualquer-custo que faz a grandeza de um grande atleta... Como diz a famosa máxima esportiva, "Se você não está trapaceando, é porque não tentou".

Por outro lado, gostamos de aplaudir os trapaceiros que se confessam. Pettitte, por exemplo, foi saudado como herói por reconhecer seus erros no terreno dos anabolizantes; Clemens, enquanto isso, a cada novo desmentido, parece suar má-fé por todos os poros. Assim como o conceito teológico de Ressurreição tem enorme força, e assim como o árduo inverno é seguido por uma insistente primavera, eu me pergunto se nosso interesse pelos esportes também não viceja eternamente, não apesar dos escândalos de fraude, mas por causa deles.

Não deveríamos simplesmente deixar os dopados do Tour de France se dopar?
(STEPHEN J. DUBNER)

Agora que praticamente todo ciclista do Tour de France foi apanhado se dopando, não estaria na hora de pensar numa total reformulação da questão da dopagem?

QUANDO ROUBAR UM BANCO

Não estaria na hora, talvez, de estabelecer uma lista de agentes e procedimentos aceitos de estímulo ao desempenho, exigir que os participantes assumam plena responsabilidade por eventuais danos físicos e emocionais de longo prazo gerados por esses agentes e procedimentos e deixar que todo mundo participe em condições de igualdade sem precisar banir o líder de três em três dias?

Se os ciclistas já se dopam, por que deveríamos nos preocupar com sua saúde? Se o esporte já está tão gravemente comprometido, por que fingir que não é assim? Afinal, a dopagem no Tour não é nenhuma novidade. Segundo um artigo publicado em MSNBC.com, foi o ciclismo que introduziu o mundo dos esportes à dopagem:

A história da dopagem moderna começou com o frenesi do ciclismo na década de 1890 e o advento das corridas com duração de seis dias, da manhã de segunda-feira até a noite de sábado. Doses extras de cafeína, menta, cocaína e estricnina eram adicionadas ao café dos corredores. Aguardente era adicionada ao chá. Os ciclistas recebiam doses de nitroglicerina para facilitar a respiração depois das etapas. O que era perigoso, pois essas substâncias eram distribuídas sem supervisão médica.

Como combateríamos os esteroides se realmente quiséssemos
(STEVEN D. LEVITT)

Aaron Zelinsky, aluno da Faculdade de Direito de Yale, propôs uma interessante estratégia de combate aos esteroides em três etapas para os campeonatos de beisebol da liga:[8]

1. Um laboratório independente estoca amostras de urina e sangue de todos os jogadores e vem a testá-las dez, vinte e trinta anos mais tarde, recorrendo à tecnologia mais avançada.

SE VOCÊ NÃO ESTÁ TRAPACEANDO, É PORQUE NÃO TENTOU

2. Os salários dos jogadores são fixados por um período de trinta anos.

3. O salário de um jogador seria cancelado se um dos testes desse positivo.

Não estou muito convencido com os dois últimos pontos, mas não resta dúvida de que o primeiro é essencial em qualquer tentativa de combate ao uso de estimulantes ilegais do desempenho. Os produtos mais avançados em matéria de estímulo ao desempenho são as melhores técnicas que não podem ser detectadas mediante uso das tecnologias atualmente disponíveis. Assim, por definição, os esportistas mais sofisticados em matéria de dopagem vão escapar à detecção, a menos que tenham algum azar ou cometam um erro.

A ameaça de futuros aperfeiçoamentos nas tecnologias de testes representa a arma mais poderosa atualmente disponível nesse combate, pois o usuário nunca pode ter certeza de que a dopagem a que recorre hoje não será facilmente detectada daqui a uma década. Os testes retrospectivos de amostras atribuídas a Lance Armstrong indicam que ele usou eritropoietina, substância que não era detectável na época. As circunstâncias desse teste foram meio obscuras (a identificação das amostras como sendo de Armstrong foi indireta e também não ficou claro, para começo de conversa, porque estavam sendo testadas), de modo que o campeão do Tour de France não pagou (na época) o preço que teria pagado se já fosse praticada uma política de testes formais a intervalos mais longos.

Os atletas mais suscetíveis de serem dissuadidos por esse tipo de política são as superestrelas que têm mais a perder se seu legado de longo prazo for comprometido. Cabe presumir que a dopagem das superestrelas seja o maior motivo de preocupação para os torcedores.

Zelinsky nos proporcionou uma referência pela qual podemos avaliar a seriedade com que a liga de beisebol ou qualquer outra instituição esportiva se dispõe a combater os estimulantes ilegais de desempenho: se for adotada uma política de estocagem de amostras de sangue e urina para testes futuros, ela é séria. Caso contrário, não é.

Como não trapacear
(Steven D. Levitt)

Digamos que você encontrou uma velha lâmpada e a esfregou, dela saindo um gênio que se oferece para atender a um desejo seu. Você é insaciável e meio mal-intencionado, de modo que, sempre que estiver jogando pôquer on-line, vai querer ver as cartas dos outros jogadores. O gênio atende o seu pedido.

O que você faria em seguida?

Se fosse um perfeito idiota, faria exatamente o que certos trapaceiros parecem ter feito recentemente no website Absolute Poker. Entrando nos jogos de apostas mais altas, eles aparentemente jogaram todas as mãos como se conhecessem as cartas dos outros jogadores. Desistiram quando nenhum outro jogador normalmente desistiria e aumentaram as apostas com mãos que eram para vencer, mas pareceriam péssimas se eles não soubessem quais as cartas dos adversários. Ganharam dinheiro com uma rapidez cerca de cem vezes maior do que razoavelmente poderia ser esperado por um bom jogador.

Seu jogo era tão inusitado que em questão de poucos dias foram desmascarados.[9]

Que foi que fizeram então?

Aparentemente, continuaram a jogar, já agora pior que qualquer um em toda a história do pôquer — em outras palavras, tentando perder parte do dinheiro, para que as coisas não ficassem parecendo tão suspeitas. Um dos históricos de seus jogos na nova fase mostra que fizeram uma aposta num fim de jogo quando só tinham dois e três como cartas recebidas e não tinham emparelhado o pôquer: simplesmente não havia nenhuma mão que pudessem bater!

Não sei se essas alegações de trapaça são verdadeiras, pois só disponho de informações de segunda mão. Todos os jogadores de pôquer com os quais conversei acreditam que são verdadeiras. Ainda assim, aposto que esses caras gostariam de ter feito de novo. Se tivessem sido espertos,

SE VOCÊ NÃO ESTÁ TRAPACEANDO, É PORQUE NÃO TENTOU

poderiam ter explorado o filão indefinidamente, vencendo com margens razoáveis. Pelas apostas que vinham fazendo, podiam ter ficado muito ricos e seu esquema seria praticamente indetectável.

(Note-se que estou dizendo praticamente indetectável, pois, embora esse site de pôquer jamais fosse capaz de desmascará-los, estou trabalhando com outro site de jogo no desenvolvimento de uma série de ferramentas para apanhar trapaceiros. Mesmo se esses sujeitos tomassem todo cuidado, nós os apanharíamos.)

SEMANAS DEPOIS...

Desmascarada a trapaça perfeita no pôquer
(STEVEN D. LEVITT)

Escrevi recentemente aqui no blog sobre alegações de trapaça num site de pôquer on-line chamado Absolute Poker. Embora a coisa parecesse terrivelmente suspeita, não era exatamente óbvia e não ficou claro de que maneira o trapaceiro podia ter trapaceado.

Mas a mistura de um incrível trabalho detetivesco de alguns jogadores de pôquer com um vazamento acidental (?) de dados pelo Absolute Poker expôs o escândalo à luz do dia.

O relato em primeira mão pode ser encontrado no 2+2 Poker Forum, e o *Washington Post* acrescentou uma extensa reportagem a respeito, mas aqui vai um resumo:[10]

Alguns adversários começaram a desconfiar da maneira como determinado jogador se comportava. Ele parecia saber quais eram as cartas não reveladas dos adversários. Os jogadores desconfiados deram exemplos dessas mãos, tão flagrantes que praticamente todos os jogadores sérios informados a respeito se mostraram convencidos de que ocorrera trapaça. Um dos jogadores que se consideravam vítimas solicitou que o

QUANDO ROUBAR UM BANCO

Absolute Poker fornecesse os históricos das mãos do torneio (uma prática habitual nos sites). Nesse caso, o Absolute Poker "acidentalmente" não enviou os habituais históricos, mas um arquivo contendo as mais variadas informações de caráter privado, que jamais seriam liberadas por um site de pôquer. No arquivo constavam as cartas não reveladas de todos os jogadores, observações sobre as mesas e até os endereços de e-mail dos participantes. (Ponho "acidentalmente" entre aspas porque o erro parece uma coincidência grande demais quando sabemos o que aconteceu em seguida.) Desconfio de que alguém no Absolute sabia da trapaça e da maneira como acontecera e resolveu denunciar, liberando esses dados. Se assim for, espero que quem quer que tenha enviado o arquivo "acidentalmente" seja devidamente festejado no fim.

Os jogadores de pôquer entraram então em ação, analisando os dados — não os próprios históricos das mãos, mas outras informações mais sutis contidas no arquivo. E o que esses detetives do pôquer notaram foi que, a partir da terceira mão do torneio, havia um observador acompanhando cada mão jogada pelo trapaceiro. (Para os leitores que não conhecem muito os mistérios do pôquer on-line, qualquer pessoa que quiser pode observar determinada mesa, embora, naturalmente, os observadores não sejam capazes de ver as cartas não reveladas dos jogadores.) Curiosamente, o trapaceiro suspendeu suas duas primeiras mãos antes que o observador aparecesse e em seguida não suspendeu uma única mão antes do *flop* (as três primeiras cartas comunitárias, ou seja, distribuídas à vista de todos) pelos vinte minutos subsequentes, retirando-se antes do *flop* quando outro jogador tinha um par de reis como cartas não reveladas! Esse tipo de trapaça continuou ao longo do torneio.

Os detetives então voltaram sua atenção para esse observador. Ligaram seu endereço de e-mail e o nome de sua conta ao mesmo conjunto de servidores que hospedam o Absolute Poker e também, ao que parece, a um determinado indivíduo aparentemente funcionário do Absolute Poker! Se tudo isso for correto, fica demonstrado exatamente como a

SE VOCÊ NÃO ESTÁ TRAPACEANDO, É PORQUE NÃO TENTOU

trapaça pode ter vazado: alguém do próprio website tinha acesso em tempo real a todas as cartas não reveladas (não é difícil acreditar que essa possibilidade existisse) e vinha transmitindo essas informações a algum cúmplice de fora.

O pôquer on-line é um jogo baseado na confiança — os jogadores mandam dinheiro para um site, convencidos de que o jogo é limpo e confiando em que receberão seus ganhos. Havendo a menor incerteza a respeito de qualquer um desses fatores, o jogador não terá um bom motivo para escolher o site de preferência a muitos outros que são oferecidos. Se eu fosse responsável pelo Absolute Poker, trataria de aprender com tentativas anteriores de acobertamento, sacrificar os trapaceiros e instituir salvaguardas para impedir que a coisa voltasse a acontecer.

Mas provavelmente a verdadeira lição de tudo isso é: quem não é muito inteligente tenta encontrar maneiras de trapacear. E, com alguma sorte e as informações necessárias, quem for mais inteligente poderá apanhá-los no ato.

Atualização:[11] *Segundo o* Washington Post, *o Absolute Poker acabou admitindo que "encontrou uma falha no seu software e está investigando". Pouco depois, a empresa informou aos jogadores que "um assessor de alto nível no seu escritório da Costa Rica violou o software e espionou as cartas dos competidores [...] Numa decisão que contrariou muito os jogadores, no entanto, ela se recusa a identificá-lo ou a entregá-lo às autoridades". O Absolute Poker viria a ser multado por uma comissão governamental, mas não teve sua licença cassada. Enquanto isso, ainda segundo o* Post, *"um novo escândalo envolvendo trapaças está vindo à tona num site irmão do Absolute Poker, UltimateBet.com". UltimateBet reconheceria mais tarde que houve trapaças por parte de funcionários, pagando mais de US$ 6 milhões em indenizações — mais uma vez, contudo, saindo-se apenas com uma multa, sem perder a licença.*

Sonegadores de impostos ou idiotas dos impostos?
(STEPHEN J. DUBNER)

Nem Tom Daschle nem Nancy Killefer vão entrar para o governo Obama. Ambos foram vetados por sonegação de impostos. Tim Geithner, enquanto isso, foi recentemente confirmado como secretário do Tesouro, apesar de problemas fiscais equivalentes.

Deus do céu! Que podemos pensar do código fiscal norte-americano quando pessoas como Geithner, Daschle e Killefer não pagaram devidamente seus impostos?

(Com a expressão "pessoas como" eles, refiro-me a pessoas inteligentes e cultivadas, que passaram em suas carreiras por muitos processos de candidatura e checagem e, sobretudo, têm todos os motivos para pagar direitinho seus impostos.)

Vamos aqui propor um enigma:

a. Se os três estavam deliberadamente trapaceando (e conseguindo se safar até serem submetidos a uma checagem em alto nível), é porque é muito fácil sonegar impostos.

b. Se todos eles apenas erraram com toda honestidade, é porque o código fiscal simplesmente não está funcionando.

c. Se houver uma mistura de trapaça e erros, é porque é muito fácil trapacear e o código fiscal não está funcionando.

Minha opção preferida é a c. Escrevemos certa vez uma coluna sobre sonegação fiscal que continha esta passagem:[12]

A primeira coisa a ter em mente é que a Receita Federal não escreve o código fiscal. O órgão logo trata de apontar o verdadeiro vilão: "Nos Estados Unidos, o Congresso promulga as leis fiscais e exige seu cumprimento por parte dos contribuintes", afirma sua declaração de missão. "O papel da Receita Federal é ajudar a grande maioria de contribuintes honestos a lidar com a lei fiscal, ao mesmo tempo garantindo que a minoria que não a cumpre assuma suas responsabilidades."

De modo que a Receita Federal é como um guarda de rua ou, mais precisamente, o maior contingente de guardas de rua do mundo, com a missão de fazer cumprir leis promulgadas por algumas centenas de pessoas em nome de algumas centenas de milhões, boa parte das quais acha essas leis complexas demais, onerosas demais e injustas.

Talvez o enorme constrangimento causado por essas falhas de grande visibilidade no sistema pelo menos contribua para alguma reforma do código fiscal — como a Declaração Simplificada proposta pelo economista Austan Goolsbee, que costuma ser ouvido por Obama.[13]

Pessoas como Daschle não usariam a Declaração Simplificada, mas tal dispositivo poderia permitir à Receita Federal fisgar sonegações fiscais antes de a história toda ir parar nas audiências de confirmação do Senado.

Será que as "melhores escolas" de Washington estão trapaceando?
(STEVEN D. LEVITT)

Uma investigação do jornal *USA Today* encontrou fortes indícios de trapaça por parte de professores do sistema escolar de Washington, escolas que eram apresentadas como uma grande história de sucesso, em virtude da melhora dos resultados escolares.[14] O principal desses indícios: muitas respostas apagadas, antes consideradas erradas, então passaram a ser consideradas corretas. Os dados são tão absurdos que de fato parecem indicar a ocorrência maciça de trapaça. Não surpreende, por sinal, que o distrito escolar não se mostre muito ansioso por investigar — especialmente considerando-se que os professores dessas escolas receberam polpudos bônus como recompensa pela melhora dos resultados. Na terça-feira, contudo, a responsável interina pelas escolas de Washington, Kaya Henderson, pediu uma investigação.[15]

Quando Brian Jacob e eu investigamos casos de trapaça por parte de professores nas escolas de Chicago, relatados em *Freakonomics*, não recorremos à análise de material apagado.[16] Em vez disso, desenvolvemos novas ferramentas para identificar séries de respostas inverossímeis.

Você poderia perguntar por que não usamos o critério do material apagado, quando representa uma abordagem tão óbvia. Resposta: ao contrário das escolas de Washington, as de Chicago não terceirizavam a correção das provas. O que gerou problemas para as escolas de Washington foi que o prestador do serviço regularmente analisava os padrões de material apagado. O grupo interno que corrigia as provas em Chicago não costumava verificar material apagado; isto só era feito quando havia alguma desconfiança em relação a determinadas salas de aula.

De maneira muito conveniente, havia grande escassez de espaço para estocagem no depósito de Chicago onde as provas eram corrigidas. Isso, naturalmente, exigia que todas elas fossem destruídas e descartadas pouco depois da aplicação do teste.

Certos professores de Washington certamente estão desejando que também houvesse falta de espaço na nossa capital.

Lucrar com a falta de civilidade no trânsito
(STEVEN D. LEVITT)

Dificilmente dirijo hoje em dia. Eu me mudei para um lugar próximo do local de trabalho. Assim, sempre que o faço, a falta de civilidade nas ruas me salta na cara. As pessoas fazem no carro coisas que jamais fariam em outras situações. Buzinar, xingar, furar a fila... E por enquanto estou falando apenas da minha irmã. Os outros motoristas são muito piores.

Um dos motivos óbvios é que o sujeito não tem de enfrentar as consequências de fato. Se alguém furar a fila da checagem de segurança num aeroporto vai estar muito perto, por um bom tempo, das pessoas

SE VOCÊ NÃO ESTÁ TRAPACEANDO, É PORQUE NÃO TENTOU

que insultou. No caso do carro, dá para rapidamente sair de fininho O que significa também que você dificilmente será fisicamente agredido, ao passo que fazer um gesto obsceno ao caminhar pela calçada não tem essa margem de segurança.

Quando eu costumava ir para o trabalho de carro, havia determinado trecho onde a falta de civilidade era especial. (Para quem conhece Chicago, é onde a Dan Ryan converge para a Eisenhower.) Ao terminar a autoestrada, há duas pistas. Uma delas leva para outra autoestrada e a segunda, a uma pista de acesso ao elevado. Dificilmente alguém quer passar por esta última pista. Pode haver um engarrafamento de meio quilômetro para entrar na autoestrada e cerca de 20% dos motoristas no último momento desviam de maneira grosseira e ilegal, depois de fingir que se encaminham para o elevado. Os motoristas honestos que estão na fila se atrasam quinze minutos ou mais por causa dos trapaceiros.

Os cientistas sociais às vezes falam do conceito de "identidade". Trata-se da ideia de que alguém tem determinada visão do tipo de pessoa que é e se sente muito mal quando faz coisas que não estão alinhadas com essa visão. O que leva a pessoa a atos e atitudes que aparentemente não são do seu interesse a curto prazo. Em economia, o conceito foi popularizado por George Akerlof e Rachel Kranton. Eu tinha lido seus estudos, mas em geral meu senso de identidade é tão fraco que nunca entendi muito bem do que eles estavam falando. A primeira vez que realmente percebi foi quando me dei conta de que uma parte importante da minha identidade é que não sou o tipo de pessoa capaz de furar a fila para encurtar minha viagem, ainda que fosse muito fácil fazê-lo, parecendo um absurdo esperar quinze minutos naquela fila interminável. Mas, se tivesse de furar a fila, eu teria de reformular completamente a pessoa que sou.

O fato de não me importar quando o motorista do táxi em que me encontro fura a fila (na verdade, eu até que gosto) provavelmente demonstra que ainda preciso me desenvolver muito do ponto de vista moral.

Tudo isso, na verdade, é apenas para entrar no assunto que realmente me interessa. Eu estava outro dia em Nova York e o motorista do meu táxi furou de repente uma longa fila de carros que saía da autoestrada. Como de hábito, naquele momento gostei de ser um beneficiário passivo do delito. Mas o que aconteceu depois foi ainda mais gratificante para o economista que eu sou. Um policial estava de pé no meio da pista, acenando sobre o ombro para todo carro que furava a fila, enquanto outro policial distribuía multas, como numa linha de montagem. Numa estimativa por alto, os dois distribuíam trinta multas por hora, a US\$ 115 a unidade. Numa conta de mais de US\$ 1,5 mil por policial/hora (presumindo-se que as multas fossem pagas), tratava-se de uma extraordinária fábrica de dinheiro para a prefeitura. E atingindo exatamente as pessoas certas. O excesso de velocidade não prejudica realmente outras pessoas, a não ser de maneira indireta. De modo que, do meu ponto de vista, faz muito mais sentido ir direto atrás dos comportamentos mal-intencionados, como furar fila — o que se encaixa perfeitamente no espírito da filosofia policial das "janelas quebradas" do inspetor de polícia nova-iorquino Bill Bratton. Não estou convencido de que ela diminua significativamente o número de trapaceiros nas ruas, pois a probabilidade de ser apanhado continua infinitamente pequena. Mas a beleza da coisa é que 1) todo motorista que reza direitinho pela cartilha sente um pico de felicidade vendo os grosseirões sendo apanhados; e 2) é uma maneira muito eficiente de punir o mau comportamento.

De modo que minha recomendação às polícias de todo o país é identificar os pontos que se prestam a esse tipo de policiamento e começar a festa.

7

Mas será que é bom para o planeta?

Levante a mão se você for favorável ao desperdício de recursos naturais, à extinção da vida selvagem e a matar definitivamente o melhor planeta que já existiu. Exatamente como prevíamos: não muitas mãos levantadas. De modo que praticamente qualquer ideia para proteger o meio ambiente é considerada uma boa ideia. Mas os números muitas vezes contam uma história diferente.

Será que a Lei das Espécies Ameaçadas é ruim para as espécies ameaçadas?
(STEVEN D. LEVITT)

Meu colega e coautor John List é um dos mais prolíficos e influentes economistas do pedaço.

Ele acaba de escrever com Michael Margolis e Daniel Osgood um estudo com a surpreendente tese de que a Lei das Espécies Ameaçadas — destinada a protegê-las — pode na verdade prejudicá-las.[1]

Por quê? A principal intuição é que, uma vez designada determinada espécie como estando ameaçada, é necessário tomar uma decisão sobre as áreas geográficas que serão consideradas hábitats de importância crítica para essa espécie. Estabelece-se uma série inicial de delimitações e se promovem então audiências públicas, para afinal se chegar a uma decisão quanto às terras que serão protegidas. Enquanto isso, no decorrer do debate, são fortes os incentivos para que interesses privados tentem alcançar territórios que temem ser impedidos de explorar no futuro em virtude das medidas de proteção à espécie ameaçada. A curto prazo, assim, a destruição do hábitat tem probabilidade de efetivamente aumentar.

Com base nessa teoria, List et al. analisam os dados relativos à coruja pigmeia *Cactus ferruginous* perto de Tucson, Arizona. E de fato constatam que o desenvolvimento dos terrenos é consideravelmente apressado nas áreas que serão designadas hábitats de importância crítica.

Esse resultado, juntamente com a observação do economista Sam Peltzman de que apenas 39 das 1,3 mil espécies consideradas em risco chegaram a ser removidas, não pinta um quadro muito otimista da eficácia da Lei das Espécies Ameaçadas.[2]

Viva verde: dirija seu carro
(STEVEN D. LEVITT)

Em matéria de proteção ambiental, nem sempre as coisas são simples como parecem à primeira vista.

Veja-se por exemplo o debate sobre os sacos de papel ou de plástico. Durante alguns anos, qualquer um que optasse pelos sacos de plástico no supermercado podia ser alvo de críticas dos ambientalistas. Agora parece que o consenso se voltou para outra direção, uma vez feita uma avaliação mais cautelosa dos custos.

O mesmo tipo de incerteza paira sobre a escolha de fraldas descartáveis ou fraldas de pano.

Mas pelo menos algumas escolhas estão acima da crítica, do ponto de vista ambiental. É evidentemente melhor para o ambiente se alguém for caminhando até a venda da esquina, em vez de ir de carro, certo?

Pois agora até essa conclusão aparentemente óbvia está sendo questionada por Chris Goodall, através do blog de John Tierney no *New York*

MAS SERÁ QUE É BOM PARA O PLANETA?

Times.[3] E Goodall não é nenhum direitista;[4] trata-se de um ambientalista, autor do livro *How to Live a Low-Carbon Life* [Como levar a vida com pouco gás carbônico].

Escreve Tierney:

> Se alguém caminhar 1,5 quilômetro, calcula o sr. Goodall, e repuser essas calorias bebendo cerca de uma xícara de leite, as emissões de gás carbônico associadas a esse leite (como o metano da fazenda de gado leiteiro e o dióxido de carbono do caminhão de entregas) equivalem mais ou menos às emissões de um carro fazendo a mesma viagem. E, se forem duas pessoas fazendo a viagem, o carro definitivamente seria a opção mais preservadora do planeta.

Será que realmente precisamos de alguns bilhões de consumidores de alimentos locais?
(STEPHEN J. DUBNER)

Fizemos sorvete em casa no último fim de semana. Alguém tinha presenteado uma das crianças há algum tempo com uma máquina de fazer sorvete e finalmente conseguimos usá-la. Decidimos fazer um sorvete de laranja. Levou um tempão, e não ficou muito saboroso, mas o pior foi o preço. Gastamos cerca de US$ 12 em leite, creme de leite, suco de laranja e corante — o único ingrediente que já tínhamos era açúcar — para fazer um litro de sorvete. Pelo mesmo preço, poderíamos ter comprado pelo menos quatro litros (o quádruplo) de um sorvete de laranja muito melhor. No fim das contas, acabamos jogando fora cerca de três quartos do que tínhamos feito. O que significa que gastamos US$ 12, sem contar o trabalho, a energia e os custos de capital (alguém comprou a máquina, ainda que não tenhamos sido nós) para mais ou menos três conchas de um sorvete horroroso.

Como já escrevemos antes, um dos fatos curiosos da vida moderna é que o trabalho de uma pessoa é o lazer de outra.[5] Diariamente, milhões de pessoas cozinham e costuram e cultivam para viver — e há outros milhões que cozinham (provavelmente em cozinhas melhores) e costuram (ou fazem tricô ou crochê) e cultivam (ou fazem jardinagem) porque gostam. Será que faz sentido? Se as pessoas estão atendendo a suas preferências, quem se importa se custa para elas US$ 20 produzir um único tomate-cereja (ou US$ 12 por algumas conchas de sorvete)?

É a pergunta que nos ocorreu outro dia quando recebemos o seguinte e-mail de uma leitora chamada Amy Kormendy:

Mandei recentemente um e-mail a Michael Pollan para fazer a seguinte pergunta e, gentil como é, ele prontamente respondeu: "Boa pergunta, mas não sei", sugerindo que a fizesse a vocês:

Não significaria um gasto mais intensivo dos recursos se todos nós cultivássemos a nossa comida, em vez de pagar a um especialista para cultivar um monte de comida a ser vendida para nós? Não seria, portanto, mais sustentável comprar comida de grandes produtores profissionais?

O professor Pollan parece considerar que estaríamos melhor como sociedade se fizéssemos mais por nós mesmos (especialmente cultivar a nossa comida). Mas não posso deixar de pensar que a economia de escala e a divisão do trabalho inerentes à moderna agricultura industrial ainda representariam as maiores possibilidades de eficiência no investimento de recursos. Os benefícios adicionais de cultivar a própria comida só funcionam se contarmos fatores não quantificáveis como o sentimento de realização pessoal, o aprendizado, o exercício, o bronzeado etc.

Eu entendo perfeitamente o instinto e o desejo de procurar se alimentar com comida comprada localmente. Alimentar-se com produtos cultivados por perto ou, melhor ainda, por nós mesmos deveria ser 1) mais saboroso; 2) mais nutritivo; 3) mais barato; e 4) melhor para o meio ambiente. Mas será mesmo?

MAS SERÁ QUE É BOM PARA O PLANETA?

1. "Sabor" é uma coisa subjetiva. Mas parece óbvio que ninguém seria capaz de cultivar ou produzir todas as coisas que gostaria de comer. Tendo crescido numa pequena fazenda, posso garantir que, depois de receber a minha porção de milho, aspargos e framboesa, eu só conseguia pensar num Big Mac.

2. O valor nutritivo dos alimentos cultivados em casa é inegável. Mais uma vez, contudo, como uma pessoa só pode cultivar algumas variedades, fatalmente haverá em sua dieta falhas nutricionais a serem preenchidas.

3. É mais barato cultivar a própria comida? Não é impossível, mas, como evidencia minha historinha sobre o sorvete, existem aqui enormes problemas de ineficácia. Vamos imaginar que, em vez de apenas eu fazendo sorvete no último fim de semana, fossem todas as cem pessoas que moram no prédio. Gastamos coletivamente US$ 1.200 para merecer cada um algumas conchas de sorvete. Digamos que você decida plantar uma grande horta este ano para economizar. Calcule então tudo que precisará comprar para isso: sementes, fertilizantes, vasos, cordas, ferramentas etc. — além dos custos de transporte e de oportunidade. Realmente está convencido de ter economizado dinheiro cultivando sua própria abobrinha e seu próprio milho? E se mil vizinhos fizessem o mesmo? E aqui vai outro exemplo, fora da esfera alimentar: levantar a sua casa do chão ou comprar uma pré-fabricada. No primeiro caso, você terá de investir em todos os custos de ferramentas, materiais, mão de obra e transporte, além dos infindáveis fatores de ineficácia decorrentes do fato de mobilizar dezenas de caminhões para percorrer o mesmo caminho centenas de vezes, tudo para construir a casa de uma única família — ao passo que as casas industrialmente fabricadas geram enormes oportunidades de eficiência pela convergência de fatores de trabalho, mão de obra, material, transporte etc.

4. Mas cultivar o próprio alimento tem de ser bom para o meio ambiente, certo? Bom, tendo em mente os fatores de ineficiência no transporte mencionados acima, vejamos o argumento dos "quilômetros alimentares" e um artigo recente de Christopher L. Weber e H. Scott Matthews, da Carnegie Mellon, na revista *Environmental Science and Technology*:[6]

> Constatamos que, embora os alimentos em geral sejam transportados em longas distâncias (1.640 km de percursos de entrega e 6.760 km da rede de abastecimento do ciclo de vida, em média), as emissões do efeito estufa (GHG) associadas aos alimentos são dominadas pela fase de produção, que representa em média com 83% das 8,1 toneladas de emissões/ano de CO_2 por consumo de alimentos para cada residência norte-americana. O transporte globalmente representa apenas 11% das emissões de gases do efeito estufa do ciclo de vida e a entrega final do produtor para o varejo contribui com apenas 4%. Os diferentes grupos de alimentos representam um amplo espectro de intensidades desses gases; em média, a carne vermelha é cerca de 150% mais GHG-intensiva que o frango ou o peixe. Desse modo, consideramos que uma mudança de hábitos dietéticos pode ser um meio mais eficaz de diminuir a média dos efeitos climáticos relacionados à alimentação de uma casa do que a preferência por "comprar localmente". A mudança de menos de um dia por semana de calorias da carne vermelha e de laticínios para frango, peixe, ovos ou uma dieta baseada em vegetais gera maior redução de GHG do que comprar todos os alimentos de produtores locais.

Trata-se de um argumento muito forte contra os supostos benefícios ambientais e econômicos do comportamento localista — em grande parte porque Weber e Matthews identificam um fato que quase sempre é ignorado nessa tese: a especialização é implacavelmente eficiente. Ela significa menos transportes, preços mais baixos — e, na maioria dos casos, variedade muito maior, o que, para mim, quer dizer mais sabor e mais nutrição. A mesma loja onde joguei fora US$ 12 em ingredientes para fazer um sorvete vai adorar vender-me sorvetes de muitos sabores, com alternativas dietéticas e os habituais preços mais baixos no caso de produtos de grande demanda.

Ao passo que agora 99% do corante que comprei está encalhado lá em casa e provavelmente ficará na prateleira até eu morrer (de preferência não muito em breve).

Ser ecológico para aumentar o lucro
(Steven D. Levitt)

Um dos temas de discussão mais quentes entre empreendedores é como aumentar os lucros ao mesmo tempo defendendo o meio ambiente. São muitas as maneiras de consegui-lo. Nos hotéis, por exemplo, se as toalhas não forem automaticamente lavadas durante a estada do hóspede, é possível simultaneamente economizar dinheiro e proteger o ambiente. Inovações ecológicas podem ser divulgadas em campanhas publicitárias para atrair clientes. Outro possível benefício de optar por um comportamento ecológico é que ele deixa mais felizes os empregados de espírito ambientalista, aumentando sua lealdade à empresa.

Um bordel de Berlim encontrou outra maneira de usar os argumentos ambientalistas em seu favor: discriminação de preços. Relata Mary MacPherson Lane em matéria da AP:[7]

Os bordéis da capital da Alemanha, onde a prostituição é legal, têm tido prejuízo com a crise financeira mundial. Os frequentadores tornaram-se mais frugais e diminuiu o número dos clientes potenciais que vêm à cidade em viagens de negócios ou para conferências.

Mas a Maison d'Envie viu seus negócios começarem a melhorar de novo desde que começou a oferecer um desconto de cinco euros em julho...

Para obtê-lo, os clientes devem mostrar à recepcionista a chave de um cadeado de bicicleta ou provar que usaram transporte público para chegar ao bairro. Com isso, o preço de 45 minutos num quarto, por exemplo, cai de € 70 para € 65.

Embora o bordel afirme que o motivo do desconto é o desejo de mostrar consciência ambiental, a mim parece mais que a empresa está recorrendo ao bom e velho argumento da discriminação de preços sob disfarce ambientalista.

Os frequentadores que chegam de ônibus ou bicicleta têm maior probabilidade de ter renda mais baixa e ser mais sensíveis aos preços do que os que chegam de carro. Se assim for, o bordel prefere cobrar-lhes preços mais baixos que aos clientes mais ricos. O problema é que, sem uma explicação justificável, os clientes mais ricos ficariam aborrecidos se o bordel tentasse cobrar mais caro deles (e, na verdade, como o bordel poderia saber quem é mais rico, de maneira geral?). O argumento ambiental serve de fachada para que o estabelecimento faça o que de qualquer maneira sempre quis fazer.

Salvando a floresta tropical, um copo de suco de laranja de cada vez
(Steven D. Levitt)

Esta manhã eu estava bebendo suco de laranja Tropicana. A empresa tem uma inteligente campanha de marketing. Se você for ao website e digitar o código que aparece na embalagem do produto Tropicana, eles separam dez metros quadrados de floresta tropical para preservar no seu nome.

Por que inteligente?

Acho que as empresas não aproveitam tanto quanto provavelmente deveriam as oportunidades de associar o consumo de seus produtos a contribuições para ações beneficentes. Não disponho de elementos quantitativos a esse respeito; é apenas uma suspeita. Em geral, contudo, esse tipo de oferta por parte das empresas vem na forma de algo do tipo "Vamos doar 3% dos lucros para X". O percentual costuma ser pequeno, o que não faz a empresa parecer propriamente generosa.

A beleza da oferta relativa à floresta tropical é que dez metros quadrados parecem muita coisa. Pensando bem, não é assim tanta coisa, mas parece que é. E, para alguém acostumado a pensar em preços de terrenos urbanos, dez metros quadrados podem ser caros.

Num cálculo por alto, no lugar onde eu moro custaria cerca de US$ 130 comprar dez metros quadrados de terra para construir. Mas na Amazônia a terra é barata. Alguns sites afirmam que, por US$ 100, separam 4 mil m² de terra na Amazônia para você.

Provavelmente, assim, o verdadeiro custo de 4 mil m², ou um acre de terra, na Amazônia para a Tropicana é de metade, ou cinquenta dólares. Considerando-se o número de metros quadrados num acre, calculo que a terra salva pela minha filha na Amazônia esta manhã valia cerca de onze centavos. Quando perguntei-lhe quanto ela achava que a terra valia, ela disse US$ 20. Quando perguntei a um amigo, ele arriscou US$ 5. Sempre que uma empresa pode abrir mão de algo que vale onze centavos e as pessoas acham que vale US$ 5 ou US$ 20, está fazendo algo certo.

O mais incrível é que mesmo depois de termos avaliado nossa contribuição de onze centavos, ainda nos sentíamos bem pelo fato de termos salvo um pedacinho de terra do tamanho da saleta em que tomávamos o café da manhã.

Que tal embalar as maçãs?
(JAMES McWILLIAMS)

James McWilliams, historiador na Universidade Estadual no Texas, tem escrito textos extraordinários sobre produção alimentar, política alimentar e — como se pode ver pelos dois posts de Freakonomics.com reproduzidos abaixo — a ligação entre os alimentos e o meio ambiente.

As embalagens de alimentos parecem um problema simples com uma solução simples: existem em quantidade excessiva; se acumulam nos depósitos de lixo; deveríamos reduzi-las. São opiniões habituais entre os ambientalistas, muitos deles empenhados em ardorosas campanhas para

QUANDO ROUBAR UM BANCO

empacotar os bens de consumo — inclusive alimentos — em quantidades cada vez menores de plástico, cartolina e alumínio.

Mas a questão é um pouco mais complexa do que poderia parecer. Vejamos, para começar, por que usamos embalagens. Além de proteger os alimentos dos micróbios, a embalagem aumenta consideravelmente sua durabilidade, o que por sua vez aumenta as chances de os alimentos de fato serem ingeridos.

Segundo a Associação de Plantadores de Pepinos, 1,5 grama de embalagem de plástico aumenta a durabilidade do vegetal de três para quatorze dias, ao mesmo tempo protegendo-o de "mãos sujas". Outro estudo constatou que maçãs embaladas numa bandeja coberta com papel-filme têm seu índice de danos (e descarte) reduzido em 27%. Dados semelhantes foram constatados nos casos das batatas e das uvas.[8] Também aqui, embora pareça óbvio demais para ficar repetindo, este fato muitas vezes é esquecido: quanto mais um alimento dura, mais chances tem de ser consumido.

Claro que, se todos nós produzíssemos nossos alimentos, adquiríssemos nossa cesta básica em mercados locais ou aceitássemos produtos danificados ou estragados, a maior durabilidade não seria assim tão importante. Mas a realidade é decididamente muito diferente. A grande maioria de alimentos é deslocada globalmente, permanece nos pontos de venda ou estocagem por longos períodos e passa dias, semanas e mesmo anos em nossas despensas. Desse modo, se aceitarmos o fato de que as embalagens representam uma realidade incontornável do nosso sistema alimentar globalizado, também deveremos estar preparados para estabelecer algumas distinções básicas. (Se você não aceita esse fato, bem, provavelmente não faz sentido continuar lendo.)

Em primeiro lugar, tratando-se de desperdício de alimentos, nem todos os materiais são criados iguais. Os consumidores mais conscientes olham para o produto embalado e torcem o nariz para a embalagem, pois é ela que com mais certeza está destinada ao depósito de lixo. Mas se removermos a embalagem e centrarmos nossa atenção na comida propriamente, temos

152

de nos dar conta de que ela vai apodrecer de forma muito mais rápida do que se não estivesse embalada e, em consequência, tomará o rumo do mesmo lugar que a embalagem: o depósito de lixo. Comida estragada emite metano, um gás do efeito estufa vinte vezes mais potente que o dióxido de carbono. O mesmo não acontece com as embalagens, a menos que sejam biodegradáveis. Se o depósito de lixo for dotado de um processador de metano, algo difícil de acontecer, pode-se transformar o metano em energia. Caso contrário, faz mais sentido mandar a embalagem (e não a comida) para o túmulo ambientalmente incorreto.

Em segundo lugar, tratando-se de economizar energia e reduzir as emissões de gases do efeito estufa, nosso comportamento na cozinha pesa muito mais que o impacto ambiental de qualquer embalagem que venha a ser utilizada para envolver o produto. Os consumidores descartam quantidades muitíssimo maiores de alimentos do que de embalagens — cerca de seis vezes mais. Estimou-se num estudo que os consumidores norte-americanos jogam fora cerca de metade da comida que compram.[9] Na Grã-Bretanha, o Programa de Ação para Desperdício e Recursos — na sigla inglesa, curiosamente, WRAP, significando embalar [de Waste and Resource Action Programme] — afirma que deixar de desperdiçar alimentos em casa equivaleria a retirar "um quinto dos carros das ruas". O diário *The Independent* informa que os alimentos descartados geram o triplo do dióxido de carbono produzido pelo descarte de embalagens de alimentos.

Tudo isto significa que, se quisermos de fato enfrentar o desperdício inerente aos nossos sistemas alimentares, seria melhor reformular nossos próprios hábitos em casa — por exemplo, comprando com uma consciência mais estratégica, minimizando o desperdício e comendo menos — antes de atacar as práticas de embalagem institucionalizadas pelos distribuidores de alimentos.

Enfim, também poderíamos gerar resultados melhores escolhendo alimentos embalados de maneira a reduzir o desperdício em casa. Este ponto não se aplica tanto a produtos alimentícios, mas muitos bens são embalados de maneira a assegurar que os usemos de maneira integral. Apresentam na embalagem características de utilização facilitada, como facilidade de abertura (leite), transparência do invólucro (saladas prontas), tampas reutilizáveis (castanhas), a possibilidade de ser guardados de cabeça para baixo (ketchup) e superfície lisa e sem sulcos onde poderia haver acúmulo de comida (iogurte). Pode parecer estranho, mas é possível que desperdicemos mais energia deixando de raspar o fundo da embalagem do que jogando-a fora quando acabamos de utilizá-la. Considerando-se o alto custo do desperdício de comida, a questão da concepção das embalagens pode ser mais importante que a da sua necessidade ou não.

O desperdício é uma consequência inevitável da produção. Como consumidores, certamente devemos encarar a embalagem de alimentos como uma forma de desperdício e buscar cada vez mais soluções responsáveis nesse terreno. Ao mesmo tempo, contudo, devemos fazê-lo sem recorrer a palavras de ordem para "reduzir as embalagens". Com isso, ao que parece, poderíamos estar fazendo mais mal que bem.

Carnívoros agnósticos e aquecimento global: por que os ambientalistas perseguem o carvão, não as vacas
(JAMES MCWILLIAMS)

Não há ninguém que tenha feito mais para combater as mudanças climáticas do que Bill McKibben. Com livros de séria ponderação, constantes artigos em revistas e, sobretudo, a fundação da 350.org (organização internacional sem fins lucrativos dedicada a combater o aquecimento global), McKibben dedica a vida à salvação do planeta. Mas, apesar da paixão com que abraçou a missão, há algo incrivelmente errado em sua abordagem da redução dos gases do efeito estufa: nem ele nem a 350.org se dispõem a militar ativamente em favor da alimentação vegana.[10]

Considerando-se a natureza do atual discurso sobre as mudanças climáticas, essa omissão talvez não parecesse um problema. Os veganos

MAS SERÁ QUE É BOM PARA O PLANETA?

ainda são considerados "marginais", um grupo restrito de ativistas dos direitos dos animais, gente de pele pastosa e com carência de proteínas. Todavia, como confirma um relatório recente da WPF (World Preservation Foundation, a Fundação para a Preservação do Planeta), ignorar o veganismo no combate às mudanças climáticas é como ignorar o fast-food na luta contra a obesidade.[11] Esqueçam essa história de acabar com o carvão ou os dutos de gás natural. Como evidencia o relatório da WPF, o veganismo representa o caminho mais eficaz para conter as mudanças climáticas globais.

Os elementos de comprovação nesse sentido são respeitáveis. Segundo o estudo, cultivar uma dieta vegana é sete vezes mais eficiente na redução das emissões do que optar por uma dieta com base em carne de produção local. Uma dieta vegana global (de colheitas convencionais) reduziria as emissões em 87%, em comparação com os meros 8% no caso de "carne e laticínios sustentáveis". Considerando-se que o impacto ambiental global dos rebanhos é maior que o do carvão queimado, do gás natural e do petróleo bruto, esse corte de 87% (94% se as plantas fossem cultivadas organicamente) chegaria bem perto de fechar as portas da 350.org, o que estou certo faria de McKibben um sujeito feliz.

Há muitos outros elementos a serem levados em consideração. Muitos consumidores acham que podem substituir frango por carne de boi e mudar sua dieta de maneira significativa. Mas não é exatamente assim. Segundo um estudo de 2010 citado no relatório da WPF, essa substituição permitiria "uma redução no impacto ambiental" de 5 a 13%. Em se tratando da diminuição dos custos da amenização das mudanças climáticas, o estudo demonstra que uma dieta isenta de ruminantes reduziria o impacto em 50%; uma dieta vegana, em mais de 80%. Em nível global, o argumento parece irrecusável: o veganismo global poderia contribuir mais que qualquer outra iniciativa para reduzir as emissões de gases do efeito estufa.

Por que então a 350.org me diz (num e-mail) que, embora esteja "perfeitamente claro" que comer menos carne é uma boa ideia, "nós

QUANDO ROUBAR UM BANCO

não assumimos oficialmente uma posição sobre questões como o veganismo"? Sim, por que diabos não?! Por que uma organização ambiental tão empenhada em reduzir as emissões dos gases do efeito estufa não se opõe oficialmente à maior causa dessas emissões — a produção de carne e derivados? Não parece fazer sentido. Embora eu não tenha uma resposta definitiva, não deixo de ter algumas ideias a respeito.

O problema está em parte no fato de que os ambientalistas, inclusive o próprio McKibben, em geral são agnósticos no que diz respeito à carne. Num recente artigo para a revista *Orion*, McKibben mostra-se como o ambientalista de princípios que é, mas algo confuso frente à questão da carne.[12] O tom é atipicamente engraçadinho, e até populares co, totalmente fora de sintonia com a gravidade das questões ambientais abordadas. Além disso, sua alegação de que "não tenho nenhuma vaca em disputa nessa questão" é uma declaração estarrecedora partindo de uma pessoa tão dedicada à redução do aquecimento global que supostamente deixa seu termostato numa posição baixa durante todo o inverno e evita viajar de férias para não aumentar seu débito pessoal de dióxido de carbono. Eu tenderia a pensar que o sujeito na verdade tem todas as vacas do mundo envolvidas nesse combate.

Voltando, então, à questão que importa: Como explicar esse agnosticismo? O fato de McKibben ter-se deslocado até a Casa Branca recentemente para se opor à construção de um duto de gás natural (sendo por isto detido) é um início de resposta. Imagino que ir parar no xilindró depois de protestar contra um gigantesco projeto de gasoduto é muito melhor para o perfil da 350.org que ficar em casa mascando couve e recomendando que os outros explorem o veganismo. Nesse sentido, comparado com a eliminação do gás natural da areia betuminosa do Canadá, o impacto benéfico do veganismo global não tem a menor importância. O que importa é conseguir uma manchete ou duas.

Donde o "problema" com o veganismo e o ambientalismo. Desde a publicação de *Silent Spring* [Primavera silenciosa], o livro de Rachel Carson sobre o perigo dos inseticidas, o ambientalismo moderno tem dependido

MAS SERÁ QUE É BOM PARA O PLANETA?

de grandes lances de repercussão nos meios de comunicação para animar as bases militantes. Mas o veganismo não chega de fato a servir para isso. Embora represente um grande ato de força individual, à sua maneira, a opção pelo veganismo não se presta propriamente à publicidade sensacional. Os gasodutos e outras intrusões tecnológicas brutas, em compensação, não só são visíveis como nos fornecem com toda clareza vítimas, culpados e uma sombria narrativa de declínio. Acho que essa distinção explica em boa medida a duvidosa posição de McKibben — para não falar do conjunto do movimento ambientalista — a respeito da carne.

Outro motivo do agnosticismo que prevalece no caso da carne tem a ver com a comparação entre a estética dos gasodutos e a das pastagens. Quando os ambientalistas carnívoros se deparam com a questão do gado, quase sempre reagem argumentando que precisamos substituir as fazendas de confinamento dos animais por um pastoreio rotativo. Basta transformar as fazendas animais em pastagens, afirmam. Não surpreende que seja exatamente o argumento de McKibben no artigo de *Orion*, no qual alega que "a mudança das fazendas de confinamento para o pastoreio rotativo é uma das poucas possíveis que têm a mesma escala que o problema do aquecimento global". Tudo isso soa muito bem. Mas a darmos crédito às estatísticas do relatório da WPF, o impacto ambiental dessa alternativa seria mínimo. Então por que todo esse barulho em apoio ao pastoreio rotativo? Eu diria que o interesse subjacente à solução pastoril não é tão calculado, mas irracional: ainda que de maneira imperfeita, os animais de pastoreio imitam padrões simbióticos que já existiam antes que os seres humanos chegassem para estragar tudo. Nesse sentido, o pastoreio rotativo corrobora um dos mitos mais atraentes (ainda que danosos) no cerne do ambientalismo contemporâneo: o conceito de que a natureza é mais natural na ausência dos seres humanos. Em outras palavras, o pastoreio rotativo fala profundamente à estética do ambientalismo, ao mesmo tempo confirmando um preconceito contra o ambiente construído; já um gasoduto, nem tanto.

Um último motivo para o agnosticismo de McKibben, da 350.org e das principais correntes ambientalistas em relação à carne está centrado na ideia das decisões de caráter pessoal. Para a maioria das pessoas, a carne e basicamente algo que cozinhamos e comemos. Naturalmente, é muito mais que isso. Mas, para a maioria dos consumidores, a carne é primeiro que tudo uma decisão pessoal a respeito daquilo que ingerimos e botamos no corpo. Ao contrário, o que vem à cabeça quando você pensa numa antiga usina de energia movida a carvão? Para muitos, aparecerá uma imagem fuliginosa de ambiente degradado. Nesse sentido, a usina a carvão não simboliza uma decisão pessoal nem uma fonte direta de prazer, mas uma intrusão opressiva em nossa vida, deixando-nos um sentimento de invasão e impotência. Eu então me arriscaria a dizer que os ambientalistas não perseguem o carvão, deixando em paz as vacas, porque aquele seja necessariamente mais danoso ao ambiente (o que aparentemente não acontece), mas porque estas significam carne, e carne, por mais que se esteja pensando sobre isso de forma equivocada, significa liberdade na busca da felicidade.

Não quero minimizar o impacto desses fatores. A visibilidade dos gasodutos, o apelo romântico das pastagens e a crença profunda de que podemos comer qualquer coisa que sejamos capazes de empurrar boca adentro não são obstáculos insignificantes. Mas, considerando-se que já está mais que documentada a capacidade do veganismo de enfrentar diretamente o aquecimento global e levando em conta o fato de que as emissões só têm aumentado, por mais que se tente diminuí-las, eu sugeriria que McKibben, a 350.org e o movimento ambientalista como um todo troquem seu agnosticismo carnívoro por uma dose apocalíptica de fundamentalismo vegano.

E aí, cara, você comprou um Prius?
(STEPHEN J. DUBNER)

Lembra quando todo mundo fazia questão de comprar uma cigarreira incrustada de diamantes para não ficar devendo nada aos vizinhos em matéria de sofisticação? Essa exibição de riqueza nos Anos Dourados levou Thorstein Veblen a cunhar a expressão "consumo ostentatório".

MAS SERÁ QUE É BOM PARA O PLANETA?

Pois o consumo ostentório ainda está aqui conosco — sendo hoje saudado com a expressão *bling-bling*. Só que ganhou uma prima sensata: a preservação ostentatória. Enquanto o consumo ostentatório tem o objetivo de mostrar para todo mundo a quantidade de *verdinhas* que você tem, a preservação ostentatória pretende mostrar como você *pensa* verde. Por exemplo, carregar compras num saco com a inscrição "Eu não sou um saco plástico" ou instalar painéis solares no lado da sua casa que dá para a rua — ainda que seja o lado onde só dá sombra.

Produzimos recentemente um episódio de *podcast* sobre a preservação ostentatória, usando uma dissertação de pesquisa escrita por Alison e Steve Sexton, dois candidatos a Ph.D. em Economia que são gêmeos (e também filhos de economistas).[13] A dissertação intitula-se "Preservação ostentatória: o efeito Prius e a disposição de pagar por credenciais ambientais".

Por que visar exatamente ao Toyota Prius? Aqui vai a explicação de Steve Sexton:[14]

> O Honda Civic híbrido parece um Honda Civic comum. O Ford Escape híbrido parece um Ford Escape. De modo que nossa hipótese é que, se o Prius parecesse um Toyota Camry ou um Toyota Corolla, não seria tão popular. O que tentamos fazer neste trabalho foi testar essa hipótese empiricamente.

A pergunta a que realmente queriam responder é a seguinte: Que importância as pessoas de preocupações ambientalistas dão ao fato de serem vistas como pessoas de preocupações ambientalistas? Os Sexton constataram que a "fama verde" do Prius tinha grande valor para seus donos — e, quanto mais verde a vizinhança, mais valioso o Prius se revela.

8

Acertar em cheio

Uma coisa que nós dois temos em comum é o fato de nunca termos crescido. Levitt ainda está preso a fantasias adolescentes de ser jogador profissional de golfe. Dubner ainda idolatra os Pittsburgh Steelers com a intensidade de um torcedor de 11 anos. E nós sempre damos um jeito de ir parar juntos em Las Vegas.

Espero que Phil Gordon vença a World Series of Poker
(STEPHEN J. DUBNER)

O maior acontecimento da World Series of Poker (WSOP) está para começar no Rio Hotel & Casino, em Las Vegas. E por que eu quero que Phil Gordon vença?

Não é apenas por ele ser um bom sujeito ou muito inteligente, nem por causa das suas ações filantrópicas, ou sequer por ser tão alto.

Tem a ver com o jogo chamado pedra, papel e tesoura, também conhecido como Rochambeau.

Levitt e eu estávamos em Vegas recentemente para pesquisas com um grupo de jogadores de pôquer de categoria internacional. Dessa pesquisa fazia parte um torneio filantrópico de Rochambeau organizado por Phil Gordon, com a participação de 64 jogadores, que veio a ser vencido por Annie Duke.

QUANDO ROUBAR UM BANCO

Certa noite, Gordon e seus parceiros do Full Tilt Poker deram uma grande festa no Pure, a luxuosa boate do Caesars Palace. Foi tudo muito grande, barulhento e divertido, e eu tive uma longa e interessante conversa com Phil Gordon sobre algumas coisas. No fim, o papo se encaminhou para o Rochambeau. Conversa vai, conversa vem, e de repente estava lançado um desafio: eu contra Gordon, frente a frente no Rochambeau, numa aposta de US$ 100.

Levitt ficou com o dinheiro. Até que Gordon, cerca de 20 centímetros mais alto que qualquer pessoa que eu conheça, inclina-se na minha direção e diz: "Vou começar com 'pedra'."

E foi o que fez. Eu joguei "tesoura", de modo que ele venceu. Resultado: 1 a 0. Mas eu tinha um trunfo na manga. Comecei a partida com uma "costurada" — ou seja, três gambitos de "tesoura", seguidos de "tesoura" e mais outra "tesoura". Depois de jogar "pedra" inicialmente, Gordon jogou "papel", e depois "papel" de novo. Ficou então 2 a 1 para mim. Finalmente, na quarta rodada, Gordon jogou "tesoura". Mas eu já tinha jogado a minha quarta "tesoura" sucessiva, o que significa que empatamos nessa rodada, ficando o resultado em 2 a 1. Foi quando Gordon inclinou-se diante de mim de novo e disse: "Você sabe que pode jogar algo diferente de 'tesoura', certo?"

Mas as minhas quatro "tesouras" consecutivas — vou chamá-las de uma supercosturada — aparentemente o haviam abalado. Ele se recuperou, chegando a empatar em 2 a 2, e assumiu por breve momento a liderança, com 3 a 2, mas eu empatei de novo, e depois ganhei a vantagem de 4 a 3. Ele conseguiu empatar comigo em 4 a 4, mas, sempre confiante, joguei mais uma "tesoura" e o derrotei por 5 a 4. Ele ficou bem espantado. Pobrezinho. Fiquei sabendo depois que ele detesta jogar "tesoura".

Por que então quero que ele vença o WSOP? Não é por estar com pena de tê-lo vencido. Mais que nunca, estou convencido hoje de que o Rochambeau é um jogo de azar e acontece que eu tive sorte contra um sujeito que realmente é um excelente jogador de pôquer.

Não, o motivo pelo qual eu quero que Gordon vença é simplesmente para poder dizer um dia aos meus netos que venci o campeão do WSOP em alguma coisa, mesmo algo tão sem importância quanto "pedra, papel e tesoura".

MESES DEPOIS...

Regras de Vegas
(STEPHEN J. DUBNER)

Levitt e eu estávamos então em Las Vegas este fim de semana, fazendo uma pesquisa. (Sério: é para uma coluna no *Times* sobre apostas no Super Bowl, a final do campeonato de futebol americano.)[1] Tínhamos algum tempo de folga e decidimos jogar vinte e um. Era véspera de Ano-Novo, por volta de 21h, e estávamos no Caesars Palace. Sentamos numa mesa vazia onde a crupiê, uma simpática jovem de Michigan, mostrou-se muito simpática ao nos ensinar os vários detalhes que nenhum de nós sabia, deixando bem clara nossa inexperiência. Fique com uma das mãos no colo; por exemplo, quando quiser uma carta, dê duas pancadinhas com as cartas no feltro. Se estiver de pé, enfie uma carta debaixo das fichas. E assim por diante.

A certa altura, Levitt pareceu ofegante. Ele tinha o vinte e um, mas apesar disso pedira mais uma carta. A última carta foi um dois. Não que ele não soubesse jogar ou comprar; estava apenas distraído — conversando comigo, segundo alegaria mais tarde — e a crupiê o tinha visto fazer algo, ou deixar de fazer algo, que indicava que queria mais uma carta. De modo que ele estava com quatro cartas: uma carta de figura (valete, dama ou rei, cada uma valendo dez pontos), um quatro, um sete e um dois. A crupiê agia com condescendência. Eu saí em defesa de Levitt, disse que não era nenhum imbecil e certamente não teria conseguido intencionalmente o vinte e um. Ela pareceu ter acreditado em nós. Disse que chamaria seu superior para ver o que poderia ser feito.

QUANDO ROUBAR UM BANCO

Chamou então o supervisor em voz alta. Eu o estava vendo, mas percebia que ele não a ouvia. Vale lembrar que estávamos num cassino na véspera do Ano-Novo; mais barulhento, impossível. Ela continuou chamando e eu continuei vendo que ele não a estava ouvindo, mas ela não se virou realmente para chamá-lo. Para isso, teria de dar as costas à mesa cheia de fichas e, embora Levitt fosse parvo o suficiente para acertar no vinte e um, presumivelmente seria inteligente o bastante para pegar um monte de fichas e sair correndo. (Ou, quem sabe, pensava ela, ele de fato é uma mula e estava se valendo o tempo todo desse truque de acertar no vinte e um para fazer a crupiê dar as costas para a mesa.)

Enfim, eu me levantei e convoquei o supervisor. Quando ele chegou, a crupiê explicou a situação. Aparentemente, ele aceitou a explicação de Levitt.

Em seguida, olhou para mim. "Você queria a carta?", perguntou, referindo-se ao dois que Levitt tirou.

"Bem, agora que entendi, claro que queria", respondi. Eu tinha dezessete; certamente não teria acertado no dezessete, mas com um dois chegaria a um adorável dezenove.

"Tome", disse ele, entregando-me o dois. "Feliz Ano-Novo." A crupiê então pegou uma carta e quebrou.

Não entendo muito de jogo, mas sei que da próxima vez que estiver em Vegas e sentir vontade de jogar vinte e um irei ao Caesars.

E para que você não fique pensando que Levitt realmente é um completo idiota nas apostas: no dia seguinte, entramos na agência de apostas de cavalos, pegamos o formulário e o estudamos cerca de dez minutos para em seguida fazer uma aposta. Ele encontrou um cavalo que nunca tinha disputado uma corrida. Mas viu nele alguma coisa que lhe agradou. Apostou que venceria. E ficou assistindo à corrida por uma das telas gigantes. Foram uns bons sessenta segundos até seu cavalo se acalmar na porteira — achamos até que ele passaria de raspão —, mas ele entrou, as porteiras se abriram e seu cavalo liderou de ponta a ponta. Foi bem mais impressionante que o seu vinte e um.

164

ACERTAR EM CHEIO

ALGUNS MESES DEPOIS...

Atualização da World Series of Poker: Levitt empata um recorde impossível de superar
(STEVEN D. LEVITT)

Fui recentemente a Vegas participar do meu primeiro evento na World Series of Poker (WSOP). Jogar para valer. Cada jogador começava com 5 mil fichas.

Qual foi então esse recorde que eu empatei? O recorde do menor número de bancos vencidos por um jogador num evento da WSOP: zero. Joguei durante quase duas horas e não ganhei uma única mão. Não consegui nem blefar uma vez que fosse. Apesar de ter prometido a Phil Gordon segundos antes do início do torneio que não me deixaria derrubar por ás e rainha, perdi dois grandes bancos com essas duas cartas. (Nas duas vezes, veio um ás no *flop*; em nenhuma delas o adversário tinha um ás; e, ainda assim, perdi nas duas.) Provavelmente joguei mal das duas vezes.

O bom do WSOP é que sempre tem outro evento no dia seguinte. Talvez eu faça outra tentativa amanhã — só dá para melhorar.

NO DIA SEGUINTE...

A uma carta da mesa final na World Series of Poker
(STEVEN D. LEVITT)

Que diferença um dia não faz.

Postei ontem um texto sobre minha primeira incursão na World Series of Poker. A coisa começou e acabou muito mal, sem que eu conseguisse ganhar uma única mão.

Vai saber por que me apresentei então para mais um dia de punição nas mãos dos profissionais do pôquer. A estrutura desse torneio era diferente: uma troca de tiros. Significa que os dez jogadores numa mesa jogam até que um deles fique com todas as fichas. Esse jogador então vai

165

para a rodada seguinte. Depois de duas rodadas assim, os jogadores são reduzidos a nove, que chegam à mesa final.

Meu pessimismo aumentou ainda mais quando descobri que David "O Dragão" Pham ficaria ao meu lado. Ele já ganhou mais de US$ 5 milhões em torneios de pôquer, tem dois braceletes da WSOP [o equivalente ao cinturão de campeão do boxe] e era o titular do campeonato exatamente nesse evento! Entre os dez jogadores da minha mesa, havia pelo menos cinco profissionais no pôquer.

Incrivelmente, após alguns lances de sorte, eu sairia vencedor, cinco horas mais tarde.

Eu precisava vencer mais uma mesa para chegar à mesa final, o que me daria o direito de me gabar pelo resto da vida. Tive a sorte de poder almoçar com Phil Gordon, talvez o melhor professor de pôquer do mundo. Ele explicou então algo que é fundamental para um bom jogo de pôquer, algo que até pode ser óbvio, mas que eu nunca de fato havia entendido. (Trata-se de uma dica valiosa demais para ser transmitida aqui de graça; você terá de comprar um dos livros de Phil.)

A combinação dessa dica com muitas cartas boas me fez deitar e rolar na segunda mesa. Infelizmente, tive de derrubar meu amigo Brandon Adams, um dos melhores jogadores de pôquer do mundo e também um grande escritor.[2] Brandon é um exemplo clássico de custos de oportunidade... ganha tanto dinheiro jogando pôquer que provavelmente nunca vai acabar seu Ph.D. em Economia em Harvard.

Eu me vi com uma vantagem de uma ficha quando a mesa ficou reduzida a apenas eu e um adversário, Thomas Fuller. Depois de 45 minutos, consegui chegar a uma liderança de aproximadamente 2 a 1. Até que perdi muito quando estava com um ás e um rei do mesmo naipe e provavelmente joguei totalmente errado. Com isso, nossas pilhas de fichas ficaram mais ou menos iguais.

Não muito depois viria a mão que acabou comigo. Fuller elevou a aposta como se costuma fazer antes do *flop*. Eu ataquei de rei-sete. O *flop* deu rei-rainha-oito, todos de naipes diferentes. Apostei 7,2 mil fichas e ele fez o *call*. A carta de *turn* foi um sete. Havia agora dois naipes no bordo. Passei, esperando que ele aumentasse e eu por minha vez viesse também a aumentar. E foi o que aconteceu. Ele apostou 8 mil e eu aumentei.

Para minha grande surpresa, ele por sua vez aumentou também. Que será que teria na mão? Eu esperava que tivesse uma dama. Mas talvez ele tivesse K10, KJ, K8, AK ou até dois pares. Ainda assim, eu fui adiante. Voltei a aumentar. E aí ele apostou todas as fichas! Achei que eu estava acabado, mas paguei para ver. Fiquei pasmo quando ele mostrou um seis e um nove. Ele tinha apenas uma pedida de sequência. Estava blefando. Havia na mesa apenas oito cartas que poderiam levá-lo à vitória. Eu tinha 82% de chances de vencer aquela mão. Se o conseguisse, ficaria com mais de 90% das fichas, tendo praticamente certeza de chegar à mesa final. Veio um cinco como quinta e última carta comunitária, ele conseguiu sua sequência e a história de Cinderela chegou ao fim. Eu estava fora do jogo.

Devo reconhecer que, mesmo sendo antissocial como sou, realmente gostei. Foi uma das melhores experiências de jogo que já tive. Na manhã seguinte, contudo, estou sentindo como se tivesse uma terrível ressaca, apesar de não ter bebido uma gota de álcool. Já me conheço o suficiente para saber exatamente do que se trata. Como qualquer outro "bom" jogador, não me importa muito ganhar ou perder, desde que possa passar ao jogo seguinte. Mas, quando as apostas chegam ao fim, é mesmo o fim.

Hoje é o fim para mim. Nada mais de WSOP. Nada mais de apostas por um tempo. "Apenas" uma viagem em família até a represa Hoover e uma longa viagem de avião de volta a Chicago. E quem sabe uma apostazinha de nada nas corridas de cavalos de Hollywood Park.

Por que o gamão não é mais popular?
(STEPHEN J. DUBNER)

Já mencionei anteriormente que adoro jogar gamão. Um leitor escreveu recentemente para perguntar se Levitt e eu costumamos jogar, e sobretudo por que um jogo tão maravilhoso como o gamão não é mais popular.

QUANDO ROUBAR UM BANCO

Infelizmente, Levitt e eu nunca jogamos. Mas foi a segunda parte da pergunta que me fez pensar. De fato, por quê? Sem precisar pensar muito, eu diria:

- Bem, o jogo não é assim tão impopular e há quem diga que talvez esteja ocorrendo uma espécie de ressurgimento. Meu amigo James Altucher e eu temos um jogo corrido (partidas de 101 pontos) que costumamos jogar em lanchonetes ou restaurantes, e quase inevitavelmente uma pequena multidão (ou pelo menos o garçom) fica por perto para observar e conversar sobre o jogo...
- Dito isto, sim, é um jogo marginal. Por quê? Eu diria que é porque muita gente joga sem apostar ou pelo menos sem usar o cubo de apostas. Sem o cubo, um jogo que pode ser complicado e estratégico muito facilmente descamba para uma tediosa disputa de dados. Usando-se o cubo, especialmente com a aposta de dólares por pontos, o jogo muda completamente de figura, pois as mais empolgantes e difíceis decisões têm mais a ver com o cubo do que com o tabuleiro.
- Por que o jogo propriamente com tanta frequência se revela desinteressante? Não me interpretem mal: eu adoro jogar gamão. Mas a verdade é que as alternativas de jogadas são muito poucas. Ou seja, em muitos lances, fica evidente que há uma ou talvez duas jogadas ideais que praticamente se equivalem. Quando já são conhecidas essas jogadas, o jogo é limitado, sendo necessário apostar algo para torná-lo interessante. Ao contrário do xadrez, por exemplo, no qual as alternativas e estratégias são bem mais diversificadas.

Este último ponto, apesar de sustentável, levou-me a tentar imaginar: Em qual percentagem de lances do gamão haveria claramente um movimento ideal — em comparação, por exemplo, com o xadrez?

Como James é um esplêndido enxadrista, além de excelente jogador de gamão (e de maneira geral um sujeito inteligente), eu lhe fiz a pergunta. Vale a pena compartilhar sua resposta:

ACERTAR EM CHEIO

É uma pergunta interessante. Primeiro, vamos definir "ideal".

Digamos que um programa tenha uma função de avaliação (FA). Dada determinada posição, a FA fornece um número de um a dez com base no interesse da posição para a pessoa que está jogando. Se for dez, a pessoa vai querer chegar a essa posição. A FA é uma função de várias heurísticas somadas (o número de pessoas no centro, quantos *pips* [casas] eu estou à frente na corrida, quantas casas controlo, quantas peças soltas tenho etc.). Ao chegar minha vez, o computador examina todos os meus movimentos iniciais e identifica o que resulta na melhor FA. Passa então a examinar todas as reações do meu adversário a cada movimento, identificando as que resultam na FA mais baixa para mim (o que agora se propaga, transformando-se na FA do meu movimento inicial). Em seguida, avalia todas as minhas reações às reações do adversário, encontrando as que apresentem melhor FA (e fazendo de novo a propagação). Isso é chamado de mín-máx. Averiguar apenas os melhores movimentos é conhecido como busca alfa-beta, sendo a maneira como funciona a maioria dos programas de jogos.

A questão, portanto, é saber o que é "ideal". Numa escala de um a dez, se determinado movimento for três vezes melhor que o seguinte, poderia ser considerado ideal? Digamos que seja.

No xadrez, é fácil identificar jogadas ideais. Se a torre de alguém comer minha rainha, eu posso atacar sua rainha e as contas ficam acertadas. É de longe o único movimento ideal. Outros movimentos ideais levam ao xeque-mate ou a grandes jogadas. Caso contrário, provavelmente não será ideal de fato. Num típico jogo de xadrez, talvez 5% dos movimentos tenham valor maior que o de um peão.

No gamão, eu diria que são 10%. E digo isso com base em experiência com o Backgammon NJ [um excelente programa, por sinal] e em conversas com programadores de jogos eletrônicos de gamão, e estou dizendo 10% em vez de 5% porque o gamão é ligeiramente menos complexo que o xadrez. Mas não é um jogo simples. Para se tornar um mestre em gamão, provavelmente é necessário estudar quase tanto, mas não exatamente o mesmo.

Espero que tenha ajudado.

Sim, James, de fato ajuda, pois agora sei um pouco mais sobre a maneira como você encara o gamão, o que eu precisava desesperadamente para finalmente derrotá-lo em nossas partidas de 101 pontos. Obrigado!

Quais as minhas chances de chegar ao Champions Tour (ou pelo menos jogar a bola de golfe realmente longe)?
(STEVEN D. LEVITT)

Apesar de não ser muito bom no golfe, minha fantasia secreta é um dia jogar no Champions Tour, o torneio de golfe profissional para os cinquentões. Ao me aproximar do meu quadragésimo quarto aniversário, caiu a ficha de que está na hora de encarar com seriedade o desafio.

A melhor maneira de gastar meu tempo se realmente quisesse chegar ao torneio, suponho, seria praticar mais. Meu amigo Anders Ericsson popularizou o número mágico de 10 mil horas de prática para se tornar um especialista.[3] Dependendo do que exatamente consideramos prática, num cálculo por alto eu acumulei cerca de 5 mil horas de prática de golfe ao longo da vida. Considerando-se a mediocridade do meu jogo depois das primeiras 5 mil horas, contudo, não posso esperar com otimismo que as próximas 5 mil me levem a algum lugar.

Assim, estou dedicando algum tempo hoje a tentar imaginar quanto ainda precisarei para me aperfeiçoar. Os melhores participantes do Torneio da Associação de Jogadores Profissionais de Golfe em geral não têm handicaps regulares, sendo considerados equivalentes a Plus 8 na escala de handicaps — ou seja, oito tacadas melhores que um jogador de nível *scratch*. Eu me considero um handicap seis. Isso significa que, numa primeira abordagem, se eu acertasse hoje dezoito buracos diante dos melhores jogadores do mundo, estaria perdendo por quatorze tacadas.

A probabilidade de que eu venha a melhorar em quatorze tacadas nos seis próximos anos é fácil de estimar: zero.

ACERTAR EM CHEIO

Felizmente, meu objetivo não é ser o melhor jogador de golfe do mundo, mas apenas o pior do Champions Tour. Não pode ser tão difícil assim, pode?

Comecei então a tentar avaliar o quanto o sujeito é pior do que os melhores jogadores de golfe do mundo. Uma comparação direta é difícil, pois os menos dotados do Champions Tour raramente jogam contra os Tiger Woods deste mundo. As estrelas do Champions Tour, contudo, de fato jogam eventualmente numa partida do Torneio da Associação (Associação dos Jogadores Profissionais de Golfe). Consegui encontrar dezenove jogadores que competiram em ambos os torneios em 2010. Em geral, esses jogadores tinham uma média de tacadas de 70,54 ao jogar no Champions Tour, contra uma média de 71,77 jogando em eventos do Torneio da Associação. O que parece indicar que de maneira geral uma partida do Champions Tour é pouco mais de uma tacada mais fácil que uma típica partida do Torneio da Associação de Jogadores Profissionais de Golfe.

Os principais jogadores do Torneio da Associação obtêm índice médio de resultados um pouco abaixo de setenta tacadas por rodada, o que significa que o escalão superior dos jogadores sênior é aproximadamente duas tacadas pior por rodada que os melhores jogadores do mundo. Os que apresentam desempenho mais baixo no Champions Tour conseguem por volta de 73 nas partidas do torneio, o equivalente a cerca de duas tacadas e meia pior que os melhores jogadores na categoria sênior. Se os melhores jogadores do mundo são de handicap Plus 8, significa que os "maus" jogadores do torneio sênior estão entre Plus 3 e Plus 4.

O que equivale a "apenas" nove ou dez tacadas por rodada melhor que eu. Com certeza, eu consigo chegar lá! Se conseguir espremer apenas uma tacada de aperfeiçoamento para cada quinhentas horas adicionais de prática, quando chegar a completar 10 mil horas eu serei um Plus 4.

Com esse objetivo em mente, comecei recentemente a tomar aulas de golfe pela primeira vez desde os treze anos de idade. Um dos motivos para a escolha do meu novo treinador, Pat Goss, é o fato de ele ter cursado especialização em Economia na Northwestern University. Achei que ele talvez entendesse minha maneira de pensar.

No nosso primeiro encontro, Pat disse que eu me movimento para dar a tacada como um personagem do filme *Clube dos pilantras* e perguntou o que eu espero do golfe.

Respondi com total honestidade: "Quero jogar no Champions Tour. Mas, se você chegar à conclusão de que nunca serei bom o suficiente para isso, tenho um objetivo bem diferente. Nesse caso, não estou nem aí para qual acabe sendo o meu handicap. Quero apenas ser capaz de atirar a bola o mais longe possível, mesmo que não consiga ganhar um trocado."

Acho que ele não está acostumado a receber respostas sinceras para essa pergunta, pois começou a rir de tal maneira que quase caiu no chão.

O lado bom é que, seis aulas depois, ainda estamos tentando aperfeiçoar meus lances de curta distância, o que parece indicar que ele considera que sou capaz de realizar meu sonho de participar do torneio.

Ou talvez esteja apenas maximizando seus rendimentos. Afinal, é formado em Economia.

Dez mil horas depois: e o Torneio da Associação?
(STEVEN D. LEVITT)

Na última primavera, escrevi jocosamente (tudo bem, talvez nem tão jocosamente) sobre minha tentativa de chegar ao Champions Tour, o torneio profissional de golfe para cinquentões. Nessa postagem, fiz referência às ideias de Anders Ericsson, segundo quem, com 10 mil horas de boa prática, praticamente qualquer um pode adquirir proficiência internacional em qualquer coisa. Passei 5 mil horas praticando golfe, de modo que, se encontrasse tempo para outras 5 mil, seria capaz de competir com os profissionais. Ou pelo menos é o que diz a teoria. Mas meus resultados aparentemente contam uma história diferente!

Acontece que existe alguém numa busca semelhante, só que o cara é mortalmente sério. Alguns anos atrás, Dan McLaughlin, então na casa dos vinte, decidiu que queria participar do Torneio da Associação de

ACERTAR EM CHEIO

Jogadores Profissionais de Golfe. Não importava que tivesse jogado golfe apenas uma ou duas vezes na vida, e ainda assim saindo-se bem mal. Ele conhecia o argumento das 10 mil horas e achava que seria divertido testar. Assim, largou o emprego, encontrou um treinador de golfe e desde então vem dedicando sua vida ao esporte. Até agora, já completou 2,5 mil horas, relatando o percurso em thedanplan.com.*

Algum tempo atrás, estive em Bandon Dunes, o paraíso dos jogadores de golfe no litoral do Oregon. Lá, encontrei Dan e tivemos a oportunidade de jogar 36 buracos juntos. Passamos bons momentos e foi fascinante conhecê-lo, e ao seu estilo de jogar.

O profissional que o vinha orientando tinha um plano bem inusitado, para dizer o mínimo. Nos seis primeiros meses de prática, Dan podia apenas dar tacadas leves. Literalmente, ele se postava num terreno apropriado para isso durante seis a oito horas por dia, seis ou sete dias por semana, dando uma tacada leve depois da outra. São quase mil horas de tacadas leves antes de sequer tocar num outro tipo de taco. Em seguida, recebia uma cunha, usando-a e ao *putter*, o taco para tacadas leves, por mais alguns meses, até chegar a um taco *eight iron*. Só depois de um ano e meio de treinamento — o equivalente a 2 mil horas de prática — é que ele teve nas mãos pela primeira vez um *driver*, um taco de longa distância.

Eu entendo essa lógica básica de começar perto do buraco (afinal, a maioria destacadas no golfe ocorre mesmo perto do buraco), mas na minha cabeça de economista a coisa soa como uma péssima estratégia, por pelo menos dois motivos.

Primeiro, um dos principais fundamentos da economia é o que chamamos de rendimentos marginais decrescentes. O primeiro pedacinho de alguma coisa gera grandes lucros; quanto mais se faz determinada coisa, menos valiosa ela é. Por exemplo, a primeira casquinha de sorvete é deliciosa. A quarta, nauseabunda. O mesmo deve se aplicar às tacadas

---

*No momento em que escrevo (janeiro de 2015), Dan tem apenas 4,2 mil horas a cumprir, e seu handicap desceu para 3,1.

leves. A primeira meia hora é divertida e envolvente. Ao fim da oitava hora consecutiva, deve ser absolutamente embotador. Não consigo imaginar que uma pessoa seja capaz de focar exclusivamente em tacadas leves, não durante um dia inteiro, mas por meses e meses sem fim.

Depois, minha experiência indica que os diferentes aspectos do golfe se intercomunicam. Certas coisas que sentimos dando tacadas leves contribuem para a plenitude do movimento amplo. Às vezes, sinto o que devia fazer com um taco de longa distância, o que me ajuda com os tacos de ferro para curtas distâncias. Outras vezes, é o contrário que acontece. Passar meses e meses apenas nas tacadas leves sem a menor ideia do que significa um *full swing* para mim não faz sentido.

Será então que a estratégia está funcionando? Depois de 2,5 mil horas, Dan continua empolgado com o golfe, o que em si mesmo já é uma vitória. Seu handicap é onze, o que significa que está a quinze ou dezesseis tacadas por rodada de se qualificar para o Torneio da Associação. Isso significa que terá de se descartar de uma tacada para cada quinhentas horas de prática daqui para a frente. Desconfio de que ele possa manter esse índice de aperfeiçoamento pelos próximos milhares de horas, mas depois disso a puxada será difícil.

Qualquer que seja o resultado, estarei torcendo por ele. Em parte porque é um bom sujeito, mas também porque me prometeu entradas grátis para o U.S. Open de 2016, mas só se se classificar.

Levitt está pronto para o Torneio Sênior
(Stephen J. Dubner)

Levitt não esconde seu desejo de se tornar um jogador de golfe bom o suficiente para um dia participar do Champions Tour, o torneio para jogadores de 50 anos ou mais.

Depois de assistir a seu incrível desempenho na semana passada, estou achando que ele de fato tem chances de ir parar no torneio profissional sênior. Mas não de golfe.

ACERTAR EM CHEIO

Passei dois dias em Chicago trabalhando com Levitt. Depois de um longo dia, saímos para jantar num restaurante perto da Universidade de Chicago, chamado Seven Ten. Ele oferece comida, cerveja e uma pista de boliche — ou melhor, duas, mas nada muito especial. Boliche à moda antiga.

Depois da refeição, tentei convencer Levitt a jogar uma partida ou duas comigo. Mas ele não estava interessado. Disse que temia comprometer seus movimentos de tacada no golfe. (Pelamordedeus!) E disse que ficaria me vendo jogar. Não consigo imaginar nada menos divertido que jogar boliche sozinho, a não ser alguém sentado vendo você jogar sozinho. Resolvi então mentir e lhe disse que jogar boliche provavelmente seria bom para seus movimentos no golfe — o peso da bola podia liberar suas articulações, blá-blá-blá etc.

Ele acabou concordando quando eu propus que o perdedor pagasse o jantar.

Conseguiu então encontrar uma bola menos pesada que coubesse nos seus dedos e na primeira rodada jogou como se fosse uma bola de *duckpin*. Perdeu todas. Eu estava me sentindo muito bem quanto à aposta. Por uma questão de amizade, sugeri que ele experimentasse uma bola mais pesada. Foi o que ele fez. E em seguida optou por uma ainda mais pesada, dizendo que estava bem acima da sua média. E venceu.

Não havia nada de impressionante nas suas jogadas: embora ele seja destro, jogava da esquerda para a direita e não imprimia movimento à bola. Mas derrubava os pinos.

Claro que eu então sugeri que jogássemos uma segunda partida. Ele disse que não estava com vontade, mas acabou cedendo.

Começou com um *spare* e continuou com um tri-ligue — três strikes seguidos. Incrível! Depois, dois *frames* abertos. Aparentemente sua sorte tinha acabado. Mas não: ele voltou a atacar com mais quatro *strikes* consecutivos. É difícil dizer como tudo isso parecia improvável, e de fato era. Ele acabou com 222. Duzentos e vinte e dois! O boliche era minha disciplina de Educação Física na faculdade e o meu pico ao longo de toda a carreira foi 184.

Ao voltarmos para sua casa, Levitt foi dar uma olhada na lista dos melhores da Associação de Jogadores Profissionais de Boliche: com uma média de 222, qualquer um ficaria entre os vinte melhores. E ele chegou aos 222 fazendo diagonais na pista, com uma bola pesada, depois de um grande jantar, uma cerveja e um dia de trabalho.

A melhor explicação que encontro é que a dedicação maníaca de Levitt ao golfe e especialmente milhares de horas de prática nas jogadas curtas podem tê-lo inadvertidamente transformado num dínamo do boliche. Ou então ele estava mentindo sobre sua média habitual e simplesmente montou uma armadilha para me fazer pagar o jantar.

Em qualquer dos casos, foi uma proeza bem impressionante. Infelizmente, não é provável que ele consiga participar do torneio sênior da associação de boliche: querendo sair por cima, ele jurou nunca mais jogar de novo.

Sempre coerente, Levitt nunca mais voltou a tocar numa bola de boliche.

Aversão à derrota no futebol americano
(STEPHEN J. DUBNER)

Os treinadores de futebol americano são sabidamente muito conservadores em matéria de jogadas arriscadas, pois uma única decisão equivocada (e até mesmo uma boa decisão que acaba não funcionando) pode significar a perda do emprego. No jargão da economia comportamental, eles são "avessos à perda"; segundo este conceito, criado por Amos Tversky e Daniel Kahneman, sofremos mais com a perda de X do que sentimos prazer com um ganho de X. Quem tem aversão à perda? Praticamente todo mundo: operadores de bolsa, monges capuchinhos e especialmente treinadores de futebol americano.[4]

Por isso é que a última jogada da partida de ontem entre Kansas City Chiefs e Oakland Raiders foi tão interessante. Faltando apenas 5 segundos, o treinador dos Chiefs, Dick Vermeil, precisava tomar uma

ACERTAR EM CHEIO

decisão difícil. Seu time estava perdendo por três pontos, com a bola no campo dos Raiders. Se os Chiefs arriscassem uma jogada sem acertar, provavelmente não teriam tempo para outra e acabariam perdendo. Se chutassem para o gol, o jogo seria prorrogado — e, embora os Chiefs estivessem jogando em casa, os Raiders tinham tocado a bola com facilidade na última parte do jogo e Vermeil, segundo reconheceria mais tarde, temia que levassem a melhor na moeda para o alto da prorrogação e rapidamente acertassem, vencendo o jogo sem que os Chiefs sequer tivessem oportunidade de se recuperar.

Retrospectivamente, podemos ver que não foi um jogo tão difícil assim. Tendo de escolher entre a) um ganho muito significativo se o seu time conseguisse a manobra relativamente simples de fazer a bola avançar meio metro; ou b) um resultado indefinido, com probabilidade igual de terminar em derrota ou vitória, Vermeil fez o que qualquer um de nós provavelmente faria se não houvesse milhões de pessoas nos vigiando, prontas para nos criticar: optou pelo tiro em gol.

Vermeil mandou o *running*, Larry Johnson mergulhou na *end zone* e os Chiefs venceram. Manchete de primeira página no *USA Today*: "Aposta arriscada dos Chiefs dá resultado em casa: Kansas City derruba Oakland com tiro de meta depois de desistir de chutar do campo na última jogada da partida."

O fato de a decisão de Vermeil ter chegado à manchete do jornal é um bom indicador de como é raro um treinador assumir um risco dessa natureza. Eis o que ele diria mais tarde aos repórteres: "Uau! Fiquei com medo. Pensei estar velho demais para esperar. [Vermeil completou recentemente 69 anos.] Se não tivéssemos conseguido, vocês teriam se divertido à beça. Não foi nada de impulso. Era mesmo o que tínhamos de fazer."

Parabéns a Vermeil por ter feito uma escolha certa que deu certo. Vamos esperar que alguns de seus colegas fiquem com inveja de toda a atenção que ele está conseguindo por ter feito essa aposta sábia e tratem de imitá-lo.

Bill Belichick é o máximo
(STEVEN D. LEVITT)

Respeito Bill Belichick hoje mais que nunca.

Na noite passada, ele tomou nos últimos minutos uma decisão que causou a derrota dos seus New England Patriots. Provavelmente ficará como uma das mais criticadas decisões jamais tomadas por um treinador de futebol americano. Estando o seu time na liderança por seis pontos e faltando apenas 2 minutos de jogo, ele decidiu apostar num *fourth down* do seu lado do campo. O seu ataque não conseguiu o *first down* e os Indianapolis Colts rapidamente forçaram a bola para o gol.

Ele foi violentamente criticado pela decisão. Praticamente todo mundo concorda que foi um terrível equívoco.

Mas aqui vai por que respeito tanto Belichick. As informações disponíveis parecem indicar que ele de fato fez o que tinha de fazer se o seu objetivo era vencer a partida. O economista David Romer estudou dados coletados ao longo de anos e constatou que, ao contrário do que afirma o senso comum, os jogadores parecem exagerar em matéria de chutes na bola quando está no ar.[5] Optar por um *first down* numa série de quatro em terreno curto no próprio território tem probabilidade de aumentar as chances de vencer (embora apenas ligeiramente). Mas Belichick devia saber que, em caso de fracasso, seria violentamente criticado.

Se o seu time tivesse conseguido o *first down* e acabasse vencendo, ele teria sido muito menos elogiado do que foi criticado por perder. Temos então, aqui, o que os economistas chamam de "problema de agente principal". Embora fazer a aposta aumente as chances de vitória do seu time, um técnico preocupado com a própria reputação vai optar por fazer a coisa errada. Vai mandar chutar de longe só porque não quer ser o bode expiatório. (Constatei a mesma coisa na minha pesquisa sobre as cobranças de pênalti no futebol; chutar bem no meio é a melhor estratégia, mas é tão constrangedor quando dá errado que os jogadores não fazem essa escolha com frequência.)[6] O que Belichick provou ontem à noite ao fazer sua aposta foi que 1) está a par das informações; e 2) está mais preocupado em vencer do que em qualquer outra coisa.

Qual a real vantagem de jogar em casa? E por quê?[7]
(STEPHEN J. DUBNER)

Os times que jogam em casa realmente levam vantagem?

Com toda certeza. No seu livro *Scorecasting*, Toby Moscowitz e Jon Wertheim fazem uma útil compilação do percentual de jogos em casa vencidos por times de todos os grandes esportes. Alguns conjuntos de dados remontam mais atrás que outros (os números do beisebol da liga profissional estão registrados desde 1903; os da liga de futebol americano "apenas" desde 1966; e os da liga de futebol desde 2002), mas em todos os casos os dados são suficientemente abrangentes para serem concludentes:

Esporte	Jogos vencidos em casa
MLB (beisebol)	53,9%
NHL (hóquei)	55,7%
NFL (futebol americano)	57,3%
NBA (basquete)	60,5%
MLS (futebol)	69,1%

Difícil, portanto, argumentar contra a vantagem do jogo em casa. Na verdade, Levitt escreveu certa vez uma dissertação acadêmica sobre o acerto de apostar (shh!) em perdedores de casa.[8] Voltaríamos a tratar do assunto no *Times*.[9]

Mas por que existe essa vantagem? São muitas as teorias a respeito, entre elas:

- "Dormir na própria cama" e "comer comida caseira".
- Maior familiaridade com o campo.
- Apoio da torcida.

Tudo isso faz sentido, não é mesmo? Em *Scorecasting*, Moscowitz e Wertheim reúnem dados para testar uma série de teorias populares. Você pode ficar surpreso (e talvez decepcionado) com a conclusão a que chegam:

> No beisebol, os atletas jogando em casa não parecem sair-se melhor [...] como tampouco no futebol americano. Não há indicações de que a torcida ajude o time da casa ou prejudique os visitantes. Descartamos da relação de itens as chamadas "vicissitudes da viagem". E, embora as desvantagens da agenda de jogos contra o time que viaja expliquem em parte a vantagem do que joga em casa, especialmente nos campeonatos universitários, o fato é que acaba sendo irrelevante em muitos esportes.

Se essas explicações correntes não contribuem muito para explicar a vantagem do jogo em casa, como explicá-la?

Resumindo: os árbitros. Moscowitz e Wertheim constataram que os times jogando em casa recebem em essência um tratamento ligeiramente preferencial dos árbitros, como no caso de uma falta que, no futebol, leva a uma cobrança de pênalti. (Vale notar que um árbitro de futebol tem mais margem de manobra para influenciar no resultado de um jogo do que os de outros esportes, o que ajuda a entender por que a vantagem de jogar em casa é maior no futebol, em todo o mundo, do que em qualquer outro esporte profissional.)

Moscowitz e Wertheim também deixam clara, contudo, uma nuance importante: o favoritismo dos árbitros muito provavelmente é involuntário.

Que significa isso? Que os árbitros não decidem conscientemente dar vantagem ao time de casa — e sim, sendo seres sociais (e seres humanos) como qualquer um de nós, assimilam a emoção da torcida local e, de vez em quando, dão uma apitada que deixa muito feliz uma multidão de pessoas barulhentas que estão bem por perto.

Um dos argumentos mais eloquentes (e inteligentes) em favor dessa teoria pode ser encontrado numa pesquisa de Thomas Dohmen sobre a vantagem de jogar em casa nas partidas da Bundesliga, a primeira divisão do futebol profissional da Alemanha.[10]

Dohmen constatou que a vantagem era menor nos estádios dotados de pista de corrida ao redor do campo de futebol e maior nos estádios sem pista.

Por quê?

Ao que parece, quando a multidão está mais próxima do campo, os árbitros são mais suscetíveis de serem envolvidos na empolgação da torcida. Ou, no dizer do próprio Dohmen:

> O clima social no estádio leva os juízes ao favoritismo, embora a imparcialidade seja ideal para que consigam maximizar as probabilidades de voltarem a ser designados.

Parece, portanto, que o apoio da torcida de fato importa — embora não da maneira como você podia estar pensando. Tenha isso em mente da próxima vez que estiver se esgoelando num jogo de futebol. É bom estar certo de quem deve ser o alvo dos seus gritos.

Dez motivos para gostar dos Pittsburgh Steelers
(STEPHEN J. DUBNER)

Depois dos atentados terroristas de 11 de setembro em Nova York, muita gente escreveu ou telefonou para perguntar se minha família e eu estávamos bem. Algumas dessas pessoas eram na melhor das hipóteses conhecidos casuais, mas em muitos casos eu era a única pessoa que conheciam vivendo em Nova York. Sua preocupação era comovedora, ainda que, à primeira vista, algo surpreendente.

Nas duas últimas semanas, fui lembrado dessas manifestações, ao receber e-mails e telefonemas de pessoas me cumprimentando pela volta dos Pittsburgh Steelers ao Super Bowl, contra os Cardinals. Imagino que, mais uma vez, para muitas dessas pessoas, sou o único torcedor dos Steelers que conhecem.

Fico encabulado de aceitar cumprimentos por algo insignificante como torcer por um time que por acaso vence uma série de jogos de futebol. Simplesmente não tenho nenhum crédito nisso. Embora de fato tenha levado meu filho menor, torcedor fanático, a Pittsburgh para um jogo em cada um dos três últimos campeonatos, os Steelers perderam todos eles! Considerando-se que seu placar total em casa nesse período foi de 13 a 6, parece evidente que eu não sou nenhum amuleto.

Com muita sorte vem também grande responsabilidade; contudo, e assim, para retribuir essa grande sorte, aceito aqui a responsabilidade de expor alguns motivos para gostar dos Steelers. Não estou querendo converter ninguém; apenas forneço munição para os indecisos.

1. Embora os Steelers estejam tentando bater um recorde e chegar à sexta vitória no Super Bowl, em seus quarenta primeiros anos de existência eles se mostraram quase incomparavelmente ruins. De modo que, tenda você a optar por vencedores prolíficos ou adoráveis perdedores, os Steelers sempre poderão atendê-lo. Na década de 1930, eles gastaram um dinheirão para contratar a estrela do futebol americano universitário Byron "Whizzer" White. Ele jogou incrivelmente, mas ficou apenas um campeonato; desenvolveria em seguida uma carreira ligeiramente mais marcante como juiz da Suprema Corte norte-americana.

2. Os Steelers são propriedade majoritariamente da mesma família, os Rooney, desde a fundação do time em 1933. Corre a história de que Art Rooney comprou a equipe por US$ 2,5 mil com os ganhos de um dia de sorte excepcional nas corridas de cavalos de Saratoga — ele era um entusiástico apostador e um adorável canalha —, mas a história provavelmente é apócrifa. O time já está na terceira geração de gestão familiar e, em matéria de famílias,

os Rooney podem ser considerados exemplares: honrados, caridosos, humildes e outras virtudes mais. (Se você gosta de Barack Obama, tanto mais motivos terá para apreciá-los. Dan Rooney, o presidente do time, 76 anos, foi republicano a vida inteira, mas no ano passado apoiou Obama desde o início e fez campanha com afinco em toda a Pensilvânia. Seria exagero afirmar que Rooney fez a eleição pender em favor de Obama, mas são poucas no estado as marcas com a força do nome Steelers, de modo que certamente não atrapalhou.) A própria família tem orgulho de administrar um time de futebol que reflita seus valores — os Steelers são conhecidos como um time "de caráter", o que faz com que seja interessante observar o que acontece quando um jogador dá mostra de mau caráter. No início do atual campeonato, quando o atacante Santonio Holmes foi interpelado pela polícia de posse de maconha (ele vendia drogas na adolescência, segundo se revelou), o time o suspendeu por uma semana. O que nem seria obrigatório; Holmes sequer chegara a ser detido. Mas o aviso fora dado.

Enquanto isso, um atacante do San Diego Chargers, Vincent Jackson, foi detido por suspeita de dirigir embriagado dias antes da chegada dos Chargers recentemente a Pittsburgh para um jogo decisivo. O time limitou-se a emitir uma nota pró-forma do tipo "vamos acompanhar a situação", e Jackson jogou como se nada tivesse acontecido.

3. Myron Cope era um escritor de talento que se tornou locutor dos Steelers, apesar da voz de gralha.[11] E que não se cansava de ser original; entre suas pérolas no ar, "Yoi!", ou, quando acontecia algo realmente empolgante, "Duplo Yoi!", Cope, que morreu no ano passado, sabia encontrar o exato equilíbrio entre entusiasmo e realismo, o que o transformou numa instituição em Pittsburgh. Mas sua realização mais memorável sem dúvida é a invenção da

QUANDO ROUBAR UM BANCO

Terrível Toalha, uma bandeira de tecido atoalhado no característico dourado dos Steelers que pode ser vista em toda parte aos domingos, tremulando loucamente ao sol de Tampa. Muitos outros times copiaram a ideia, mas em nenhum outro lugar ela tem a mesma ressonância que em Pittsburgh — em parte porque Cope doou os consideráveis lucros para a Allegheny Valley School, residência para pessoas com limitações intelectuais e de desenvolvimento, entre as quais está o filho de Cope.

4. A diáspora dos torcedores. Embora Pittsburgh tenha sofrido uma bela transformação, deixando de ser uma pequena cidade industrial para se tornar um centro de prestação de serviços, a cidade perdeu cerca de metade de sua população nas últimas décadas. Isso gerou uma diáspora de torcedores em todo o país e fora dele, fãs dos Steelers que tiveram de deixar o 'Burgh em busca de melhores empregos e ensinaram seus filhos a amar os Steelers mesmo vivendo no Arizona, na Flórida ou no Alasca. Em consequência, existe um "bar Steelers" — um lugar para ver o jogo aos domingos com gente que compartilha o mesmo entusiasmo — em praticamente qualquer cidade de bom tamanho nos Estados Unidos. Os Steelers podem não ser o "Time da América", como se intitulam os Cowboys, mas talvez devessem.

5. Franco Harris. Um dos mais interessantes e enigmáticos jogadores de futebol americano da história, de tal maneira que alguém (vale dizer, este vosso servidor) chegou a escrever um livro sobre o estranho fascínio que exerce.[12] Franco também foi, claro, a estrela do milagre do futebol conhecido como Immaculate Reception [Imaculada Recepção] (nome popularizado, naturalmente, por Cope). Além disso, seu companheiro de time Mean Joe Greene estrelou um dos melhores comerciais de TV jamais feitos — que está sendo refeito este ano, tendo como estrela o extraordinariamente atraente Troy Polamalu.

ACERTAR EM CHEIO

6. Os Steelers são bons descobridores de talentos. Vejamos, por exemplo, suas principais descobertas desde 2000: Plaxico Burress, Casey Hampton, Kendall Simmons, Troy Polamalu, Ben Roethlisberger, Heath Miller, Santonio Holmes, Lawrence Timmons e Rashard Mendenhall. À parte Burress, todos, exceto dois, são valiosos iniciadores dos Steelers. Timmons está para se tornar um valioso iniciador e ainda é muito cedo para avaliar Mendenhall, o recruta que teve o ombro quebrado por Ray Lewis em pleno campeonato. Mais impressionante ainda, considere-se o fato de que dois de seus melhores jogadores, Willie Parker e James Harrison, ganharam passe livre. Harrison, recentemente escolhido o melhor jogador defensivo da liga, é o único jogador de passe livre da história a ter recebido esse prêmio. (Mesmo considerando-se que os adversários dos Steelers no Super Bowl, os Arizona Cardinals, têm como zagueiro Kurt Warner, potencial integrante do Hall da Fama que ganhava a vida embalando comida antes de abrir caminho como jogador de futebol.)

7. Os Steelers são um time de mercado pequeno (a população de Pittsburgh é inferior a 350 mil habitantes) que sempre consegue jogar grande. Compare-se, por exemplo, com o time de beisebol da cidade, os Pirates, que não vence um campeonato há quinze anos. Claro que os times de mercados pequenos têm campo mais livre no futebol que no beisebol, em virtude da política de distribuição de rendas da Liga Nacional de Futebol, mas também é verdade que os Steelers são uma organização prudente do ponto de vista fiscal. O que pode ser constatado em particular na disposição de permitir que seus jogadores de passe livre com salários muito altos se vão (Alan Faneca, Joey Porter e Plaxico Burress são exemplos recentes). E o time tampouco compra o passe de superestrelas de idade mais avançada que de qualquer maneira não se adaptariam a seu time.

8. Especialmente em comparação com o beisebol, existe de fato uma escassez de grandes livros sobre futebol americano.[13] Um

dos melhores, contudo — *About Three Bricks Shy of a Load*, de Roy Blount Jr. —, é sobre os Steelers.

9. Mike Tomlin, o atual treinador, é um jovem bem impressionante cheio de inteligência, equilíbrio, dignidade e surpresas. (Na entrevista coletiva logo depois que os Steelers derrotaram os Baltimore Ravens para chegar ao Super Bowl, ele citou Robert Frost.) Tomlin foi contratado há apenas dois anos. Os dois treinadores anteriores dos Steelers, Chuck Noll e Bill Cowher, duraram juntos 37 anos. Hoje em dia, os treinadores da Liga Nacional são triturados e cuspidos com a maior facilidade, não raro em apenas dois ou três anos, mas tenho a sensação de que Tomlin pode acabar ameaçando Cowher e Noll na disputa do prêmio de longevidade.

10. Os Steelers são um dos poucos times de esporte profissional batizados em função de algo que suas respectivas cidades de fato fazem ou fizeram. Pittsburgh fabrica aço [*steel*] exatamente como Green Bay embala carne; já o cardeal [*cardinal*] é um pássaro muito interessante, mas não faz ninho no Arizona (como não fazia anteriormente em St. Louis). Além disso, o logotipo dos Steelers não é um pássaro de desenho animado nem um "pele vermelha" condescendentemente nobre, mas a real marca da siderurgia — um trio de hipocicloides vermelho, azul e amarelo num círculo negro. Ainda por cima, os Steelers o usam apenas num dos lados do capacete. Diz a lenda que isso ocorre porque o time era tão frugal que não queria usar dois adesivos num mesmo capacete.

Naturalmente, você tem toda liberdade de ignorar tudo que antecede e torcer pelos Cardinals (um time que por acaso conta com um plantel de antigos treinadores, jogadores e até um gandula dos Steelers). Mas, se optar por torcer pelos Steelers, pelo menos já sabe que há algumas boas razões para isso.

A torcida deve ter surtido efeito: os Steelers derrotaram os Cardinals por 27 a 23.

ACERTAR EM CHEIO

Como gerar um caçador de dados de primeiro grau
(STEPHEN J. DUBNER)

A professora do meu filho na primeira série ofereceu recentemente um *open house* para informar aos pais o que seus filhos vão aprender este ano. Devo reconhecer que foi bem impressionante. Minha parte favorita era o projeto de transformar as crianças em empiricistas da primeira série (senão de primeira linha).

A professora, uma maravilhosa veterana do Texas chamada Barbara Lancaster, descreveu o projeto que tem em mente: coletar dados a respeito de alguns ou todos os 22 playgrounds do Central Park.

Primeiro, as crianças votarão nos playgrounds do parque de que gostam mais ou menos. Em seguida, coletarão dados sobre toda uma série de critérios: número de balanços, quantidade de espaço aberto, áreas sombreadas ou expostas ao sol etc. Mais adiante, tentarão identificar os fatores que fazem um bom playground e um mau playground. Também levarão em conta a segurança de cada um deles, assim como outros critérios.

Não existia esse tipo de projeto quando eu estava na primeira série; francamente, estou com inveja.

Recentemente, participei de uma brincadeira com meus filhos no Central Park mais ou menos nesse mesmo espírito. Sentamos numa das nossas rochas preferidas dando para o *Loop*, a pista de quase dez quilômetros que circunda o parque, e perguntei se eles achavam que havia mais corredores ou ciclistas passando. Os dois estavam convencidos de que existiam mais ciclistas — talvez porque, sendo eles bem mais rápidos que os corredores, causam mais impressão. Fizemos então uma pequena aposta (eu, nos corredores, eles, nos ciclistas) e começamos a contar para ver o que desfilaria antes na nossa frente: cem corredores ou cem ciclistas. Eu venci, mas não por muito: 100 a 87.

Foi no início de uma noite de semana. Dias depois, contudo, fizemos a mesma brincadeira numa manhã de fim de semana. As crianças ficaram firmes em sua convicção, escolhendo os ciclistas. Desta vez, estavam certas:

os ciclistas ultrapassaram os corredores. Imagino que não sejam muitas as pessoas dispostas a tirar a bicicleta da garagem para dar uma volta à noite num dia de semana, especialmente considerando-se que os dias estão ficando mais curtos, mas se dão ao trabalho numa manhã de fim de semana.

Foi uma boa lição para todos nós e agora estamos de olho em outras coisas divertidas a serem assim avaliadas. A lição ainda melhor é que provavelmente é uma boa ideia combinar o ensino — seja a si mesmo ou aos seus filhos — com uma brincadeira.

Previsões para a corrida anual de cavalos de Kentucky
(Steven D. Levitt)

Não sei bem o motivo, pois não creio que alguém se importe ou deva se importar, mas todo ano eu me dou o prazer de fazer apostas no Kentucky Derby.

Em oposição aos dois últimos anos, meu modelo informático tem algumas boas previsões para o Derby deste ano. Os dois cavalos que mais me agradam do ponto de vista das apostas (vale dizer, aqueles que na minha opinião de fato podem ter um valor positivo para quem aposta neles) são General Quarters e Papa Clem. Ambos são tiros no escuro, com chances oficialmente estabelecidas em 20 para 1, mas meu modelo prevê que na verdade elas serão ainda piores.

Há outros cavalos que parecem excelentes também, embora não fortes o suficiente para apresentar um possível valor positivo em apostas: Friesan Fire, Musket Man e Flying Private.

O favorito, I Want Revenge, parece igualmente ótimo, mas não o bastante para merecer uma aposta.

Se eu tivesse de escolher o cavalo do último lugar (aposta que eles jamais ofereceriam, pois as pessoas envolvidas com corridas de cavalos sabem melhor que a maioria que a gente reage a incentivos), seria Mine That Bird.

DIAS DEPOIS...

Felizmente, ninguém presta atenção
(STEVEN D. LEVITT)

Felizmente, ninguém presta atenção nas minhas preferências para o Kentucky Derby, pois, se prestassem, teriam lido essa previsão que fiz na sexta-feira:

"Se eu tivesse de escolher o cavalo do último lugar (aposta que eles jamais ofereceriam, pois as pessoas envolvidas com corridas de cavalos sabem melhor que a maioria que a gente reage a incentivos), seria Mine That Bird."

E depois leriam esta manchete da página dominical de esportes do *Boston Globe*:

FAVORITOS DERRUBADOS POR PROBABILIDADE DE 50-1 NO DERBY
Mine That Bird vence com vantagem de 6 3/4

Mas a coisa só tende a piorar. Mencionei cinco cavalos do meu agrado. Um deles chegou por último entre dezoito cavalos e o outro em penúltimo!

Os outros três acabaram de maneira respeitável: terceiro, quarto e décimo.

À luz disso, será que alguém vai se interessar por minhas previsões para o Preakness Stakes? Acho que sim. Em matéria de previsões, alguém que prevê tão mal quanto eu é tão importante quanto alguém que prevê a verdade. Basta pegar as previsões do mau vidente e fazer o contrário.

9

Quando roubar um banco

Nós sempre nos sentimos atraídos pelo crime — não para cometer, necessariamente, mas para explorar. Um dos temas mais comentados em Freakonomics *era nossa tese de que a legalização do aborto era responsável pela diminuição da criminalidade vinte anos depois. Nosso amor ao crime quase nos rendeu um programa de TV, quase nos mandou para a baía de Guantánamo e acabou inspirando o título deste livro.*

Quando roubar um banco
(STEPHEN J. DUBNER)

Li recentemente sobre um sujeito que assaltou seis bancos em Nova Jersey, mas só às quintas-feiras. "Não foi explicado o motivo de ter sido escolhido esse dia", observava o artigo. Talvez ele soubesse algo do funcionamento dos bancos; talvez seu astrólogo lhe tivesse dito que as quintas-feiras davam sorte; ou então simplesmente convinha à sua agenda.

Seja como for, o fato me lembrou de uma história que me contaram em visita recente a Iowa,[1] a respeito de uma empregada de banco do estado, chamada Bernice Geiger. Ela foi presa em 1961 pelo desvio de mais de US$ 2 milhões em muitos anos. O banco era do seu pai. Dizem que Bernice era muito generosa, distribuindo muito dinheiro roubado. Quando foi detida, o banco faliu. Ela foi mandada para a prisão, ficou em liberdade condicional depois de cinco anos e voltou a morar com os pais, aparentemente pessoas magnânimas.

Ao ser presa, Geiger estava, segundo se disse então, exausta. Por quê? Porque nunca tirava férias. O que se revelou um componente essencial do seu crime. Segundo se conta — a história me foi relatada por um policial aposentado de Sioux City e eu não tive como confirmá-la —, o motivo pelo qual ela nunca tirou férias era que estava mantendo dois livros de contabilidade e não podia correr o risco de que um eventual substituto descobrisse sua fraude.

Segundo o policial, a parte mais interessante é que, depois da prisão, Geiger foi trabalhar numa agência de fiscalização bancária para combate à fraude. Sua maior contribuição: identificar empregados que não tiravam férias. Esse simples critério revelou-se de grande ajuda na previsão das tentativas de fraude. Como os professores que trapaceiam ou os lutadores de sumô que combinam resultados nos bastidores, as pessoas que roubam dinheiro dos bancos às vezes deixam transparecer padrões que as denunciam — como a preferência por não tirar férias ou pelas quintas-feiras.

Tudo isso me deixou curioso com as estatísticas de roubos de bancos em geral. Será que a quinta-feira de fato é o melhor dia para assaltar uma agência?

Segundo o FBI,[2] ocorrem todo ano cerca de 5 mil assaltos a bancos nos Estados Unidos. As sextas-feiras são de longe o dia mais concorrido da semana (são relativamente poucos os assaltos durante o fim de semana), com o registro de 1.042 assaltos em sextas-feiras num ano; seguem-se as terças-feiras (922), as quintas-feiras (885), as segundas-feiras (858) e as quartas-feiras (842). Mas não há qualquer indício de que em determinado dia da semana a coisa tenha mais probabilidade de ser bem-sucedida que em outros.

Também parece que os assaltantes não são muito bons em matéria de maximização dos lucros. Os assaltos pela manhã rendem bem mais dinheiro que os assaltos à tarde (US$ 5.180 versus US$ 3.705), mas apesar disso os assaltantes tendem muito mais a atacar à tarde. (Será que gostam de acordar tarde? Quem sabe se conseguissem acordar mais cedo e ir para o trabalho não tivessem de assaltar bancos...) Globalmente, os assaltantes de banco norte-americanos ganham em média US$ 4.120 quando são bem-sucedidos. Mas não o são com a frequência que eu imaginaria: são presos 35% das vezes! De modo que o assaltante de Nova Jersey que conseguiu chegar à sua sexta quinta-feira estava acima da média.

O índice de êxito dos assaltantes de banco no Reino Unido é mais ou menos o mesmo que nos EUA, mas os profissionais britânicos geralmente conseguem muito mais dinheiro. Os economistas Barry Reilly, Neil Rickman e Robert Witt puseram as mãos numa compilação de dados da Associação de Banqueiros Britânicos sobre roubos e os analisaram para um estudo publicado em *Significance*, periódico da Royal Statistical Society.[3] Constataram que o rendimento médio de todas as investidas contra bancos, inclusive as malsucedidas, era de aproximadamente US$ 30 mil. Os assaltos com vários assaltantes, observam eles, tendem a render somas muito mais polpudas. Um assalto médio rende cerca de US$ 18 mil por cabeça. Consideravelmente mais, portanto, que no caso dos colegas norte-americanos. Mais uma vez, contudo, a probabilidade de detenção é alta. O que leva os autores a concluir que, "em média, a recompensa por um assalto a banco é, francamente, irrisória", e que, "como ocupação lucrativa, o assalto a banco deixa muito a desejar".

De modo que, se quisermos saber quando é o melhor momento para assaltar um banco, a resposta aparentemente seria... nunca. A menos, claro, que você trabalhe num deles. Mesmo assim, contudo, o preço a pagar é alto, pois você pode ter de abrir mão das férias para sempre.

Qual o verdadeiro índice de criminalidade na China?
(Steven D. Levitt)

As estatísticas oficiais certamente parecem indicar que a criminalidade na China é extremamente baixa. Os índices de assassinato são, grosso modo, um quinto dos verificados nos Estados Unidos; segundo as estatísticas oficiais sobre crimes, todos eles são raros. A China com certeza se sente segura. Caminhamos pelas ruas e bairros ricos e pobres e nem por um único momento eu me senti alguma vez ameaçado. Total ausência de pichações. Na única vez em que finalmente achei que tinha encontrado uma, perto de uma estação ferroviária na cidade de Shangrao, a mensagem pintada com tinta spray numa ponte revelou-se uma advertência do governo de que qualquer pessoa apanhada defecando debaixo da ponte seria severamente punida.

Apesar disso, constatamos todo tipo de comportamentos estranhos indicando a probabilidade de que certos crimes constituíam um grave problema.

Para começar, havia aparentemente uma obsessão com o risco de dinheiro falso. Nossos guias turísticos se achavam na obrigação de nos ensinar a identificar notas falsas. Sempre que eu comprava alguma coisa com dinheiro vivo, o vendedor efetuava um balé de diferentes truques para confirmar a legitimidade das cédulas.

Depois, ao fazer o *check out* em certos hotéis, tínhamos sempre de esperar 15 minutos enquanto um empregado inspecionava o quarto liberado, presumo eu, para verificar se haviam sido roubados relógios, toalhas ou itens do minibar. (É possível que eu tenha interpretado mal o motivo dessa verificação, exatamente como nunca consegui entender por que era cobrada uma tarifa de US$ 15 por chave magnética perdida, que não podia custar mais que alguns centavos para o hotel.)

Em terceiro lugar, lugares que nenhuma pessoa sensata jamais pensaria em visitar (por exemplo, orfanatos) eram protegidos por guaritas e portões metálicos que tinham de ser removidos para a entrada de veículos. Não creio que os portões servissem para impedir a fuga dos órfãos, mas talvez fosse o caso!

Em quarto lugar, nas viagens de trem que fizemos, as passagens eram verificadas antes de entrarmos, durante a viagem e também ao sairmos da estação.

Finalmente — e sobretudo — nos banheiros públicos não se via a cor de um papel higiênico, mesmo em certos restaurantes de nível razoável. Mais uma vez, talvez eu tenha deixado passar alguma coisa, mas a impressão era de que a) papel higiênico era um bem muito caro; e b) se fosse deixado em banheiros públicos, seria roubado.

Não lembre aos criminosos que são criminosos
(STEVEN D. LEVITT)

Há muito os psicólogos falam da força da base informativa — a importância de sutis dicas e lembretes para influenciar comportamentos. Por exemplo, existem dissertações acadêmicas indicando que se uma mulher escrever o próprio nome e indicar seu gênero antes de fazer um teste de matemática, terá um desempenho muito pior do que se apenas escrevesse o nome. A ideia é que, na percepção das mulheres, seu desempenho não é bom em matemática, e o fato de indicarem o gênero lembra-lhes que são mulheres e, portanto, não se saem bem em matemática. Nunca acreditei muito nesses resultados (e na verdade não consegui corroborá-los num estudo com Roland Fryer e John List),[4] pois o gênero é um fator tão poderoso de nossa identidade que fica difícil para mim acreditar que precisamos lembrar às mulheres que são mulheres!

Num interessante novo estudo chamado "Meninos maus: o efeito da identidade criminal na desonestidade",[5] Alain Cohn, Michel André Maréchal e Thomas Noll constatam alguns fascinantes efeitos dessa base informativa prévia. Eles entraram numa prisão de segurança máxima e propuseram aos presos que jogassem moedas para cima num ambiente privado e depois comunicassem quantas vezes dera "cara". Quanto mais "caras" conseguissem, mais dinheiro receberiam. Embora os autores da pesquisa não sejam capazes de dizer se determinado preso é honesto ou não, eles sabem que em média esse tipo de jogo costuma dar "cara" metade das vezes, de modo que podem avaliar globalmente o número de mentirosos. Antes do estudo, eles fizeram metade dos presos responder à pergunta "Por que motivo foi condenado?" e a outra metade, "A quantas horas de televisão assiste em média por semana?" Resultado: 66% de "caras" na pergunta sobre as condenações e "apenas" 60% na pergunta sobre televisão.

Qual é o grau de desonestidade dos condenados cumprindo pena de prisão em comparação com as pessoas comuns? Quando o mesmo teste é realizado com cidadãos comuns, a moeda acaba com "cara" para cima 56% das vezes.

Qual é, então, a força dessa pergunta sobre a condenação? Na verdade, a metade dos presos questionados sobre o hábito de assistir à televisão está mais próxima do comportamento dos cidadãos comuns que do comportamento dos presos previamente informados.

Como economista, detesto a ideia de que essa base informativa prévia possa funcionar. Como empiricista, acho que é melhor me acostumar a ela.

O que os criminosos de verdade pensam de *The Wire*?
(SUDHIR VENKATESH)

Sudhir Venkatesh já é uma figura conhecida dos leitores de Freakonomics. *Quando fazia faculdade em Chicago, ele investigou durante vários anos uma gangue de crack; essa pesquisa formou a espinha dorsal do nosso capítulo de livro intitulado "Por que os traficantes de drogas continuam morando com as mães?" Ele continuou realizando pesquisas fascinantes nas extremidades mais baixas e mais altas do espectro econômico, com frequência escrevendo a respeito para o blog* Freakonomics.

Desde que comecei a acompanhar *The Wire*, da HBO, achei o seriado bastante autêntico na maneira como retrata a vida urbana moderna — não apenas o mundo das gangues e das drogas, mas as ligações entre esse mundo e o governo municipal, a polícia, os sindicatos e praticamente tudo mais. Ele certamente tinha sintonia com meu trabalho de campo em Chicago e Nova York. E era muito melhor que a maioria dos trabalhos acadêmicos e das reportagens jornalísticas na demonstração da maneira como a marginalidade e as regiões urbanas degradadas interferem no tecido do social de uma cidade.

Semanas atrás, telefonei a algumas figuras respeitadas das ruas da região metropolitana de Nova York para pedir que assistissem à nova temporada da série. Achei que não poderia haver melhor maneira de proceder a uma espécie de controle de qualidade.

Para o primeiro episódio, reunimo-nos no apartamento de Shine no Harlem. Com 43 anos, meio dominicano, meio afro-americano, Shine chefiou uma gangue durante quinze anos, até passar dez anos na cadeia cumprindo sentença por tráfico de drogas. Convidei sujeitos mais velhos como Shine, em sua maioria já afastados do tráfico, porque teriam maior experiência com policiais corruptos, durões da política e toda a fauna que torna *The Wire* tão interessante. O grupo passou a ser afetuosamente identificado por eles como "maus elementos e o parceiro" (sendo eu o "parceiro").

Não faltavam pipoca, costeletas, cerveja caseira ruim e torresmo frito com molho. O torresmo, aparentemente o favorito do bandido norte-americano, acabava tão depressa que um dos membros menos votados da gangue era despachado para comprar vários sacos a mais.

Aqui vai um resumo rápido e rasteiro dos pontos altos da noite:

1. Bunk tem as mãos sujas. Para grande decepção minha (pois é o meu personagem favorito), o consenso entre os presentes era de que Bunk tinha culpa no cartório. Nas palavras de Shine: "Ele é bom demais para não estar se aproveitando. Não tenho nada contra ele! Mas decididamente ele anda metido com esses caras da rua." Muitos sabiam da reputação de Bunk por terem assistido a episódios anteriores. A cena inicial, em que ele habilidosamente consegue extrair uma confissão, reforçou a convicção geral de que Bunk é bom demais para não estar escondendo alguma coisa.

QUANDO ROUBAR UM BANCO

2. Previsão número um: McNulty e Bunk vão se separar. A observação a respeito do trabalho de Bunk como detetive levou a um segundo consenso, a saber, que um dos dois será abatido — alvejado, detido ou morto. O que estava ligado à percepção de que McNulty e Bunk vão entrar em conflito. O motivo? Todo mundo achava que Marlo, Proposition Joe ou algum outro bambambã da gangue devia ter alguma ligação (até então sem explicação) com um desses dois detetives. "Caso contrário", comentou Kool-J, ex-fornecedor de drogas da região norte de Nova Jersey, "eles não podiam estar se encontrando num Holiday Inn!" Orlando, um ex-líder de gangue do Brooklyn, achava que a ambição acabaria levando a um confronto entre Bunk e McNulty. "Um dos dois vai acabar mal. Ou o branquelo fica bêbado e acaba atirando em alguém, ou então Bunk entrega ele para resolver um caso!"

3. A maior zoeira aconteceu quando o arrivista Marlo desafiou o veterano Prop Joe na reunião da cooperativa. "Se Prop Joe tivesse colhões, estaria morto em 24 horas!", gritou Orlando. "Mas os brancos [que escrevem a série] sempre gostam de manter esses [personagens] vivos. Ele não ficaria vivo mais de um minuto no leste de Nova York!" Veio então uma série de apostas. No geral, cerca de US$ 8 mil foram apostados no momento da morte de Marlo. Os apostadores pediram que eu — como a parte neutra — ficasse com o dinheiro. Respondi com toda a delicadeza que o meu porquinho de moedas já estava cheio.

4. Carcetti é um tolo. Vários observadores comentaram a falta de "tutano" e experiência do prefeito de Baltimore no trato com a polícia federal. Esta, na opinião deles, gosta de entrar em cena do nada e atrapalhar as investigações da polícia local, invocando o estatuto de combate às máfias (conhecido como "RICO") para desbaratar redes de tráfico de drogas. "Quando os federais chegam com o RICO, o pessoal local sente como se não tivesse nenhum poder", explicou Tony-T, sentindo-se solidário com a

QUANDO ROUBAR UM BANCO

polícia local, posta de lado nas investidas federais. "O branquelo [Carcetti], se soubesse das coisas, ficaria de olho em Marlo até encontrar alguma treta — e então passaria a bola para os federais para conseguir o que quer." Outros o interromperam, dizendo que os roteiristas não entendiam esse fato elementar ou então queriam apresentar Carcetti como um ignorante.

A noite terminou com uma série de apostas adicionais: Tony-T aceitou desafios a sua afirmação de que Bunk morre no fim da temporada; Shine arriscou que Marlo mataria Prop Joe; o mais jovem entre os presentes, Flavor, de 29 anos, apostou US$ 2,5 mil em que Clay Davis escaparia do indiciamento, revelando sua ligação com Marlo.

Eu me senti na obrigação de interferir: apostei US$ 5 em que a circulação do *Baltimore Sun* dobraria, levando Warren Buffett a assumir o controle do jornal até o episódio 4. Ninguém se interessou pela minha aposta.

Venkatesh ainda escreveria nove colunas sobre a experiência de acompanhar o seriado The Wire *com seus amigos com tendências ao crime. Todas elas podem ser lidas em Freakonomics.com.*

O imposto das gangues
(SUDHIR VENKATESH)

O Senado do estado de Nova York aprovou recentemente uma lei tornando ilegal o recrutamento de alguém para uma gangue de rua.

Na interminável luta do Executivo e do Legislativo da cidade contra as gangues, trata-se de uma das mais recentes tentativas de levar a melhor. Entre as iniciativas anteriores estão posturas municipais proibindo dois ou mais membros de qualquer gangue de se reunirem em espaços públicos; normas escolares proibindo o uso de chapéus, roupas e cores indicando filiação a alguma gangue; e o despejo pelas autoridades habitacionais de arrendatários que permitam que membros de gangues (ou qualquer outro "criminoso") habitem determinado prédio.

Essas leis raramente levaram à efetiva redução do número de membros das gangues, de sua violência ou da criminalidade. Na verdade, os policiais que conheço consideram essas posturas e decretos uma perda de tempo. Os tiras de longe prefeririam "controlar e conter" as atividades das gangues. A maioria dos policiais que atuam nas áreas urbanas problemáticas entende que não é possível eliminar inteiramente as atividades das gangues — quando dois membros de uma gangue são presos, mais uma dúzia está à espera para ocupar seus lugares. Os policiais sabem que os membros dessas gangues conhecem muito bem a criminalidade local e assim tomam suas providências: mantêm as gangues isoladas em determinadas áreas, não permitem que suas atividades criminosas vazem para outras áreas e usam seus membros mais bem posicionados para obter informações.

Essa estratégia de fato impede o aumento do número de membros, pelo menos nas grandes cidades, onde as gangues se pautam por interesses econômicos. Os policiais de patrulhamento que percorrem as ruas cuidam para que os membros das gangues não assediem jovens demais para recrutamento. Na verdade, esse tipo de policiamento limita o raio de ação das gangues. Pode não ser um policiamento socialmente desejável, mas funciona se a eficácia for medida pela redução do número de membros das gangues.

Telefonei a alguns líderes de gangues em Chicago para perguntar sobre os maiores obstáculos ao recrutamento e à preservação dos membros. Aqui vão algumas respostas:

Michael (30 anos, afro-americano) enfatizou que as gangues de hoje em dia são em sua maioria "equipes de drogas", vale dizer, negócios montados:

QUANDO ROUBAR UM BANCO

Nós estamos sempre perdendo gente para esses empregos. Se algum [impublicável] da minha equipe consegue um bom emprego, lá se vai. De modo que, enquanto não houver trabalho para um brother, não temos problema. A maioria de nós tem família, não estamos na escola trocando sopapos, fazendo besteira. Estamos nas ruas tentando ganhar dinheiro. Vem essa gente toda nos dizer para estudar — mas eu estou ganhando milhares de dólares por mês. Por que iria para a escola?

Darnell (32 anos, afro-americano) considera que a polícia devia ser mais criativa.

Digamos que vocês peguem um de nós — eu obrigaria o garoto a usar um vestido e fazer maquiagem. Talvez durante duas semanas. Ele iria para a escola vestido de menina. Andaria pelas ruas parecendo um gay. Garanto que seria bem difícil para nós segurar esses [impublicável] se vocês fizessem coisas assim!

Jo-Jo (49 anos, meio porto-riquenho, meio afro-americano) disse que os tiras devem fazer...

[...] o que fizeram quando eu era mais jovem. Jogar um Disciple em território dos Vicelordes na madrugada, para apanhar bastante. E ficar repetindo a dose! Lembro que, enquanto eu crescia, aquela gente toda era espancada. E sabe o que mais? A coisa de fato ajudava, pois me livrava de um bando de gente que só servia para causar problemas. Na verdade, eu até me disporia a trabalhar com os tiras se eles me chamassem. Quem sabe não nos ajudaríamos mutuamente?

Minha boa amiga Dorothy nunca chefiou uma gangue, mas, como trabalhadora voluntária que ajuda jovens do gueto a transformar suas vidas, tem uma excelente percepção do fenômeno. Ela recordou algumas de suas intervenções junto a gangues na década de 1990 e deu a seguinte sugestão:

201

Cobrar impostos desses [impublicável]! É o que eu faria se fosse prefeito. Nada de botar na cadeia, mas ficar com 50% do dinheiro deles. Entendeu o que eu quis dizer? Encontrá-los aí pelas ruas se saírem dos trilhos, pegar metade do seu dinheiro e jogar num fundo comunitário. E transferir os valores para as associações comunitárias, as igrejas etc. Garanto que muitos brothers vão pensar duas vezes se o bolso for afetado.

Interessante ideia. Fico me perguntando se as forças de mercado seriam capazes de exercer a disciplina necessária para limitar o envolvimento de jovens nas economias de tráfico controladas por gangues. Se, como nos lembra o secretário do Tesouro Henry Paulson, a "disciplina de mercado" é suficiente para regular os mercados financeiros, talvez possa funcionar também no submundo.

Ah, sim, já ia esquecendo do Bear Stearns. (Não deu para resistir.)

Não deixe a comida queimar
(STEVEN D. LEVITT)

Numa amostragem de treze países africanos feita entre 1999 e 2004,[6] 52% das mulheres entrevistadas disseram considerar justificado que uma esposa apanhe se negligenciar os filhos; cerca de 45%, que é justificado se ela sair de casa sem dizer ao marido ou se brigar com ele; 36%, se se recusar a fazer sexo — e 30%, se deixar a comida queimar na panela.

Pois é o que as mulheres pensam.

Vivemos mesmo num mundo muito estranho.

Quando foi a última vez que alguém respondeu "sim" a uma dessas perguntas?
(STEVEN D. LEVITT)

Para se tornar cidadão norte-americano, qualquer um tem de preencher o Formulário N-400 do Serviço de Imigração e Naturalização.

QUANDO ROUBAR UM BANCO

Há quanto tempo você acha que ninguém responde sim à pergunta 12(c) da parte 10(b)?:

Entre 23 de março de 1933 e 8 de maio de 1945 você trabalhou para ou de alguma forma esteve ligado a (direta ou indiretamente) alguma unidade alemã, nazista ou militar da SS, alguma unidade paramilitar, unidade de autodefesa, unidade de vigilância, unidade de cidadãos, unidade policial, organismo ou departamento governamental, campo de extermínio, campo de concentração, campo de prisioneiros de guerra, prisão, campo de trabalhos forçados ou campo de trânsito da Alemanha?

Também fico tentando imaginar que tipo de pessoa pode responder sim a esta pergunta:

Alguma vez já foi membro de uma organização terrorista ou de alguma forma esteve associado (direta ou indiretamente) a uma delas?

Surpreende-me que ainda nos demos ao trabalho de fazer a seguinte pergunta:

Alguma vez já foi membro do Partido Comunista ou de alguma forma esteve associado (direta ou indiretamente) a ele?

Mas também há algumas perguntas mais complicadas, como esta:

Alguma vez cometeu um crime ou delito pelo qual não foi detido?

Não são muitas as pessoas capazes de responder sinceramente não a esta pergunta, mas presumo que de qualquer maneira todo mundo o faça.

Tem algum sentido fazer perguntas quando se sabe que ninguém jamais responderá sim?

Mas o fato é que, com efeito, essas perguntas têm um objetivo: as autoridades norte-americanas podem valer-se de respostas comprovadamente falsas para processar ou deportar seus autores. Na verdade, certos funcionários com os quais conversei outro dia disseram que gostariam que houvesse mais perguntas sobre atividades terroristas no N-400.

Plaxico Burress é uma anomalia?
(STEPHEN J. DUBNER)

Alguns anos atrás, escrevi um artigo para o *Times Magazine* sobre o "simpósio de novatos" anual da Liga Nacional de Futebol Americano (NFL, a National Football League),[7] uma reunião de quatro dias de duração na qual a liga tenta advertir os jogadores novos no meio sobre os percalços que podem ter de enfrentar — ameaças pessoais, más influências, periguetes em busca de dinheiro, agentes financeiros desonestos etc.

A NFL chegou inclusive a chamar um grupo de veteranos e aposentados para tentar ensinar algumas lições aos novatos. Um deles era o ex-atacante Irving Fryar. Eu escrevi na época:

"Alguns idiotas vão sair desta sala", começa ele. "Quem aqui estiver muito satisfeito consigo mesmo, pode parar. Vocês ainda não fizeram nada." Fryar começa então a recitar as estatísticas da sua carreira: dezessete campeonatos da NFL, consumo de drogas desde os treze anos e quatro temporadas na cadeia. "Da primeira vez, fui detido em Nova Jersey", explica. "Ia atirar em alguém. Dirigindo o meu BMW. Carregava pistolas na mala e fui levado para a cadeia. Da segunda vez, armas também. Na terceira vez, foi violência doméstica. Na quarta, armas de novo. Não. Sim, sim, armas de novo. As coisas ficaram tão ruins para o meu lado que eu encostei uma Magnum 0.44 mm na cabeça e puxei o gatilho." Agora Fryar é pastor evangélico. "Quando era novato", prossegue ele, "não tínhamos nada destas coisas [simpósios]. Tive de aprender do jeito mais difícil. Não me usem como exemplo para tentarem se sair bem, irmãozinhos. Vocês têm de me usar como exemplo do que não devem fazer".

QUANDO ROUBAR UM BANCO

Aparentemente, Plaxico Burress não prestou atenção. Eu tive um breve contato com ele quando foi contratado pela primeira vez pelos Pittsburgh Steelers e tenho acompanhado sua carreira mais ou menos de perto desde então. Cheguei à conclusão de que a minha primeira impressão estava bastante próxima da verdade: trata-se de um idiota de marca maior. Seu mais recente passo em falso — dar um tiro na própria perna numa boate — é de longe o mais grave (pelas leis de Nova York, ele pode ir para a prisão por posse ilegal de arma), mas o fato é que sua história pessoal dentro e fora do campo parece mesmo uma lista de desatinos idiotas.

Mas qual o grau de anomalia de Burress? Segundo uma reportagem da ESPN, não muito alto.[8] Um conhecedor do meio estimou que 20% dos jogadores de beisebol da liga nacional andam secretamente armados. Um ex-policial que trabalhou como guarda-costas de jogadores da NBA eleva esse total para "perto de 60%". E no caso da NFL? Eis o que a ESPN informa: "O atacante Jabar Gaffney, dos New England Patriots, ele próprio dono de um revólver, acha que 90% dos jogadores da NFL têm armas de fogo."

O problema de Burress — à parte o fato de ter atirado em si mesmo — é que não tinha licença para portar armas. E, embora viva em Nova Jersey, o tiro foi disparado em Nova York, cujo prefeito, Michael Bloomberg, é um empenhado partidário da repressão ao uso de armamentos.

Ainda que os dados da ESPN fossem comprovados somente pela metade, surgiria a pergunta: O risco do porte ilegal de arma é menor que o risco que o jogador médio da NFL corre se sair à rua sem uma arma?

Aparentemente é o que Burress acha.

De todas as histórias de jogadores que arranjaram encrenca com armas, temos também o caso de Sean Taylor, que morreu a tiros em sua própria casa embora estivesse armado e tentasse se defender.

Sua arma? Um facão.

Esqueça essa história de convidar amigos para jantar: no Missouri, eles preferem convidar os inimigos
(Steven D. Levitt)

Durante anos, tive a fantasia de comprar um revólver. O único motivo para isso é que, se alguém invadir a minha casa e tentar aterrorizar minha família, gostaria de poder defender-nos. O bastão de beisebol que fica debaixo da cama não parece suficiente. Não faz mal que eu seja um total covarde — pelo menos assim eu poderia imaginar que as coisas se desenrolariam de outra maneira.

Considerando-se minhas fantasias heroicas, concordo entusiasticamente com a nova lei aprovada no Missouri estipulando que é permitido recorrer à força mortal contra alguém que invada ilegalmente sua casa (ou até seu carro), mesmo que você aparentemente não esteja correndo perigo. Na maioria dos lugares, é necessário provar que havia real perigo de ser ferido ou morto para justificar o uso de força mortal.

De um ponto de vista teórico de combate ao crime, essa lei faz sentido para mim. O ladrão não tem qualquer motivo legítimo para estar na sua casa. O roubo é um crime de alto custo social (as vítimas têm uma terrível sensação de violação quando sua casa é roubada, mesmo que o ladrão não consiga muita coisa), mas de expectativa relativamente baixa no que diz respeito à punição dos criminosos, pois os índices de detenção são pequenos. Na maioria dos casos, as vítimas não veem o ladrão, de modo que é difícil apanhá-lo, diferente do que acontece nos assaltos de rua. Muitos anos atrás, eu fiz um cálculo por alto e, se me lembro bem, o risco de anos de vida perdidos para os ladrões mortos a tiros pela vítima chegava a cerca de 15% do tempo de prisão que poderiam cumprir pelos seus crimes. Em outras palavras, se você for um ladrão, deveria se preocupar bastante com a eventualidade de ser morto pelo dono da casa assaltada. Se essa lei servir para estimular as pessoas a matar os intrusos, provavelmente haverá menos assaltos.

Por outro lado, é provável que a lei não tenha grande impacto na criminalidade. As pessoas dispostas a atirar em ladrões ao apanhá-los em sua casa têm grande probabilidade de atirar com ou sem a existência de uma lei assim. (É esta mais ou menos minha leitura dos dados disponíveis a respeito das leis sobre uso de arma sem autorização.) Creio que, na prática, a pessoa que atira num intruso em sua casa quase sempre consegue livrar a cara, do ponto de vista jurídico. Se o comportamento das vítimas de fato não muda, não há muitos motivos para que mude o dos ladrões. Pior ainda: pode aparecer um bando de trapalhões, como eu, tentando enfrentar os ladrões com base na nova lei e que acaba levando tiro.

Mas a lei não deixa de levantar algumas possibilidades interessantes. Se houver alguém tão detestado que você gostaria de vê-lo morto, precisa apenas dar um jeito de fazê-lo entrar na sua casa e tornar plausível a possibilidade de que a tivesse invadido. Você pode, por exemplo, convidá-lo para uma partida de pôquer tarde da noite, acrescentando que basta abrir a porta da casa ao chegar e subir as escadas para se juntar aos convidados. Ou quem sabe dizer que haverá uma festa-surpresa para um conhecido comum, de modo que as luzes estarão apagadas, bastando subir até o seu quarto às duas da manhã.

Não devemos subestimar a criatividade e a perfídia dos seres humanos — ou a rapidez com que a série *Lei e Ordem* se valerá do primeiro exemplo disso para transformá-lo num episódio.

Suspensão da proibição de armas em Washington? Grande coisa
(STEVEN D. LEVITT)

A Suprema Corte derrubou recentemente a proibição do uso de armas em Washington. Proibição semelhante em Chicago pode ser a próxima a cair.

O principal objetivo dessas proibições é diminuir a criminalidade. Mas será que funcionam de fato? É incrivelmente pequeno o número de pesquisas acadêmicas respondendo diretamente a essa pergunta, mas não faltam certos elementos indiretos de comprovação.

Vamos começar com as provas diretas. Algumas dissertações acadêmicas foram publicadas analisando diretamente a proibição de armas em Washington e chegando a conclusões opostas.

A principal dificuldade com esse tipo de pesquisa é o fato de a lei ter sido mudada. Podemos, assim, comparar Washington antes e depois. Ou então tentar encontrar um grupo de controle e comparar Washington antes e depois com esse grupo antes e depois (num procedimento que os economistas chamam de "análise de diferenças-nas-diferenças").

O problema aqui é que os índices de criminalidade são voláteis e realmente é importante saber que grupo de controle está sendo escolhido. Eu diria que os grupos de controle mais sensíveis são outras grandes cidades às voltas com índices altos de criminalidade, como Baltimore ou St. Louis. Recorrendo-se a essas cidades como controle, a proibição do uso de armas não parece funcionar.

E os elementos indiretos de comprovação? Em Chicago, está em vigor uma proibição do uso de armas de fogo e 80% dos homicídios são cometidos com armas de fogo. Os dados mais dignos de crédito que pude encontrar sobre o percentual de homicídios cometidos com armas de fogo em Washington constam de uma postagem de blog afirmando que na capital federal o índice também é de 80%. Em todo o país, o índice é de 67,9%, segundo o FBI.

Com base nesses números, fica difícil sustentar de cara limpa que a proibição do uso de armas está funcionando. (Tampouco se pode dizer que Washington e Chicago têm índices globais de homicídio inusitadamente baixos.)

A mim parece que essas proibições nas cidades são tão ineficazes quanto tantas outras políticas públicas em relação a armas quando se trata de reduzir a criminalidade com armas de fogo. É extremamente difícil legislar ou regular em matéria de armas quando o mercado negro é tão ativo, e é tão grande o estoque de armas já existentes. Quando as pessoas que mais valorizam as armas de fogo são exatamente aquelas que as usam no tráfico de drogas, não se pode fazer praticamente nada para mantê-las longe de suas mãos.

Meu ponto de vista é que não devíamos estar preocupados com políticas de propriedade de armas de fogo, pois simplesmente não funcionam. O que parece funcionar é punir severamente as pessoas que usam armas ilegalmente.

Por exemplo, se alguém cometer um crime doloso com uma arma de fogo, terá obrigatoriamente um acréscimo de cinco anos a sua pena de prisão. Nos estados onde isso foi feito, existem certos indícios de que a violência com armas de fogo diminuiu (embora com certo nível de substituição por crimes cometidos com outras armas).

Esse tipo de lei parece atraente por muitos motivos. Primeiro, ao contrário de outras políticas sobre armas, funciona. Depois, não impõe nenhum ônus aos cidadãos respeitadores da lei que querem ter armas.

Qual a melhor maneira de diminuir as mortes por arma de fogo?
(STEPHEN J. DUBNER)

O que mais temos nos Estados Unidos? Armas ou opiniões sobre armas?

Difícil dizer. Muito temos escrito sobre armas ao longo dos anos. Desta vez, apresentamos uma questão com um foco mais fechado: Quais seriam as boas ideias para diminuir o número de mortes por armas de fogo? Deixemos de lado momentaneamente a habitual discussão sobre o direito de porte de armas, para lidar com a realidade que temos pela frente: é muito alto o número de mortes por armas de fogo no país; como diminuí-lo?

Fizemos a algumas pessoas voltadas para a questão uma pergunta simples: Qual a sua melhor ideia para diminuir os homicídios com armas de fogo nos EUA? Talvez você não goste pessoalmente dessas respostas, mas a mim parece que em sua maioria são mais sensatas do que o que costumamos ouvir hoje em dia no debate sobre as armas.

QUANDO ROUBAR UM BANCO

Jens Ludwig é professor de Administração de Serviço Social, Direito e Políticas Públicas pela McCormick Foundation na Harris School da Universidade de Chicago.

Deveríamos dar recompensas — e estou falando de recompensas sérias e grandes — para informações que ajudem a polícia a confiscar armas ilegais.

É maior nos Estados Unidos o número de pessoas que se suicidam com armas de fogo que o de pessoas mortas com armas de fogo, mas a criminalidade com esse tipo de armas responde pela maior parte dos US$ 100 milhões em custos sociais que, segundo estimativa feita por Phil Cook e por mim, nos são impostos todo ano pela violência das armas. A maior parte dos homicídios é cometida com armas de fogo (cerca de 75% em Chicago em 2005). Sabemos também que os jovens — especialmente do sexo masculino — representam a grande maioria dos infratores; a maioria dos assassinatos ocorre na rua; e grande parte dos homicídios decorre de brigas ou algo relacionado a gangues. Uma grande parte do problema da América com a violência das armas de fogo está relacionada à circulação de rapazes a pé ou de carro, portando armas e fazendo besteiras com elas.

Esses rapazes portam armas em parte porque lhes confere certa credibilidade nas ruas. Num projeto conduzido por Phil Cook, Anthony Braga e por mim,[9] juntamente com o sociólogo Sudhir Venkatesh (publicado no *Economic Journal*), Venkatesh perguntou a pessoas do South Side de Chicago por que portavam armas. Segundo um membro de uma gangue, se não tivesse uma arma:

"Quem é que vai ter medo de mim? Quem vai me levar a sério? Ninguém. Se não tiver uma arma, eu sou um florzinha."

As armas de fogo são algo que muitos sujeitos aparentemente têm em grande medida para levar para os jogos de futebol e basquete ou para as festas e se exibir para os amigos e as namoradas. Ao mesmo tempo, o custo do porte de armas de fogo pode ser baixo. Uma postagem anterior de Venkatesh em *Freakonomics* observa que é menor a probabilidade de

QUANDO ROUBAR UM BANCO

que os tiras sejam condescendentes em relação a outros delitos se o sujeito for apanhado com uma arma de fogo. Mas as chances de ser detido com uma arma dessas provavelmente são modestas, pois já é surpreendentemente baixa a probabilidade de que até mesmo um crime violento e grave ou um crime contra a propriedade resulte numa detenção.

Recompensar bem com dinheiro informações anônimas sobre armas ilegais aumentaria os custos do porte de armas e reduziria os benefícios; exibir um revólver numa festa ainda poderia contar pontos, mas aumentaria maciçamente os riscos legais.

Essas recompensas poderiam contribuir para minar a confiança dos membros das gangues e ser de particular ajuda no esforço para manter as armas longe das escolas. Seria necessário resolver uma série de questões logísticas, entre elas o montante da recompensa (não considero mil dólares ou mais um absurdo) e a maneira como a polícia entraria em ação com base nas informações para confiscar armas, ao mesmo tempo respeitando as liberdades civis.

Mas essa ideia tem a grande vantagem de nos tirar do impasse no debate público sobre o controle de armas, representando uma maneira de avançar sem mais demora nesse importante problema social.

Jesus "Manny" Castro Jr. envolveu-se ativamente numa gangue aos 12 anos. Depois de breve período na prisão, entrou para a Igreja Cornerstone de San Diego e atualmente dirige o programa GAME (Gang Awareness Through Mentoring and Education: Conscientização sobre Gangues pelo Aconselhamento e a Educação) do Turning the Hearts Center de Chula Vista, Califórnia.

Tendo crescido nas gangues e vivido seu estilo de vida, conheço essas coisas em primeira mão depois de ver tanta gente morrer com armas de fogo nas mãos das gangues! Uma excelente ideia para ajudar a diminuir o número de mortes causadas por armas de fogo nos EUA é fazer com que a família do criminoso seja financeiramente responsável pelos danos emocionais, mentais e físicos ligados à perda sofrida pela família da vítima.

QUANDO ROUBAR UM BANCO

Entre eles deveriam estar (numa lista não exaustiva) embargar seus salários pelo resto da vida e obrigá-los a pagar todos os custos de funeral e outras dívidas relevantes. Se o criminoso tiver menos de 18 anos, não só terá de cumprir pena de prisão como seus pais também devem ser obrigados a cumprir pelo menos metade do tempo pelo seu crime. Tudo começa e acaba dentro de casa!

A melhor maneira de fazer com que isso aconteça é transformar em lei e criar organizações que eduquem os pais sobre o combate à violência com armas de fogo, ensinando aos filhos com toda clareza as consequências desse tipo de violência. No Turning the Hearts Center, através do nosso programa GAME, verificamos que os jovens com os quais trabalhamos se importam com os pais e com o que pensam.

Recebo informações dos pais sobre o que acontece em casa, de maneira que posso tratar de suas questões e incluí-las no currículo do nosso programa. A garotada respeita os pais — e se os pais souberem que podem cumprir pena de prisão pelo comportamento dos filhos talvez procurem se envolver mais em suas vidas.

Se o que fazemos no Turning the Hearts Center servir de inspiração para comunidades em todo o país, poderemos fazer diferença no resto do mundo. Questões pesadas como morte causada por armas de fogo precisam ter consequências pesadas.

David Hemenway é professor de Políticas de Saúde e diretor do Centro de Pesquisas sobre Controle de Ferimentos na Faculdade de Saúde Pública de Harvard e autor de Private Guns, Public Health [Armas privadas, saúde pública].

Crie a Administração Nacional de Segurança de Armas de Fogo.

Um marco na história da segurança dos veículos automotores nos Estados Unidos e no mundo foi a criação (há quarenta anos) da atual National Highway Traffic Safety Administration (Administração Nacional de Segurança do Tráfego Rodoviário, NHTSA). A NHTSA criou uma série de sistemas de dados sobre acidentes e mortes envolvendo veículos

QUANDO ROUBAR UM BANCO

automotores, além de fornecer verbas para análises de dados. Isso nos permitiu saber quais políticas funcionam em se tratando da redução de ferimentos gerados no trânsito e quais não funcionam.

A NHTSA estabeleceu muitos padrões de segurança para carros, inclusive os que levaram à adoção das barras de direção dobráveis, dos cintos de segurança e dos airbags. Fez campanha pelo aperfeiçoamento das estradas, contribuindo para mudar a filosofia de sua concepção de "maluco no volante" para "acostamento compassivo". Os aperfeiçoamentos das medidas de segurança dos veículos motorizados foram considerados um grande êxito do século XX pelo Centro de Controle e Prevenção de Doenças.

Um organismo nacional semelhante é necessário para ajudar a reduzir os problemas de saúde pública decorrentes do uso de armas de fogo. As mortes por arma de fogo são atualmente a segunda maior causa de mortes por ferimento nos Estados Unidos; mais de 270 civis norte-americanos foram alvejados diariamente em 2005 e 84 deles morreram. Em reação a isso, o Congresso deveria criar uma agência nacional (como fez no caso dos veículos motorizados) com a missão de reduzir os danos causados pelas armas de fogo.

Essa agência deveria criar e manter abrangentes e detalhados sistemas nacionais de dados sobre ferimentos e mortes causados por armas de fogo, fornecendo verbas para pesquisas nesse terreno. (Atualmente, o Sistema Nacional de Informações sobre Mortes Violentas fornece verbas apenas a dezessete sistemas estaduais de dados, mas nenhum dinheiro para pesquisas.)

A agência deveria impor padrões de segurança e combate ao crime a todos os fabricantes de armas de fogo produzidas e vendidas nos EUA. A ela caberia proibir o uso regular por civis de produtos que não sejam necessários para caça ou proteção, servindo apenas para pôr em risco o público. Também deveria ter poder para assegurar o controle de todas as transferências de armas, contribuindo para impedir que sejam vendidas a criminosos e terroristas.

Esse organismo precisa de recursos e de poder (inclusive para estabelecimento de padrões, recall e pesquisa de capacitação) para tomar decisões razoáveis sobre armas de fogo. O poder de determinar os padrões de desempenho dos automóveis em matéria de resistência a impacto lateral é incumbência de uma agência reguladora, assim como o poder de decidir pela proibição ou não de veículos de três rodas para todos os terrenos (ao mesmo tempo autorizando os mais seguros de quatro rodas).

Da mesma forma, cada regra específica de regulamentação da fabricação e venda de armas de fogo devia ser submetida a um processo administrativo mais científico, no lugar do processo legislativo, de caráter mais político. Está na hora de tirar um pouco de política da segurança das armas de fogo.

Eu quase fui mandado para Guantánamo
(STEVEN D. LEVITT)

Passei ontem pelo Aeroporto de West Palm Beach tentando chegar a Chicago, mas dei com um adiamento do meu voo. Eles nem se davam ao trabalho de fingir que o avião decolaria num futuro previsível.

Com uma pequena investigação detetivesca, encontrei outro voo que poderia me levar para casa por outra companhia aérea. Comprei uma passagem de ida sem volta e me dirigi para o controle de segurança do aeroporto.

Naturalmente, a compra de última hora de uma passagem de ida sem volta acende os alarmes na Administração de Segurança dos Transportes, a TSA (Transportation Security Administration). Eu então sou retirado da linha e revistado. Primeiro, a revista de corpo inteiro. Depois, a bagagem.

Não me ocorreu que minha mais recente pesquisa haveria de gerar problemas para mim. Tenho pensado muito no terrorismo ultimamente. Entre os objetos da minha bagagem de mão estava uma detalhada descrição das atividades dos terroristas do 11 de Setembro, cheia de fotos de cada um deles e de informações sobre seu histórico. Além disso, páginas de anotações minhas sobre incentivos que funcionam com terroristas, possíveis alvos etc. Foi também a primeira coisa que o encarregado da segurança retirou da minha valise. O clima alegre que prevalecia até então ficou sombrio. De repente, fui cercado por quatro funcionários da TSA, que não pareciam muito convencidos por minha explicação. Quando o chefe chegou, um dos funcionários disse: "Ele alega que é professor de Economia e estuda o terrorismo."

Eles passam então a retirar até o último objeto das minhas duas valises. Faz muito tempo que eu não limpo minha valise de livros. É uma valise com doze compartimentos separados, todos cheios de porcaria.

"O que é isto?", pergunta o funcionário.

"É um batom-chaveiro da marca *Monstros S.A.*", respondo. E assim prosseguiu por 30 minutos. Além do batom, ele ficou particularmente interessado no meu passaporte (felizmente era de fato o meu), minha apresentação em PowerPoint, as pílulas caídas nas fendas da valise (cobertas de algodão e grafite de todos esses anos passados no purgatório) e um livro de autoajuda (*Quando coisas ruins acontecem a pessoas boas*).

Finalmente convencido de que eu jogava no time da casa, ele me permitiu entrar no avião para Chicago. Graças a Deus eu tinha deixado em casa meu exemplar do manual de terrorismo sobre o qual recentemente postara no blog, caso contrário teria sido mandado direto para Cuba.

Estranho mas verdadeiro: a NBC resolve comprar programa policial inspirado em *Freakonomics*
(STEPHEN J. DUBNER)

Alguns meses atrás, Levitt e eu fomos convidados a contribuir para o roteiro de um seriado policial de televisão baseado em conceitos de *Freakonomics*. O conceito central: a polícia de uma cidade grande, em crise, contrata um professor meio marginal para ajudar a controlar a criminalidade.

Pareceu-nos uma ideia completamente absurda, mas também estranhamente interessante. O conceito fora criado por Brian Taylor, jovem executivo da produtora de Kelsey Grammer, a Grammnet, que então fez uma parceria com a Lionsgate; e foi contratado então o consagrado roteirista Kevin Fox. A série seria intitulada *Pária*.

Há cerca de duas semanas, Levitt e eu fomos a Los Angeles ajudar os caras a vender o programa para as redes de televisão. Como não entendemos nada de TV, procuramos não falar muito e deixar que Kevin, Brian e Kelsey fizessem o que tinham de fazer. E foi o que fizeram! Aqui vai então a novidade,[10] cortesia de Deadline.com:

> A NBC comprou os direitos de *Pária* [...] O programa de temática policial apresenta personagens inspirados na teoria econômica "Freakonomics", popularizada pelos economistas Steven Levitt & Stephen Dubner. Em *Pária*, o prefeito de San Diego nomeia um professor meio marginal, sem experiência jurídica ou policial, para comandar uma força-tarefa usando métodos policiais alternativos inspirados em *Freakonomics*.

Ninguém sabe aonde isso vai levar, mas o percurso até agora foi divertido. Foi particularmente esclarecedor conversar com Grammer sobre interpretação (atualmente, ele estrela o drama *Boss*, no papel do prefeito de Chicago). A certa altura, perguntei-lhe o que é que faz com que o rosto de certas pessoas seja tão atraente na tela, ao passo que outras, podendo sob outros aspectos ser mais atraentes ou bem-apessoadas, simplesmente não têm esse apelo.

Ele respondeu imediatamente: "O tamanho da cabeça. A maioria dos atores de sucesso têm cabeças grandes."

Ele quis dizer em termos fisiológicos. Pelo menos é o que eu acho.

Atualização: o colapso desse acerto foi rápido até pelos padrões de Hollywood. Depois de algumas conferências, a NBC comunicou aos produtores que estava mudando de direção, ou que tinha mudado de ideia, ou que ia trocar o óleo, ou algo assim. Ainda estamos esperando nosso momento de brilhar ao sol.

10

Mais sexo, por favor, somos economistas

Claro que já escrevemos sobre sexo no blog, mas, estranhamente, só o sexo dos outros: nem uma única das nossas 8 mil postagens no blog menciona alguma vez nossas próprias experiências sexuais. Assim, tivemos algumas coisas a dizer sobre prostituição, doenças sexualmente transmissíveis e namoro on-line.

Nova descoberta: torcedores de futebol não têm tanto tesão assim
(STEPHEN J. DUBNER)

Anos atrás, a Alemanha legalizou a prostituição. Não era difícil entender que o objetivo era tornar o país um pouco mais agradável para torcedores da Copa do Mundo. Os bordéis alemães reforçaram suas equipes e se prepararam para o boom da Copa — que aparentemente não aconteceu.[1] Pode ser que muitos torcedores já se sintam suficientemente f... pelos juízes em campo para ainda sair pela noite pagando pelo serviço.

Proposta nada modesta: está na hora do imposto do sexo?
(STEPHEN J. DUBNER)

Considerando-se que:

- Constatou-se que os democratas em geral são favoráveis aos impostos e que os republicanos em geral contrários a qualquer atividade sexual desnecessária; considerando-se que:
- Os custos imprevistos da atividade sexual são inaceitavelmente altos, em especial no cenário político (cf. Clinton, Foley, Craig e Edwards, para mencionar apenas alguns exemplos disponíveis); considerando-se que:
- A busca do sexo também é extremamente onerosa fora da esfera política, em termos de queda de produtividade, gravidez indesejada, doenças sexualmente transmissíveis e casamentos (e outras formas de compromisso) arruinados; considerando-se que:
- O governo federal está precisando, como sempre, de mais dinheiro;

Propõe-se que um "imposto do sexo" seja cobrado aos cidadãos destes Estados Unidos.

Deve ficar claro que o objetivo do mencionado imposto não é conter a atividade sexual propriamente dita, mas captar parte dos custos impostos por certas atividades sexuais extrínsecas que, especialmente quando tornadas públicas, tendem a desviar preciosos recursos de matérias mais meritórias; com esta finalidade:

- As pessoas casadas reservarão um crédito substancial para a atividade sexual caseira devidamente aprovada; e, inversamente:
- Os índices mais elevados serão pagos pela atividade sexual pré-conjugal, extraconjugal ou de alguma forma incomum ou indesejável; e:

MAIS SEXO, POR FAVOR, SOMOS ECONOMISTAS

- A atividade sexual entre membros do mesmo gênero; ou entre mais de dois participantes; ou num avião, numa praia ou outros locais "não tradicionais" certamente será taxada no nível mais alto, ainda por ser estabelecido.

Também será estabelecida uma escala de atividade não envolvendo coito. A Receita Federal terá plena e total autoridade para coletar o referido imposto. Além disso:

- O pagamento do referido imposto, apesar de voluntário, não é mais voluntário que os pagamentos ou créditos de outras atividades de fundo fiscal, tais como: contribuições beneficentes, deduções relativas a negócios e dinheiro recebido por bens e serviços, devendo, portanto, estimular um nível perfeitamente aceitável de cumprimento; além disso:
- Os contribuintes criarão um registro sexual em papel que pode revelar-se útil em incontáveis possibilidades futuras, entre elas (não exaustivamente): emprego, namoro e participação no processo político; e:
- O habitual processo de auditoria haverá de se tornar consideravelmente mais interessante para o auditor, e um trabalho interessante é um incentivo muito necessário para atrair e reter empregados qualificados na Receita Federal.

Deve-se reconhecer que o estabelecimento de um nome aceitável para o referido imposto pode ser politicamente difícil, assim como o "imposto sobre a propriedade" e o "imposto sobre a morte" são na verdade versões diferentes, do ponto de vista da nomenclatura, do mesmo imposto usado pelos partidos adversários; entre as possíveis escolhas: Imposto sobre a Criação de Família; Imposto da Lei sobre Relações Extracurriculares e Menos Sexo; Imposto da Transa.

Além disso:

- Não é a primeira vez que um imposto dessa natureza vem a ser proposto nos Estados Unidos; em 1971, um parlamentar democrata de Providence, Rhode Island, chamado Bernard Gladstone, propôs essa medida no seu estado;[2] referiu-se a ela como "o único imposto que provavelmente seria pago em excesso",[3] mas infelizmente a medida prontamente foi rejeitada como "de mau gosto", posição da qual categoricamente discordamos; e considerando-se que:
- Um imposto semelhante de fato tem precedente histórico (ainda que fictício) nos escritos de certo Jonathan Swift, que em *As viagens de Gulliver* registrou que, num lugar chamado Laputa, "o imposto mais alto era cobrado de homens que são os maiores favoritos do outro sexo e as avaliações decorriam do número e da natureza dos favores que receberam; pelos quais são autorizados a se apresentar como seus próprios fiadores". E finalmente:
- Não fica claro por que tanto Swift quanto Gladstone propuseram que o imposto fosse cobrado apenas de homens, mas, à luz dos acontecimentos recentes e não tão recentes, eles provavelmente estavam 100% certos ao fazê-lo.

Mais sexo, por favor, somos economistas
(STEPHEN J. DUBNER)

Steven Landsburg não é exatamente conhecido por opiniões moderadas. Professor de Economia na Universidade de Rochester e autor fecundo, Landsburg constantemente levanta teorias provocadoras: as mulheres sufocam quando submetidas a pressão,[4] por exemplo, ou a mesquinharia é uma forma de generosidade.[5] Ele é autor dos livros *The Armchair Economist* [O economista de poltrona] e *Fair Play*,[6] sob certos aspectos precursores diretos de *Freakonomics*. Seu mais recente trabalho intitula-se *Mais sexo é sexo mais seguro: a lógica econômica para desvendar os mistérios da vida cotidiana*. Conversamos com ele sobre a ideia do título:

MAIS SEXO, POR FAVOR, SOMOS ECONOMISTAS

P. Muitos relatos do seu livro repousam na ideia de que as pessoas devem alterar o próprio bem-estar em nome do bem maior — por exemplo, homens isentos de doenças sexualmente transmissíveis deveriam tornar-se mais ativos sexualmente para proporcionar parcerias isentas de doenças às mulheres saudáveis. Será possível pôr em prática ideias assim na nossa sociedade?

R. Sem dúvida. Estamos pondo ideias assim em prática o tempo todo. Achamos que os donos de fábricas poluentes deviam abrir mão de parte do seu bem-estar pessoal (isto é, seus lucros) pelo bem maior e os convencemos a fazê-lo através das autorizações negociáveis de emissões (quando agimos com inteligência) ou de regulamentações ineficazes (quando agimos sem ela). Considera-mos que os ladrões profissionais deveriam abrir mão de certos aspectos de seu bem-estar pessoal (vale dizer, o hábito de roubar) pelo bem maior e os convencemos a fazê-lo diante da perspectiva de penas de prisão.

Nosso bem-estar pessoal quase sempre está em conflito com o bem maior. Quando algo empolgante acontece no estádio de beisebol, todo mundo se levanta para ver melhor e assim ninguém consegue. Nas festas, todo mundo fala alto para ser ouvido em detrimento dos outros e, portanto, todo mundo volta para casa com a garganta inflamada. A única grande exceção é a interação entre compradores e vendedores num mercado competitivo, no qual — por motivos bem sutis — o sistema de preços alinha de maneira perfeita os interesses privados e públicos. Trata-se de uma exceção milagrosa, mas é uma exceção. Nas outras áreas, em sua maioria, ainda é possível aperfeiçoar os incentivos.

Um dos temas de *Mais sexo é sexo mais seguro* é que algumas dessas situações de desconexão entre os interesses privados e públicos são surpreendentes e vão de encontro ao que nos parece natural. O sexo casual é um exemplo. Uma pessoa imprudentemente promíscua, com alta probabilidade de infecção por HIV, está poluindo as águas do parceiro toda vez que pula nelas — e deve ser desencorajada, como qualquer poluidor. Mas o outro lado da moeda é que uma pessoa muito cautelosa, com baixa probabilidade de infecção — e baixa propensão para transmitir qualquer infecção que de fato tenha — vai contribuir para melhorar a qualidade das águas do parceiro toda vez que mergulhar nelas. É o contrário de poluição e deve ser estimulado exatamente pelos mesmos motivos pelos quais devemos desestimular a poluição.

Sou uma garota de programa de luxo; pode me perguntar o que quiser[7]

Em *SuperFreakonomics*, traçamos o perfil de uma acompanhante de luxo que alcançou grande sucesso financeiro por sua capacidade empresarial e sua compreensão dos fatores econômicos. Nós a chamamos de Allie, que não é seu nome real nem profissional. Foi tão grande o interesse despertado por Allie após o lançamento do livro que ela concordou em responder a algumas perguntas dos leitores no blog. Elas são parafraseadas adiante, seguidas de suas respostas.

P. Pode nos contar como se tornou acompanhante profissional e o que sua família pensa — ou sabe — da sua ocupação?

R. Meus pais não sabem do meu trabalho, nem nada da minha vida sexual. Eu trabalhava como programadora e decidi largar o emprego para me tornar acompanhante. Na época, era solteira e me encontrava com as pessoas por um site de encontros muito conhecido. Era difícil encontrar alguém "especial", mas realmente conheci muitos homens agradáveis. Tinha crescido numa cidadezinha repressiva e na época tentava entender minha própria sexualidade. Nunca liguei minha autoestima a alguma ideia de virgindade ou monogamia, mas na verdade ainda não tinha explorado muitos dos meus desejos. Encontrava pessoas que levavam estilos de vida alternativos e, à medida que passava a conhecê-las, os estereótipos que havia construído começaram a desmoronar. Eu estava com 20 e poucos anos e levava uma vida sexual ativa. Um dia, decidi inscrever como ocupação "acompanhante" num serviço de mensagens instantâneas on-line. Em questão de segundos, recebi muitas respostas e depois de mais ou menos uma semana conversando com algumas pessoas decidi encontrar um dentista num hotel. A experiência não foi glamourosa nem sexy como eu esperava. Mas depois dela eu fiquei pensando: "Não foi ruim." Comecei a pensar que se tivesse um encontro por mês poderia pagar o financiamento do carro e ainda sobraria algum dinheiro. No fim das contas, optei por trabalhar exclusivamente como acompanhante. Na época, o motivo pelo qual abandonei o emprego de programadora era ter tempo livre. Estava cuidando de um parente muito doente — o tempo livre e o dinheiro representavam uma vantagem incrível.

P. Você tem algum problema moral com o que faz?

R. Para mim não há nenhum problema moral em fazer sexo por dinheiro, desde que seja seguro e praticado entre adultos agindo livremente. Mas sempre me preocupei com as possíveis consequências das questões sociais e legais para meu futuro e as pessoas que amo.

P. Que tipo de clientes você tem?

R. Meus clientes em geral são brancos, casados e profissionais liberais, entre 40 e 50 anos de idade, com renda superior a US$ 100 mil por ano. Na maioria dos casos, são médicos, advogados e empresários querendo dar uma escapulida de algumas horas no meio do dia.

P. Quantos são casados?

R. Quase todos. Eu diria, facilmente, mais de 90%. Não estou tentando justificar minha atividade, mas esses homens estão em busca de companhia. Em geral, não são homens incapazes de ter um caso [se quisessem], mas apenas querendo essa escapulida sem qualquer vínculo. São homens preocupados em manter intacta a vida em casa.

P. O que as mulheres dos seus clientes sabem ou pensam do fato de a procurarem?

R. Eu raramente tive oportunidade de descobrir se as mulheres aceitavam a coisa, mas de fato estive com vários casais, de modo que presumo que encaravam tudo naturalmente.

P. Você sabe os nomes verdadeiros dos clientes?

R. Sim. Sempre. Faço questão de que me deem o nome completo e o local de trabalho, para poder entrar em contato com eles antes do encontro. Também verifico sua identidade quando nos vemos. E uso os serviços de empresas que dão assistência a acompanhantes na checagem dos clientes. Essas empresas fazem a checagem dos clientes e os incluem numa base de dados, de maneira que, quando o cliente quer encontrar uma garota pela primeira vez, não precisa voltar a passar pelo processo de checagem. Pagando uma taxa, eu posso telefonar e eles me dizem se o cliente tem histórico de criar problemas para as garotas, onde trabalha e o nome completo.

P. Quais são os seus custos?

R. De $ 300 a 500 por mês pelos anúncios on-line;

$ 100 por ano pelo website;

$ 100 por mês pelo telefone;

$ 1,5 mil por ano em fotos.

Em caso de viagem, há gastos extras, como passagens, hotéis e mais custos de publicidade.

P. Tem algum arrependimento pela profissão que escolheu?

R. O trabalho como acompanhante me deu muitas oportunidades que não sei se teria alcançado em outra situação. Assim, minha decisão de me tornar acompanhante teve decididamente um custo, à parte os gastos com publicidade, fotografia e websites. Considero praticamente impossível ter uma relação saudável trabalhando. De modo que pode ser uma vida solitária. Além disso, revelou-se difícil por muitos motivos esconder meu trabalho dos amigos e da família.

P. O que você acha que mudaria na prostituição se fosse legalizada? Gostaria que sua filha se prostituísse?

R. Se os desdobramentos sociais e legais acabassem, acho que ser uma acompanhante seria como ser uma terapeuta (nunca fui terapeuta, ou seja, meu conhecimento naturalmente é limitado). Como a maioria dos acompanhantes, o terapeuta vende sua capacidade por hora. Também tem de encontrar pessoas pela primeira vez sem saber quem vai entrar pela porta. Muitos têm consultório próprio e trabalham sozinhos. Além disso, a sessão em geral tem caráter privado e exige discrição. Suponho que muitos terapeutas têm pacientes de que gostam e outros de que não gostam. A renda do terapeuta, como no caso de quase todas as outras profissões, provavelmente aumenta quando o cliente acha que o terapeuta gosta dele. Não estou querendo dizer que tenho a capacitação de um terapeuta formado, nem de modo algum menosprezando o que eles fazem; apenas observando algumas semelhanças óbvias. Se tivesse filhos, eu gostaria que se sentissem com possibilidades e tivessem oportunidade de fazer o que quisessem fazer, podendo dispor plenamente da própria sexualidade. Mas este trabalho tem seu lado difícil e pode cobrar um preço muito alto da pessoa. Sei

QUANDO ROUBAR UM BANCO

que tornou mais difíceis muitos aspectos da minha vida e dos meus relacionamentos. Assim, como qualquer pai ou mãe, eu gostaria que meu filho ou minha filha tivesse mais do que eu mesma.

P. Então é a favor da legalização?

R. Acho que a prostituição devia ser legal. Quando um casal sai para jantar, toma uma garrafa de vinho e depois faz sexo, é considerado um encontro. Se eles saem para jantar, tomam uma garrafa de vinho e depois fazem sexo, com dinheiro deixado num envelope sobre a penteadeira, é considerado ilegal. Sei que existem mulheres na prostituição que estão fazendo isso porque sentem que precisam fazê-lo. Essas mulheres trabalham numa parte do negócio diferente da minha. Muitas têm problemas de drogas ou abuso, entre outros. Acho que, em vez de gastar tempo e recursos limitados para deter e criminalizar essas mulheres, devíamos usar esses recursos para assegurar que elas tenham outras oportunidades e possam ir obter ajuda em algum lugar. As mulheres que não querem ser prostitutas não deveriam precisar ser e deveriam poder conseguir a ajuda de que precisam. E as que querem ser devem poder. Acho que ninguém deve ser obrigado a ganhar a vida com um emprego que vai de encontro aos seus valores morais.

P. Como a legalização afetaria o seu modelo de negócios?

R. Tenho certeza de que me obrigaria a baixar minhas tarifas. Tenho certeza de que mais pessoas passariam a trabalhar na prostituição e haveria também mais homens na atividade. Mas, tirando isso, a legalização não remove todas as barreiras para quem quer entrar. O trabalho continuaria tendo um enorme estigma, tanto para as acompanhantes quanto para os clientes. Em países como o Canadá, a aplicação das leis contra a prostituição é extremamente negligenciada e, embora as tarifas sejam baixas, não variam muito.

De modo que ainda assim haveria homens com medo de serem descobertos pelas mulheres e eu da mesma forma não desejaria que minha família ficasse sabendo da minha profissão.

P. Dubner e Levitt escreveram que você tem alguma formação em Economia. Isso tem alguma influência na maneira como você encara sua atividade?

R. Claro, aqui vão alguns exemplos:

Jantar com amigos = custo de oportunidade

Informação perfeita = sites de recomendações

Custo de transação = marcar um encontro

Jogo repetido = reputação

Diferenciação de produto = não é loura

Falando sério, gostaria de ter sabido na época o que sei hoje.

A Rádio Freakonomics alcança resultados
(STEPHEN J. DUBNER)

É bom ter um *podcast* popular, mas uma coisa muito diferente é ter um *podcast* que de fato muda o mundo. Será que você seria capaz de adivinhar qual dos nossos episódios recentes mudou o mundo? Talvez o que fala da permissão legal para os motoristas matarem os pedestres?[8] Ou o intitulado "Combater a pobreza com provas factuais"?[9] Ou talvez o que fala dos abacates comprados nos Estados Unidos que ajudam a financiar os cartéis mexicanos do crime?[10]

Nada disso.

Aqui vai um e-mail de uma ouvinte de Cincinnati chamada Mandi Grzelak:

História real: ouvindo o seu *podcast* de 6 de fevereiro, "O que você não sabe sobre namoro on-line",[11] pensei com meus botões: "Preciso experimentar namoro pela internet!" Afinal, se os empregados da National Public Radio estão em sites como OKCupid, por que eu não poderia experimentar? Seria incrível!

Resumindo uma longa história: fiz a assinatura nessa mesma tarde, comecei com alguns e-mails e fui ao meu primeiro encontro (pelo site, não da minha vida) no dia 10 de fevereiro. Tim e eu somos inseparáveis desde então, proporcionando infindável felicidade um ao outro, e na noite passada ele me pediu em casamento. Eu, naturalmente, aceitei. Pretendemos fugir para Nova York em agosto, para evitar uma festança de casamento muito dramática. Mas vocês e suas famílias serão bem--vindos se quiserem se juntar a nós.

E foi tudo graças a vocês!!!

Agora podemos morrer felizes. Talvez não consigamos mudar nada nas grandes questões sociais ou nas políticas públicas, mas, enquanto Mandi e Tim estiverem juntos, teremos motivo de satisfação.

11

Caleidoscópio

Os dez capítulos anteriores foram organizados por temas, o que torna este livro de postagens de blog diferente do blog propriamente dito — que não tem qualquer organização. Um de nós decide escrever algo em determinado dia e click! — é publicado. Um post não tem qualquer relação com os que vieram antes e os que virão depois. O que tende a conferir à leitura de um blog certo caráter caleidoscópico — qualidade que tentamos capturar neste capítulo, sem um tema definido. Uma visão menos caridosa (ou mais lúcida?) pode ser encontrada no fim deste livro com uma oferta de postagens sem qualquer inter-relação — uma verdadeira miscelânea — e decidimos apertá-las num capítulo que mais honestamente poderia ser intitulado "Miscelânea". O que também seria verdade.

Um tema para pensar na fila do KFC
(STEVEN D. LEVITT)

Gosto do frango do KFC desde que era garoto. Meus pais eram pobres, de modo que o Kentucky Fried Chicken era um verdadeiro luxo quando eu estava crescendo. Cerca de duas vezes por ano, meus pedidos, talvez associados a um oportuno anúncio na televisão, acabavam convencendo meus pais a levar a família ao KFC.

Desde que comecei a comer no KFC, o serviço sempre foi horrível.

Ontem foi um bom exemplo. Fui com minha filha Amanda. Desde o momento em que entramos na loja até a hora de sair com a comida, passaram-se 26 minutos. A fila andava tão devagar no restaurante que acabamos desistindo e optamos pelo drive-thru. Finalmente recebemos a comida, mas sem guardanapos, canudos nem utensílios de plástico. O que ainda foi melhor do que da vez em que entrei no KFC para ficar sabendo que eles estavam sem frango.

A ironia desse mau atendimento no KFC é que, no nível empresarial, eles parecem se esforçar muito para prestar um bom serviço. O crachá do sujeito que atendia por trás do balcão de ontem dizia que ele tinha "paixão por atender", ou algo parecido, como parte da "paixão por atender" do KFC. Alguns anos atrás, lembro que eles se preocupavam sobretudo com total melhoria de qualidade. Em outra ocasião, acho que afixaram na parede uma lista de dez mantras de bom atendimento que deveriam supostamente servir de meta para os empregados.

Por que então o atendimento no KFC continua tão ruim? Tenho aqui duas hipóteses que parecem casar:

1. A rede KFC não tem empregados suficientes. Da próxima vez que você for a um McDonald's, conte os empregados. Sempre fico impressionado com a quantidade de pessoas atendendo. Não é raro ver quinze a vinte pessoas trabalhando ao mesmo tempo numa movimentada loja do McDonald's. O número de pessoas trabalhando no KFC parece muito menor. Acho que havia apenas quatro ou cinco atendendo ontem quando fui à loja.

2. A clientela do KFC é mais pobre que os clientes de outras redes de fast-food e as pessoas pobres se dispõem menos a pagar por um bom serviço. Não tenho a menor dúvida de que o serviço em geral é terrível em lugares frequentados por pobres. Se é porque essas pessoas se importam menos com o serviço, não sei ao certo. Mas sei que praticamente não vi nenhum mau serviço no ano inteiro que passei em Stanford como professor visitante, o que sempre atribuí ao fato de haver tantas pessoas ricas na região.

CALEIDOSCÓPIO

Post mortem a *The Daily Show*
(STEVEN D. LEVITT)

Muito bem, consegui sobreviver a minha participação em *The Daily Show*. Algumas reflexões ao acaso sobre a experiência:

Primeira, Jon Stewart realmente parece ser um sujeito fantástico. Inteligente, amigável, pés no chão, divertido o tempo todo, na frente da câmera ou longe dela. Talvez devesse pensar um dia em concorrer à presidência. Eu votaria nele. Seu único problema é não ser muito alto — os norte-americanos gostam de presidentes altos.

Depois, sentado ali no estúdio, por mais que a gente tente, é impossível imaginar que 2 milhões de pessoas estejam observando o que você está fazendo (no meu caso, na verdade, 2.000.002, pois meus pais não costumam assistir ao programa, mas ontem à noite estavam assistindo). O que é bom se você for como eu, intrinsecamente antissocial e com pavor de multidão. Certamente, seria muito pior para os nervos dar uma entrevista diante de um público de 2 milhões de pessoas espalhadas pelo Mall em Washington.

Em terceiro lugar, a televisão, exceto talvez no caso de Charlie Rose, é um meio de comunicação terrível para tentar falar de livros. Eu dei uma entrevista longa — mais de seis minutos —, mas Stewart fazia perguntas difíceis às quais eu não podia dar respostas de verdade (basicamente, ele queria que eu explicasse a análise de regressão, mas que o fizesse em quinze segundos). Um dos pontos fundamentais em *Freakonomics* é que tentamos mostrar ao leitor como chegamos a nossas respostas, não apenas afirmar que estamos certos. Na TV, simplesmente não há tempo para proceder assim.

Por último, certamente é bom estar diante de um público louco para achar graça de tudo que você diz. (Por exemplo, não entendi bem o motivo, mas a plateia caiu na gargalhada quando eu falei de crack.) Bem que eu gostaria de que os alunos das minhas aulas do curso de graduação às nove horas da manhã se mostrassem tão dispostos assim. Naturalmente, se minhas aulas fossem pelo menos um décimo de *The Daily Show* em matéria de divertimento, aposto que meus alunos se mostrariam bem interessados.

Sabedoria dental
(STEPHEN J. DUBNER)

Eu realmente gosto do meu dentista, o dr. Reiss. Ele está pelo fim da casa dos 60, talvez até no início da casa dos 70. Dizer que ele sabe se achar pela boca seria um eufemismo. Mas não é o único motivo para eu gostar dele. Recentemente, ele me contou como foi que resolveu determinado problema. Como já vai avançando em anos, muitos pacientes perguntavam se ele estava para se aposentar. Ele não gostava da pergunta; é um sujeito que joga tênis duas vezes por semana, lê um milhão de livros e se mantém atualizado com a vida cultural e política de Nova York com grande vigor. Assim, em vez de rebater uma a uma essas perguntas incômodas sobre aposentadoria, ele encontrou uma maneira relativamente barata de sinalizar suas intenções a quem estivesse interessado: comprou móveis e equipamentos novos para o consultório. De repente, as perguntas pararam.

Por mais que em geral eu tenha medo da cadeira do dentista, sempre acabo aprendendo alguma coisa. E ontem não foi exceção. Perguntei ao dr. Reiss sobre as causas dos problemas dentários — genética versus dieta etc. etc. — quando ele começou a explicar por que minha pasta de dentes é um produto furado. Qualquer alegação de que as pastas de dente previnem cáries, branqueiam os dentes etc. são totalmente falaciosas, disse-me o dr. Reiss, pois a Food and Drug Administration (FDA, órgão governamental que regula alimentos e medicamentos nos Estados Unidos) não pode permitir e não permite o uso dos ingredientes necessários para o desempenho dessas ações em produtos vendidos em balcão — e que, portanto, podem ser facilmente comprados por crianças. (Por isso é que ele recomenda um produto antibacteriano como Gly-Oxide, de sabor horrível, mas aparentemente eficaz na eliminação das bactérias que provocam cáries.)

A outra coisa que aprendi ontem foi muito mais interessante, com implicações bem mais amplas. Ele me disse que as cáries, em geral, mesmo em pacientes abastados, estão piorando, especialmente em pessoas de meia-idade ou mais. Por quê? O crescente uso de remédios para doenças cardíacas, colesterol alto, depressão etc. Muitos deles, explicou o dr. Reiss, deixam a boca ressecada devido à restrição do fluxo salivar; e, como a saliva mata as bactérias da boca, sua carência significa maior número de bactérias — o que leva ao agravamento das cáries. Considerando-se a escolha entre tomar esses remédios e ter algumas cáries, tenho certeza de que a maioria das pessoas ainda optaria pelos remédios — mas também aposto que a maioria delas não pensou nesse vínculo.

Infelizmente, tenho consulta hoje com o dr. Reiss de novo. Pelo menos vou aprender mais alguma coisa.

Para que toda essa merda?
(Steven D. Levitt)

Ano passado, o livro *Sobre falar merda*, do professor de filosofia Harry Frankfurt, surpreendeu ao chegar à lista de best-sellers, alcançando inclusive o número um do levantamento do *New York Times* durante uma semana. O que representa um incrível sucesso comercial para meus amigos da Princeton University Press.

O sucesso do livro aparentemente inspirou outros autores:

O jogador de golfe John Daly lança esta semana uma autobiografia intitulada *My Life in and out of the Rough: The Truth About all the Bullshit You Think You Know About Me* [Minha vida no campo e fora dele: a verdade sobre todo o papo furado que você pensa saber a meu respeito]. O livro é publicado pela editora HarperCollins, a mesma que publicou *Freakonomics*. O pessoal de lá morreu de medo com o título "Freakonomics" quando minha irmã Linda Jines teve a ideia. Acho que a essa altura já se acostumaram um pouco.

Temos também *100 empregos idiotas e como consegui-los*, de Stanley Bing, livro igualmente lançado esta semana. E adivinhem qual é a editora. HarperCollins!

QUANDO ROUBAR UM BANCO

Saiu também *The Dictionary of Bullshit* [O dicionário da balela], lançado há duas semanas. Pelo menos esse não é da HarperCollins. Mas cuidado para não confundi-lo com *The Dictionary of Corporate Bullshit* [O dicionário da merda corporativa], publicado em fevereiro.

E há ainda *Bullshit Artist: The 9/11 Leadership Myth* [Artista falcatrua: o mito de liderança 11 de setembro], lançado em brochura em março; *Bullets, Badges, and Bullshit* [Balas, distintivos e besteiras], também de março; e *Another Bullshit Night in Suck City* [Mais uma noite ridícula na Cidade de Merda], de setembro.

Já chega de merda? Acho que não.

Vindo por aí para lançamento no fim do mês temos *The Business of Bullshit* [O negócio do papo furado] (que não é *The Dictionary of Business Bullshit* [Dicionário empresarial do papo furado], embora se possa até confundir) e *Your Call Is Important to Us: The Truth About Bullshit* [Seu telefonema é importante para nós: a verdade sobre essas merdas].

Mas pelo menos teremos alguns meses de descanso até *Hello, Lied the Agent: And Other Bullshit You Hear as a Hollywood TV Writer* [Salve, mentiu o agente: e outros papos furados que ouvimos como roteiristas de TV em Hollywood], a sair em setembro.

Só posso mesmo perguntar: que p---- é essa?

Se Barack Obama for tão bom de política quanto de escrever, logo será presidente
(STEVEN D. LEVITT)

Essa postagem foi publicada no dia 25 de novembro de 2006, cerca de cinco meses antes de Obama anunciar que se candidataria à presidência. Foi uma das poucas previsões acertadas que fizemos.

Este não é um blog político. Não me interesso por política. Mas estou lendo um grande livro que por acaso foi escrito por um político.

CALEIDOSCÓPIO

A primeira vez que ouvi falar de Barack Obama foi quando vi seu nome saltando daqueles cartazes de propaganda política que as pessoas colocam em frente de suas casas nos anos de campanha eleitoral. Não sabia nada sobre ele, apenas que estava ligado à Faculdade de Direito da Universidade de Chicago e que se candidatava sem muita esperança ao Senado. Achei que o apoio que recebia na minha cidade na época provavelmente seria tudo que conseguiria no estado. A cidade onde eu vivia, Oak Park, chega às vezes a ser cômica de tão esquerdista. Por exemplo, ao entrar na cidade, você é informado de que está entrando numa zona sem energia nuclear. Pensei que ele precisaria de muito pouco mais que o fato de se chamar "Barack Obama" para conquistar o eleitorado de Oak Park.

Eu não estava prestando a menor atenção na disputa pelo Senado quando fui contatado por telefone para uma pesquisa realizada pelo *Chicago Tribune*. Eles me perguntaram em quem eu votaria na eleição para o Senado que se aproximava. Por mera questão de simpatia e lealdade à Universidade de Chicago, disse que votaria em Obama. Assim, quando os resultados da pesquisa fossem divulgados, ele teria o apoio de uma pequena percentagem do eleitorado e não se sentiria tão mal. Pois fiquei pasmo quando vi os resultados da pesquisa na primeira página do jornal alguns dias depois: Obama estava na liderança pela primária do Partido Democrata! (Isso, naturalmente, foi bem antes de ele ser escolhido para fazer o discurso inaugural da Convenção Nacional Democrata.)

Como não sou muito enfronhado em política, não prestei muita atenção na disputa pelo Senado (que acabou sendo uma lavada, com Obama arrasando — vejam só! — Alan Keyes). De fato, cheguei a vê-lo em dois discursos: o da convenção democrata e o da noite da vitória. Nas duas vezes, tive a sensação de que estava jogando um feitiço em mim. Quando ele falava, eu queria acreditar. Não me lembro de nenhum outro político que tivesse tal efeito sobre mim. Um amigo meu, que conhece Barack e conheceu Bobby Kennedy, disse que não tinha encontrado ninguém como Kennedy até conhecer Barack.

Seja como for, tudo isso é apenas um longo prelúdio para dizer que peguei esse livro, *The Audacity of Hope* [A Audácia da esperança: reflexões sobre a reconquista do sonho norte-americano] e fiquei impressionado: como é bem escrito! Seus relatos às vezes me fazem rir alto, às vezes me deixam com os olhos marejados. Volta e meia me vejo sublinhando trechos, para poder encontrá-los facilmente no futuro. E também tenho quase certeza de que ele próprio escreveu tudo, com base em depoimentos de pessoas próximas a mim que o conhecem. Se você não quiser dar *Freakonomics* para alguém como presente de Natal este ano, seria uma excelente alternativa.

Provavelmente eu não deveria estar tão surpreso com o fato de ele ser um bom escritor, pois dois anos atrás li seu primeiro livro, *Dreams from My Father* [Sonhos do meu pai], e também adorei. Mas, ao contrário desse primeiro livro, escrito quinze ou vinte anos atrás, quando ele ainda não tinha ambições políticas, eu achava que este outro seria puro lixo. Raramente um livro supera tanto minhas expectativas. Além disso, devo frisar que não concordo com todos os seus pontos de vista políticos, o que de modo algum diminui o prazer da leitura.

Se ele tiver sobre outras pessoas o mesmo efeito que produz em mim, vocês estão diante de um futuro presidente.

Medicina e estatística não se misturam
(STEVEN D. LEVITT)

Um casal de amigos meus tentava recentemente engravidar com ajuda de um tratamento de fertilidade. A um grande custo financeiro, para não falar das dores e do desconforto, seis óvulos foram removidos e fertilizados. Os seis embriões foram então submetidos a um Diagnóstico Genético de Pré-Implante (DGP), processo que, só ele, custa US$ 5 mil.

Os resultados apresentados pelo DGP foram desastrosos. Constatou-se que quatro dos embriões eram totalmente inviáveis. Aos outros dois faltavam decisivos genes/sequências de ADN, indicando que o implante levaria a abortos ou a um bebê com terríveis defeitos de nascença.

CALEIDOSCÓPIO

O único fio de esperança nesse terrível resultado é que o último teste tinha um índice de falso positivo de 10%, o que significa que havia uma chance em dez de que um dos dois embriões fosse viável.

O laboratório então repetiu o teste. Mais uma vez chegou-se ao resultado de que faltavam sequências críticas de ADN. O laboratório disse aos meus amigos que um segundo fracasso do teste deixaria apenas uma em cem chances de que algum dos embriões fosse viável.

Meus amigos — por serem otimistas, loucos ou talvez por saberem um pouco mais de estatística do que as pessoas encarregadas dos testes — decidiram ir em frente e gastar muito mais dinheiro para ainda assim implantar esses embriões quase certamente sem valor nenhum.

Nove meses depois, tenho o prazer de informar que ganharam dois belos gêmeos, perfeitamente saudáveis.

A probabilidade de que isso acontecesse, segundo o laboratório, era de 10 mil para 1.

O que aconteceu então? Um milagre? Desconfio que não. Sem nada saber a respeito do teste, meu palpite é que os resultados são correlacionados, o que certamente acontece quando o teste é realizado duas vezes no mesmo embrião, mas provavelmente também entre embriões do mesmo grupo.

Os médicos, no entanto, interpretaram os resultados como se não fossem correlacionados, o que os levou a se mostrar demasiado pessimistas. A probabilidade certa poderia chegar a 1 em 10 ou talvez algo como 1 em 30. (Ou talvez a simples realização do teste fosse uma bobagem e a probabilidade, de 90%!)

De qualquer maneira, é apenas o mais recente exemplo ilustrando por que nunca confio em estatísticas que me apresentam no campo da medicina — nunca!

Minha história favorita envolve meu filho Nicholas:

Num estágio relativamente inicial da gravidez, fizemos um ultrassom. O técnico disse que, embora fosse muito cedo, achava que podia prever se seria menino ou menina, se quiséssemos saber. Respondemos: "Sim, claro, queremos saber." Ele disse que achava que seria menino, embora não tivesse certeza.

"Qual seu grau de certeza?", perguntei.

"Eu diria meio a meio", respondeu ele.

Se você gosta de trotes...
(STEPHEN J. DUBNER)

... tem de reconhecer que esta é muito boa:[1] mandar material de pesquisa falso para um biógrafo que você detesta. No caso, o biógrafo é A. N. Wilson, que escrevia um livro sobre o poeta John Betjeman. Wilson usou a carta e só tarde demais viria a descobrir que era falsa — e que, juntando as primeiras letras de cada frase da carta, podia ler esta adorável mensagem: "A. N. Wilson é um merda."

Isso me lembra meu primeiro emprego no jornalismo, como assistente editorial da revista *New York*. Uma ou duas vezes por semana, cabia-me ficar até tarde para examinar as provas da última página e me certificar de que os editores, copidesques e diretores de produção não tinham deixado passar nenhum erro. O mais importante era cuidar para que as "capitulares" — vale dizer, as enormes maiúsculas que dão início a cada nova sessão de um artigo — não formassem inadvertidamente nenhuma mensagem ofensiva. Certa noite, examinando um artigo sobre câncer de mama, verifiquei que as primeiras capitulares eram T, E, T, A e S. Sim, elas foram mudadas.

De bom a excelente... e abaixo da média[2]
(STEVEN D. LEVITT)

Eu quase nunca leio livros sobre negócios hoje em dia. Cumpri minha cota anos atrás, quando era consultor de gestão, antes de voltar para a universidade em busca do meu Ph.D.

CALEIDOSCÓPIO

Semana passada, contudo, comprei *Empresas feitas para vencer: por que algumas empresas alcançam a excelência... e outras não*, de Jim Collins. O livro é um total fenômeno no mundo editorial. Desde a sua publicação, em 2001, vendeu milhões de exemplares. E continua vendendo mais de 300 mil por ano. Fez tanto sucesso que, sete anos depois, ainda chega às livrarias na edição de capa dura. Há anos ouço falar do livro, mas ainda não tinha parado para ler. As pessoas sempre me perguntam a respeito. Achei então que estava na hora de dar uma olhada.

O livro examina onze empresas que iam apenas bem, até que se alçaram à grandeza — sendo grandeza definida como um longo período no qual as ações se saíram incrivelmente melhor que a média do mercado e dos concorrentes. Essas empresas não só fizeram a transição do bom para o excelente como tinham características que faziam delas firmas "feitas para durar" (título de um livro anterior de Collins).

Ironicamente, comecei a ler o livro exatamente no dia em que uma das empresas que passaram "de bom a excelente", a Fannie Mae, chegou às manchetes das páginas de economia. Parece que a Fannie Mae vai precisar de socorro do governo federal. Se você tivesse comprado ações da Fannie Mae mais ou menos na época da publicação de *Empresas feitas para vencer*, teria perdido 80% do investimento inicial.

Outra dessas empresas "de bom a excelente" é a Circuit City. Você certamente também teria perdido até a roupa do corpo se tivesse investido nela, que igualmente caiu 80% ou mais.

Nove das onze empresas permanecem mais ou menos intactas. Dessas, a Nucor é a única que superou espetacularmente a média do mercado de ações desde o lançamento do livro. A Abbott Labs e a Wells Fargo se saíram bem. Globalmente, uma carteira de valores das empresas "de bom a excelente" provavelmente teria ficado abaixo da média do índice S&P 500.

Creio que alguém analisou as empresas focalizadas no clássico livro *In Search of Excellence* [Vencendo a crise], de Peters e Waterman,[3] e constatou a mesma coisa.

QUANDO ROUBAR UM BANCO

Que significa tudo isso? Em certo sentido, não muito. Esses livros sobre empresas e negócios em grande medida estão voltados para o passado: Que fizeram essas empresas para ter sucesso? O futuro é sempre difícil de prever — e entender o passado é importante; por outro lado, a mensagem implícita desse tipo de livros é que os princípios adotados por essas companhias não só fizeram com que fossem boas no passado como as posicionam para sustentar o êxito.

Na medida em que isso não se comprova de fato, fica questionada a premissa básica dos livros, certo?

Este post foi publicado em 2008. No momento em que escrevo, as ações da Fannie Mae estão pouco acima de US$ 2, contra quase US$ 80 em 2001, e a Circuit City faliu. As demais empresas "de bom a excelente" apresentam quadros dos mais variados tipos desde 2008. Algumas subiram espetacularmente (Kroger e Kimberly-Clark), outras caíram feio (Pitney Bowes e Nucor), ao passo que duas das onze empresas destacadas — Gillette e Walgreens — entraram em fusão corporativa (respectivamente com a Procter & Gamble e a Boots) e alcançaram considerável sucesso.

Vamos dar uma folga para Deus?
(Steven D. Levitt)

Algum tempo atrás, postei um blog sobre a febre dos livros com a expressão *bullshit* ["merda", balela] no título. Felizmente, a onda passou. Consegui encontrar na Amazon apenas dois livros lançados ano passado com a palavra no título.

Agora parece que ir atrás de Deus é o lance do momento.

Daniel Dennett começou a correria com *Breaking the Spell* [Quebrando o feitiço]. Richard Dawkins veio em seguida com o best-seller *Deus: um delírio*. Viriam então *God, the Failed Hypothesis* [Deus: a hipótese falha], de Victor Stenger, e *God Is Not Great* [*Deus não é grande*], de Christopher Hitchens.

CALEIDOSCÓPIO

E depois? *Irreligion* [Irreligião], de John Allen Paulos (autor de *Innumeracy*). Acho o máximo que o livro tenha sido lançado no dia 26 de dezembro. O que poderia ser mais adequado?

Pois aqui vai o que me intriga: Quem compra esses livros?

Não sou religioso. Não penso muito em Deus, exceto quando estou em algum aperto e preciso de favores especiais. Não tenho nenhum motivo especial para acreditar que Ele vai atender, mas ainda assim às vezes dou uma arriscada. À parte isso, simplesmente não estou assim tão interessado em Deus.

Decididamente não me interesso o suficiente para comprar livros que me expliquem por que não devo acreditar em Deus, mesmo quando são escritos por pessoas como Dennett e Dawkins, que tanto admiro. Se eu fosse religioso, acho que seria ainda mais provável que fizesse de tudo para evitar livros empenhados em me dizer que minha fé não faz sentido.

Quem é, então, que está produzindo esses best-sellers contra Deus? Será que as pessoas que desprezam o conceito de Deus têm uma necessidade insaciável de livros destinados a lembrá-las dos motivos disso? Será que existem por aí tantas pessoas que ainda não se decidiram a respeito e estão abertas a palavras de convencimento?

Vou expor o argumento de outra maneira: entendo perfeitamente que livros atacando os esquerdistas vendam bem. É simplesmente porque muitos conservadores detestam os esquerdistas. Os livros atacando os conservadores vendem bem pelo mesmo motivo. Mas ninguém escreve livros dizendo que a observação de pássaros em seu hábitat natural é uma perda de tempo, pois as pessoas que não cultivam essa prática provavelmente concordam, mas não vão querer gastar US$ 20 para ler a respeito. Como são pouquíssimas (pelo menos na minha turma) as pessoas que ativamente desgostam de Deus, surpreende-me que os livros contra Deus não sejam recebidos com o mesmo bocejo que seria reservado aos livros contra a observação de pássaros.

Por que gosto de escrever sobre economistas
(Stephen J. Dubner)

Tenho tido ao longo dos anos oportunidades de escrever sobre muitas pessoas interessantes. Minha mãe sempre contava uma história extraordinária (e há muito esquecida) sobre sua fé religiosa.[4] Entrevistei Ted Kaczynski, o Unabomber;[5] a turma de recrutas da Liga Nacional de Futebol Americano;[6] um notável ladrão que só roubava prata de lei.[7]

Mas ultimamente tenho escrito sobre economistas — sobretudo em frutífera coautoria com o economista Steve Levitt. O que é uma grande novidade, e eis por quê.

Um autor de não ficção como eu, treinado ao mesmo tempo em jornalismo e literatura, é limitado pelo que os seus temas lhe contam. Sim, tenho grande margem de liberdade ao redor de um tema — se Ted Kaczynski não quiser falar do seu processo, por exemplo, muitas outras pessoas poderão fazê-lo —, mas sou seriamente limitado pelo que as pessoas me dizem e a maneira como dizem.

O que parece óbvio é que, quando se está escrevendo sobre alguém, essa pessoa trata de se apresentar da melhor maneira possível.

As pessoas contam as histórias que as fazem parecer boas, ou nobres, ou altruístas; algumas das mais inteligentes usam a autodepreciação para transmitir a ideia da sua excelência. O que deixa aquele que escreve numa situação desagradável: dependendo de anedotas que podem ou não ser verdadeiras, ou completas, e que são contadas com o objetivo de pintar um quadro parcial.

Pois vou dizer agora como é que os economistas são diferentes. Em vez de usar anedotas para embelezar a realidade, eles usam dados para expor a verdade. Pelo menos é esse o objetivo. Algumas dessas verdades podem ser incômodas. Depois que escrevi sobre o economista Roland Fryer,[8] ele foi criticado por outros acadêmicos negros por ter subestimado a intensidade do sofrimento causado pelo racismo aos norte-americanos negros. O trabalho de Steve Levitt com John Donohue sobre a relação entre o caso judicial Roe versus Wade* e a queda nos índices de crimes violentos incomodou pessoas de todas as tendências políticas.

Para mim, o autor, contudo, esse tipo de pensamento é uma bênção — uma maneira de encarar o mundo com um horizonte mais amplo e de uma forma menos viciada do que costuma ser possível no jornalismo.

Levitt gosta de dizer que a moral representa a maneira como as pessoas gostariam que o mundo funcionasse, ao passo que a economia representa a maneira como de fato funciona. Não tenho lastro mental para ser o tipo de economista que Levitt e Fryer são; mas fico feliz de poder atrelar minhas curiosidades aos seus cérebros. No jargão dos economistas, as minhas capacitações e as de Levitt são complementaridades. Como acontece em boa parte da linguagem da economia, a palavra em si mesma é horrível; mas, como costuma acontecer na economia, o conceito é admirável.

A morte de uma filha
(MICHAEL LEVITT)

Steve Levitt escreveu:

> Minha irmã Linda faleceu neste verão. Ninguém pode ter amado uma filha mais do que meu pai, Michael, amou Linda. Sendo médico, ele se mostrou desde o início realista quanto ao que a medicina moderna seria capaz de fazer para salvar sua preciosa filha do câncer. Mesmo com uma expectativa baixa, ele ficou chocado com o grau em que suas interações com o sistema médico se revelaram impotentes e, na verdade, contraproducentes. Aqui vai, em suas próprias palavras, o comovente depoimento do meu pai sobre a experiência da minha irmã com os cuidados médicos que recebeu.

---

*Que reconheceu o direito ao aborto nos EUA.

QUANDO ROUBAR UM BANCO

"Papai, vou lhe contar algo que você preferiria não saber. A ressonância magnética mostrou que tenho dois tumores no cérebro." Essa catástrofe verbal é a mensagem telefônica que eu (um gastroenterologista praticante e já idoso) recebi de minha filha de 50 anos, até então saudável, que acabara de fazer uma ressonância magnética do cérebro por causa de uma semana com instabilidade ao caminhar. Pessimista como sou, preocupei-me que a ressonância mostrasse esclerose múltipla. Nem mesmo minha fértil imaginação alcançara a possibilidade de tumores cerebrais com metástase. A data é 9 de agosto de 2012.

Sem que se saiba o motivo, minha filha é transferida de ambulância para um hospital metropolitano local. Em questão de uma hora, o resultado da ressonância magnética transformou minha filha num caso de ambulância e a mim num pai muito nervoso e angustiado. Um exame de tomografia computadorizada de corpo inteiro mostra outros tumores no pescoço, nos pulmões e nas glândulas renais, com possível envolvimento do fígado. Um oncologista local é convocado, uma biópsia da massa cervical é realizada e minha filha é liberada, à espera dos resultados. Quatro dias depois, a biópsia apresenta como resultado um carcinoma de pulmão de células não pequenas. Somos informados de que, em mulheres jovens que nunca fumaram, esse tumor eventualmente pode ter um genotipo favorável que o deixa suscetível à quimioterapia. Uma verificação na internet indica que o genotipo favorável é raro e "suscetível" — um desses termos relativos usados em oncologia.

Diz um ditado grego que "não se deve dizer que ninguém é feliz até que morra". Uma calamidade que eu esperava/presumia jamais ocorresse agora parece provável: vou viver mais que um dos meus filhos. Estou muito infeliz e minha mulher pergunta se um dia voltaremos a ser felizes.

Minha filha precisa de tratamento local dos tumores cerebrais e de quimioterapia sistêmica. Ela e o marido optam por tratamento num centro de referência distante. Ela prontamente é atendida por um neuro-oncologista nesse centro e uma tomografia por emissão de pósitrons (PET) confirma a natureza generalizada do tumor. No dia seguinte,

CALEIDOSCÓPIO

uma radiocirurgia é efetuada nos dois principais tumores cerebrais, no cerebelo e no lobo frontal. Nove dias depois de descobertas as lesões cerebrais, ela deixa o centro de referência aparentemente em seu bom estado de saúde (o passo instável foi aliviado com dexametasona). Eu volto a comer e a dormir. Minha filha aguarda uma nova visita ao centro de referência para discutir a questão da quimioterapia com um oncologista pulmonar. Embora todos os dias eu converse ou troque mensagens com ela, estou totalmente despreparado para o que vejo quando voltamos a nos encontrar, cinco dias depois. Ela agora parece doente. Fica rouca e com fôlego curto ao menor esforço e a massa cervical aparentemente dobrou de tamanho. Nesse momento, o centro de referência nos comunica que um novo exame do tumor indica que ele é de origem tireóidea, não pulmonar. A consulta com o oncologista pulmonar é substituída por uma visita a um endócrino-oncologista, que recomenda biópsia suprarrenal para determinar a diferenciação do tumor metastásico. Independentemente do tecido de origem, é evidente que um monstro geneticamente alterado está à solta no corpo da minha filha.

Ninguém fica sabendo que minha filha está doente, à parte os dois irmãos, meu diretor de divisão (para explicar minhas ausências) e um velho amigo que me substitui eventualmente como plantonista. Esse segredo é explicado pela minha paranoia em relação a discussões em público de problemas de saúde em família, assim como à consciência de que minhas glândulas lacrimais não podem ser controladas. Sei que vou chorar se alguém me perguntar sobre minha filha. Um médico idoso não deve caminhar pelos corredores de um hospital com lágrimas descendo pelo rosto. Ao contrário, minha brilhante e maravilhosa filha é um modelo de autocontrole. Nada de lágrimas nem de queixas. Desconfio de que ela aceitou o provável resultado letal do seu tumor e tolera toda a sarabanda médica ao seu redor para agradar ao marido, ao filho e ao pai. Pergunto-me se isso é resultado de informações obtidas na internet ou se eu sem querer lhe transmiti meu pessimismo.

QUANDO ROUBAR UM BANCO

Seis dias depois de deixar o centro de referência superficialmente com boa saúde, ela volta numa cadeira de rodas, com respiração curta em repouso e falando num sussurro. Sua saturação de oxigênio é de 90% com ar ambiente. Como ela não apresenta estridor, o problema respiratório aparentemente reflete a invasão dos pulmões pelo tumor. Depois da biópsia suprarrenal, seu marido volta da sala de observação após o procedimento com a informação de que ela está com o pulso rápido. Até então eu me mantinha como observador passivo, mas agora me sinto compelido a interferir. Tomo seu pulso e os batimentos cardíacos por volta de 145 evidentemente são irregulares. Digo à enfermeira que suspeito de fibrilação auricular, sugerindo um eletrocardiograma e a rápida suspensão da infusão intravenosa de soro fisiológico. Para efetuar o eletrocardiograma, é necessário convocar a equipe de ação rápida. Ela chega, o eletro evidencia fibrilação auricular e os seus batimentos são acalmados com bloqueadores dos canais de cálcio. A saturação de oxigênio no sangue agora é de apenas 86% em cinco litros de oxigênio. A função pulmonar deteriorou-se ao longo de oito horas. Será que o monstruoso tumor se expande tão rapidamente assim? Para mim, a fibrilação auricular com batimentos controlados é apenas um pequeno problema na rápida deterioração da sua condição maligna; para os jovens integrantes da equipe de ação rápida, a doença a tratar é a fibrilação auricular. Eu quero que seja feito um arteriograma pulmonar para descartar a possibilidade de embolia e bombear oxigênio suficiente para ela, mas em ambos os casos será preciso transferi-la para uma sala de emergência. Sei que essa transferência vai mergulhar minha filha, já exausta, ainda mais fundo no turbilhão médico de recorrências, exames, flebotomias etc., mas acabamos concordando. Um arteriograma pulmonar mostra um enorme tumor no pulmão, e nada de embolia. O endócrino-oncologista vai vê-la na sala de emergência e pacientemente explica a necessidade de determinar a diferenciação do tumor suprarrenal para orientar o tratamento. A resposta à pergunta do meu genro, querendo saber se algum tratamento pode ser iniciado de imediato, é que nenhum tratamento é

CALEIDOSCÓPIO

melhor que um tratamento mal direcionado. Decide-se que ela será levada de volta ao centro de referência dentro de quatro dias, para começar a quimioterapia. Receio que não venham a ocorrer novas visitas.

A imediata internação noturna no hospital é recomendada, para "observação" e repouso antes da volta para casa. Cinquenta anos de experiência me ensinaram que se internar num hospital acadêmico não é nada tranquilo. Já nem conto mais os pacientes que querem receber alta para descansar um pouco. Mas receio que ela não sobreviva à viagem de volta para casa sem um suplemento de oxigênio, que só pode ser conseguido com a hospitalização.

Ela repousa muito pouco, em virtude de tudo que acontece na internação num hospital — históricos e exames físicos feitos por vários residentes, mais testes sanguíneos, checagem dos sinais vitais aparentemente a cada 30 minutos. Eu tento administrar as interferências — nada de ecocardiograma, nada de anticoagulação, nenhuma consulta cardiológica, limitação das avaliações de sinais vitais etc. —, mas por volta das oito da noite ela e o marido, que ficou no quarto durante a noite, estão exaustos.

Minha filha e meu filho querem imediatamente a alta, mas para tanto é necessária a visita de um médico de plantão. Consigo alcançá-lo por volta das 22h e explicar que minha filha está com um carcinoma em metástase generalizada, precisando apenas de uma alta rápida com balão de oxigênio em casa. Recebemos garantias de que o oxigênio e os medicamentos de alta serão providenciados com a possível rapidez. Três horas depois, ainda estamos no hospital. É difícil providenciar equipamentos de oxigênio em casa no fim de semana e aparentemente a farmácia encontra problemas para fornecer uma receita de medicamentos comuns. Na minha terceira visita à farmácia do hospital, cerca de hora e meia depois de lhe ter sido fornecida a receita, sou informado de que ainda serão necessários mais 30 minutos até que a medicação esteja pronta. Eu então insulto todo o mundo da farmácia perguntando como pode ser tão difícil colocar trinta tabletes num recipiente.

Por volta das duas da manhã, o oxigênio e os remédios estão prontos. O único obstáculo que ainda impede nossa saída é o receio da minha filha: incontinência na volta para casa. Ela precisa de uma fralda. Eu então protagonizo uma cena que deve ocorrer muitas vezes por dia nos hospitais. Vou explicar a situação na sala de enfermagem. A enfermeira diz que vai pegar a fralda, mas antes dá um telefonema que parece não acabar mais (na realidade, provavelmente cerca de 3 ou 4 minutos). Quando ela enfim começa a preencher um formulário, eu lembro delicadamente que estamos precisando da fralda. Ela responde: "Tenho outros pacientes para cuidar além da sua filha, dr. Levitt." Claro que tem, mas eu só estou preocupado com o bem-estar da minha filha. Finalmente deixamos o hospital, certamente com uma merecida fama de família complicada.

Seu estado continua a se deteriorar em casa e já agora fica evidente que ela não aguentaria mais uma viagem de volta ao centro de referência. Providenciamos então para que o oncologista local administre a quimioterapia recomendada pelo endócrino-oncologista. Minha filha não consegue mais falar e diariamente nós trocamos mensagens de texto. Na véspera do dia marcado para ela receber a primeira dose de quimioterapia (apenas dezoito dias depois da ressonância magnética inicial), trocamos as seguintes mensagens:

"Se a quimioterapia não der resultado, você terá de encerrar o assunto."

"Seja otimista, farei o que for necessário."

"Significa que sim?"

"Sim."

Não sei exatamente o que vou fazer, mas pretendo cumprir minha promessa.

Na manhã seguinte, meu genro diz que ela não consegue levantar da cama, tossindo e arfando toda vez que tenta comer ou beber. O "monstro" acabou destruindo seu mecanismo de deglutição. É evidente que ela não vai tolerar nem se beneficiar com a quimioterapia. Converso então com o oncologista, que concorda com uma internação por ambulância, presumivelmente para cuidados paliativos. O motorista da ambulância, contudo, decide que seu estado exige que ela seja levada para a emergência do hospital mais próximo (menos de 10 minutos mais próximo que o hospital metropolitano). Eu sei que na emergência do hospital local ela não poderá receber cuidados paliativos. Converso com o motorista e lhe digo firmemente para onde quero que minha filha/paciente seja levada. Sua resposta é que ela já está na emergência do hospital mais próximo. Quando eu chego, ela mais uma vez foi submetida a uma série de testes e mais um angiograma por tomografia computadorizada revela maciça invasão tumoral do pulmão, sem embolia. Ela agora está respirando mal, com respiração mecânica e 100% de oxigênio. É então transferida para o hospital metropolitano. Logo ao chegar, minha filha pede algo que, com dificuldade, consigo entender: pedras de gelo. Faço então o pedido à enfermeira. Sua resposta é que nada pode ser "administrado" sem ordem do médico. Eu lhe digo que sou o médico e quero que a paciente receba cubos de gelo. Ouço como resposta que não sou o médico encarregado da internação e não posso dar ordens. Ela ignora meu pedido para que mostre onde fica a máquina de gelo.

O oncologista chega em poucos minutos. A comparação das tomografias do peito mostra que o tumor indiferenciado no seu pulmão dobrou de tamanho em menos de três semanas. O estado desesperador da situação é discutido com seu marido, tomando-se a decisão, com a ajuda de um médico de assistência a doentes terminais, de passar aos cuidados paliativos. Ela recebe os cubos de gelo, sendo administrada morfina. Cerca de quatro horas depois, ela entra num tranquilo coma e morre às 6h30min do dia 29 de agosto, apenas vinte dias depois de a ressonância magnética mostrar os tumores cerebrais.

O objetivo deste breve relato não é criticar a prática da medicina. Embora eu discordasse várias vezes de auxiliares paramédicos, os médicos que cuidaram da minha filha, sem exceção, mostraram-se muito compreensivos, dispondo de maneira generosa do seu tempo. Cada um deles fez todo o possível para enfrentar o caráter incrivelmente agressivo dos tumores malignos. O que pretendi, isto sim, foi relatar a experiência de um pai/médico vendo sua filha morrer de câncer. Seu percurso foi um retrato das limitações da assistência médica. Nesta nossa época de biologia molecular, a medicação mais valiosa foi a morfina, droga disponível há quase duzentos anos.

Embora seja doloroso, eu sou capaz de relatar os desdobramentos da doença da minha filha. Mas, quando tento descrever meu desespero e minha dor, faltam palavras.

Linda Levitt Jines, 1962–2012
(STEVEN D. LEVITT)

É com grande pesar que comunico que minha querida irmã Linda Levitt Jines faleceu no mês passado, depois de breve mas corajosa luta contra o câncer. Linda tinha 50 anos.

Meu primeiro instinto, quando me sentei para tentar rememorar minha irmã, foi chamá-la para que escrevesse para mim. Praticamente ao longo de toda a vida, sempre que era necessário encontrar as palavras certas, era o que eu fazia.

Isso aconteceu, em particular, quando Dubner e eu estávamos em plena redação de um livro que vagava de um assunto a outro, sem ter propriamente um tema. O editor, Dubner e eu havíamos feito uma lista de algo em torno de quinze terríveis títulos e não tínhamos mais ideia alguma. Eu tinha absoluta certeza de que Linda encontraria a resposta certa.

E, com efeito, não se passaram muitas horas e ela respondeu com um possível título — "Freakonomics". Eu gostei. Dubner não estava muito certo. Os editores detestaram. Nosso editor disse: "Vocês estão com um contrato de edição importante demais para que essa coisa receba o nome de Freakonomics!" No fim, contudo, *Freakonomics* acabou se impondo, e foi melhor assim. Sem o brilhante título proposto por Linda, duvido que alguém tivesse chegado a ler o livro. O título era um milagre.

CALEIDOSCÓPIO

Freakonomics não era a primeira vez, nem a última, em que eu era beneficiado pelo gênio de Linda.

A primeira vez de que tenho lembrança foi quando eu estava no sétimo ano e ela, no último do colegial. Eu era o garoto mais nerd e socialmente desajeitado que se pode imaginar. Ela decidiu me assumir como um projeto pessoal. Na época, tal como hoje, eu pelo menos tinha a inteligência de ouvi-la. Ficamos muito amigos e ela me deu uma recauchutada geral. Mudou minhas roupas. Explicou-me (de maneira amigável) como minha personalidade era terrível e desagradável, e me ajudou a desenvolver outra. Introduziu-me a músicas "*cool*" — o primeiro álbum que comprei com meu dinheiro naquele ano foi *Boy*, do U2. Depois de alguns anos sob sua orientação, eu estava irreconhecível. Ainda fiquei uns quatro ou cinco anos sem conseguir namorada, mas era um sujeito muito mais divertido. Passando os olhos em velhos álbuns de recortes e fotos, dei com um bilhete que ela me mandou naquele ano e que dá conta muito bem da maneira como seu cérebro funcionava:

Querido bebê porquinho,

O ano já passou da metade, e pelo que eu sei você ainda não se amarrou em algum encantador exemplar da feminilidade no sétimo ano. Como é que resiste à insidiosa sedução delas? Elas são como sereias ou a Lorelei! Será que o seu coração não fica agitado quando vê essas tempestuosas donzelas em repouso (ou seja, na aula de Matemática), com manchas naturais coradas esvoaçando nas bochechas enquanto contemplam as diferentes virtudes do sexo oposto? Bom, continue tentando.

Da sua irmã,
Linda

Nos últimos anos do ensino fundamental, todo aluno era obrigado a decorar um conto ou poema e recitá-lo diante da turma. Em cada turma eram escolhidos dois vencedores e eles tinham de fazer um discurso para um auditório cheio. Eu era um garoto que quase nunca falava. Nada me deixava mais apavorado do que ter de falar em público. Pedi então ajuda para Linda. Ela disse que cuidaria de tudo, escolheu uma história leve e interessante para mim e ensaiou comigo, me ajudando na entonação de cada frase. Mas sabia que não seria o suficiente. A história que escolhera era contada por uma menina. Ela então foi buscar um velho vestido seu que servisse em mim. Pegou uma das perucas louras da minha mãe e a colocou em mim. Ensinou-me a fazer mesura. E declarou que eu estava pronto. Para se ter uma ideia da minha confiança nela, eu obedeci até o fim, vestindo-me de menina e fazendo meu discurso exatamente como ela queria. E fui um dos escolhidos para me apresentar diante do auditório cheio. Para surpresa geral, o garoto mais tímido da turma, travestido, levou o troféu para casa. Depois disso, nunca duvidei dela — simplesmente fazia o que ela dizia.

Quando não estava ocupada em puxar as cordinhas da minha vida, ela fazia coisas impressionantes para si mesma. Depois da faculdade, ela fez mestrado em Jornalismo na Faculdade Medill, da Northwestern University. Passou então a trabalhar em criação publicitária, conseguindo um emprego numa das principais agências de Chicago. Achando graça do balé coreografado no estúdio fotográfico para o primeiro comercial que criou, ela escreveu um texto satírico a respeito para a revista *Advertising Age*. Foi demitida no dia seguinte, o que acabou se revelando um excelente passo em sua carreira. Dias depois, era contratada por uma concorrente, com salário muito maior.

Mas acabou se cansando da publicidade. Em 1995, telefonou para me dizer que ia abrir um negócio na internet. Sua ideia: ia comprar grandes jarros de óleos perfumados usados na fabricação de sabonetes, acondicioná-los em garrafinhas com etiquetas sofisticadas e revender on-line. Parecia a pior ideia que eu jamais tinha ouvido. Para começo de conversa, ninguém estava ganhando dinheiro vendendo coisas pela internet em 1995. Depois, como é que ela encontraria uma quantidade suficiente de fabricantes de sabonete por perto para ganhar dinheiro que valesse a pena? Todos nós insistimos em que ela não perdesse seu tempo.

CALEIDOSCÓPIO

Dezessete anos depois, www.sweetcakes.com continua sendo um negócio que prospera, altamente lucrativo. Está sempre me surpreendendo. Mais tarde, ela abriu outro negócio on-line, www.yarnzilla.com. Depois de *Freakonomics*, eu abri uma pequena empresa de consultoria que acabou se transformando em Greatest Good. Linda era nossa principal assessora de criação, com seu talento ímpar impregnando tudo que fazíamos.

E ela fazia tudo isso enquanto, ao lado do marido, Doug, criava o mais afável, ajustado e adorável rapaz de 17 anos que se pode imaginar, seu filho Riley. (A capacidade de Linda de transformar meninos em homens com toda certeza melhorou com a prática, ao longo do tempo, pois, mesmo depois da remodelagem por que passei nas suas mãos no ensino médio, eu não era nada em comparação com Riley.) Além de Doug e Riley, ela deixa os pais, Shirley e Michael, a irmã Janet e a mim, além de muitos sobrinhos e sobrinhas que nunca se cansavam da tia Lin.

Sempre que entrava em algum lugar, mesmo sem tentar, Linda se tornava o centro das atenções. Um dos colegas na Greatest Good ainda não a conhecia. Ele entrou numa sala de conferências e todos os colegas estavam "sorrindo de orelha a orelha". Ele ficou se perguntando por quê. A resposta era que Linda estava presente.

A força do seu talento e criatividade torna ainda maior o vazio da sua ausência.

Linda, sentimos muito a sua falta.

12

Quando se é um jato...

Quando se é um Freakonomista, se é um Freakonomista até o fim. Pelo menos é o nosso caso. Enxergamos economia para todo lado — nos desenhos animados, nas papinhas para bebês, na felicidade das mulheres ou nos piratas.

Quantos trabalhadores chineses são necessários para vender uma lata de leite em pó infantil?
(STEVEN D. LEVITT)

Numa recente viagem à China, constatei que em geral havia cinco pessoas fazendo um trabalho que normalmente seria feito por um norte-americano. No nosso hotel, por exemplo, havia uma encarregada do andar cuja principal função, creio, era apertar o botão do elevador. Ela talvez também cumprisse outras tarefas, mas sempre podíamos contar com ela na hora de apertar o botão do elevador. Também nos restaurantes havia pessoas atendendo por todo lado, aparentemente uma por mesa.

Na rua principal de Nanchang, havia talvez duzentas pessoas segurando cartazes manuscritos. Fiquei imaginando que talvez estivessem desempregadas e procurando trabalho. Mas, na verdade, estavam trabalhando, só que eu não me dava conta. Seu trabalho consistia em ficar de pé numa esquina o dia inteiro com um cartaz anunciando compra de celulares usados. Infelizmente, para essas pessoas, consegui ver talvez três celulares sendo vendidos ao longo de toda a semana em que percorri essa rua para baixo e para cima. Era o mais competitivo mercado que jamais vi. Mas elas deviam estar ganhando um salário que consideravam justo, caso contrário não ficariam ali.

Ao entrar num grande mercado para comprar uma lata de leite em pó para minha filha Sophie, achei que estava diante do caso mais extremo de excesso de mão de obra. Percorrendo uma das alas em busca do exato tipo de leite que ela vinha consumindo na creche, quatro jovens começaram ansiosamente a tentar me ajudar. De cara, achei que eram apenas clientes tentando dar uma mãozinha. Mas acabei me dando conta (elas não falavam meu idioma e eu sabia cerca de cinquenta palavras em mandarim) de que estavam trabalhando. Eram quatro moças dançando ao meu redor durante mais ou menos 10 minutos, até que enfim comprei uma lata por um preço equivalente a US$ 4. Para mim, aquilo não fazia o menor sentido.

Só mais tarde, de volta ao hotel, meu guia chinês explicou o que acontecia. Aquelas mulheres não eram empregadas do mercado; eram contratadas por diferentes empresas de fabricação de leite em pó para tentar orientar os clientes para suas respectivas marcas! O que explica que com tanto bom humor e insistência tentassem me sugerir diferentes tipos de leite. A loja pouco estava ligando para a marca que eu comprasse: uma venda é sempre uma venda. Mas, para os fabricantes de leite em pó, valia a pena remunerar um empregado para roubar negócio das marcas concorrentes.

Por que os produtores de desenhos animados contratam todas essas vozes famosas?
(STEVEN D. LEVITT)

Levei meus quatro filhos este fim de semana para ver o filme *Coraline e o mundo secreto*. Depois da sessão, perguntei o que tinham achado. As quatro respostas foram: "genial", "bom", "OK" e "graças a Deus acabou".

QUANDO SE É UM JATO...

Partindo dos meus filhos, que sempre consideram o último filme visto o seu favorito, não são críticas muito positivas.

Nunca vi um cinema cheio de crianças tão quietas quanto na sessão de *Coraline*. Essa calma, juntamente com o ritmo lento do filme, deixou bastante tempo livre para pensar em certas coisas.

Em primeiro lugar, não pude ignorar o fato de que uma das crianças do filme se chamava Wyborn (também conhecida pelo apelido de Wybie), como em "Why be born?" [Por que nascer?]. Wybie aparentemente não tinha pais, embora tivesse uma avó que de vez em quando gritava para chamá-lo. Lembrei-me da discussão sobre crianças indesejadas/aborto em *Freakonomics*.

Depois, duas das vozes nesse filme de animação eram de Dakota Fanning e Teri Hatcher. O último filme que vi foi *Bolt: supercão*, com as vozes de Miley Cyrus e John Travolta. A lista de estrelas que recentemente emprestaram suas vozes a filmes de animação não tem fim: Eddie Murphy, Dustin Hoffman, Cameron Diaz, John Goodman etc.

Por que essa predominância de estrelas nas vozes dos desenhos animados?

Uma hipótese é que elas são melhores que as outras pessoas quando se trata de interpretar as vozes. Tenho quase certeza de que não é a hipótese correta. Não posso deixar de supor que existem atores vocais e leitores de audiolivros que não têm rosto para ser estrelas de cinema, mas têm excelentes vozes.

Uma segunda hipótese é que as grandes estrelas não cobram muito pelas vozes. Pelo que li no *New York Times* e em outras fontes, fazer as vozes num desenho animado não requer muito tempo nem esforço. Se assim for, talvez o custo das vozes dos atores seja uma parte pequena do custo total do filme; mas não creio que seja o caso — nem sempre, pelo menos. Li que Cameron Diaz e Mike Myers receberam cada um US$ 10 milhões por sua participação em *Shrek 2*.

Uma terceira explicação é que as pessoas de fato gostam de ouvir as vozes das estrelas. Minha tendência é duvidar dessa versão também.

QUANDO ROUBAR UM BANCO

Com algumas notáveis exceções, meu palpite é que o público sequer seria capaz de identificar as vozes das estrelas, se não lesse nos créditos.

Uma quarta hipótese pode parecer estranha, mas é bem conhecida dos economistas. Segundo ela, não é que os atores famosos sejam melhores na interpretação vocal, nem mesmo que os frequentadores de cinema gostem de ouvir suas vozes ou que as estrelas custem barato. Na verdade, os grandes nomes são contratados para ler esses textos exatamente por serem caros. Para se dispor a assinar contratos multimilionários com estrelas para que gravem vozes que um zé-ninguém poderia gravar por US$ 50 mil, o produtor precisa ter certeza de que o filme será um grande sucesso. Desse modo, uma estrela é contratada exclusivamente para deixar claro que o produtor acha que o filme vai ser um blockbuster.

No fim das contas, não estou muito certo de que qualquer uma dessas hipóteses realmente me pareça acertada.

Por que pagar US$ 36,09 por frango estragado?
(Stephen J. Dubner)

Uma velha amiga veio a Nova York não faz muito tempo e nos encontramos para almoçar no Upper West Side. Trilby pediu um hambúrguer sem pão, com brie; eu pedi meio frango assado com purê de tomate. A comida demorou para chegar, mas tínhamos tanto assunto para pôr em dia que nem nos importamos.

Ao chegar, meu frango não tinha um aspecto muito bom, mas eu dei uma mordida mesmo assim. Estava tão estragado que tive de cuspir num guardanapo. Completamente estragado-rançoso-podre de vomitar. Chamei a garçonete, uma jovem e atraente ruiva, que fez uma expressão devidamente horrorizada, levou a comida e trouxe de volta o cardápio.

QUANDO SE É UM JATO...

Veio então a gerente. Mais velha que a garçonete, longos cabelos negros e sotaque francês. Pediu desculpas, dizendo que os chefs estavam examinando o prato para tentar entender se os temperos ou talvez a manteiga é que teria causado o problema.

Não creio, respondi. Acho que o frango está estragado. Eu cozinho muito frango, disse, e conheço o cheiro de galinha estragada. Trilby corroborou: dava para sentir o cheiro do outro lado da mesa, talvez até do outro lado do restaurante.

A gerente relutava em admitir. A remessa de frangos tinha chegado naquela mesma manhã, disse, o que me pareceu tão relevante quanto dizer "não, fulano não poderia ter cometido um crime hoje porque não cometeu nenhum ontem".

A gerente afastou-se e 5 minutos depois voltou. O senhor tem razão!, disse. O frango não estava bom. Os chefs tinham verificado, constataram que estava estragado e o estavam jogando fora. Vitória! Mas de quem? A gerente voltou a pedir desculpas, perguntando se eu gostaria de uma sobremesa ou de um drinque como oferta da casa. Bem, disse eu, primeiro vou tentar encontrar no seu cardápio alguma comida que não pareça nauseabunda, depois daquele frango. Pedi uma sopa de cenoura com gengibre e laranja, batatas fritas e espinafre *sauté*.

Trilby e eu então comemos, bem satisfeitos, embora o gosto do frango estragado ainda continuasse comigo; na verdade, está aqui até agora. Trilby tinha tomado uma taça de vinho antes de fazermos o pedido e tomou outra com a refeição, sauvignon blanc. Eu bebi água. Ao retirar os pratos, a garçonete voltou a perguntar se queríamos uma sobremesa de cortesia. Não, respondemos, só café.

Na conversa com Trilby, eu disse que não muito antes tinha entrevistado Richard Thaler, o padrinho da economia comportamental, que tenta conciliar psicologia e economia. Thaler e eu tínhamos pensado em fazer pequenas experiências no almoço — oferecer uma gorjeta gigantesca ao garçom, talvez, em troca de atenções especiais —, mas acabamos não concretizando. Trilby ficou interessada e nós continuamos falando de dinheiro. Mencionei o conceito comportamental de "ancoramento" (muito bem conhecido dos vendedores de carros usados): estabelecer um preço que pode ser 100% superior ao que você precisa, para se certificar de que no fim das contas ficará com um lucro, digamos, de 50%.

A conversa chegou a especulações sobre o que poderíamos dizer quando viesse a conta. Havia aparentemente duas boas alternativas: "Não fazemos questão da sobremesa de cortesia, obrigado, mas, considerando o que aconteceu com o frango, gostaríamos de ser liberados de pagar pela refeição." Seria assim estabelecida uma âncora de 0% da conta. Ou então esta opção: "Não fazemos questão da sobremesa de cortesia, obrigado, mas, considerando o que aconteceu com o frango, poderia por favor perguntar à gerente o que pode fazer quanto à conta?" Neste caso, a âncora seria de 100% da conta.

Foi quando a garçonete trouxe a conta. Somava US$ 31,09. Talvez por timidez, ou pressa, ou — mais provavelmente — pelo desejo de não parecer vulgar (em se tratando de dinheiro, as coisas nunca são simples), eu soltei a Opção 2: Por favor pergunte à gerente "o que pode fazer quanto à conta". A garçonete respondeu polidamente que as duas taças de vinho já tinham sido ofertadas pela casa. A mim em particular pareceu magra recompensa, pois Trilby é que tinha bebido o vinho, ao passo que eu ainda estava exalando cheiro de frango estragado. Mas a garçonete, sempre sorrindo, pegou de novo a conta e se encaminhou na direção da gerente. Que rapidamente se apresentou, também sorrindo.

"Considerando o que aconteceu com o frango", disse eu, "pergunto se poderia fazer algo quanto à conta".

"Nós não cobramos o vinho", disse ela, com toda delicadeza, como uma cirurgiã achando que teria de extrair meus dois rins, mas concluindo que precisava apenas tirar um deles.

"É tudo que pode oferecer?", insisti (ainda incapaz de estabelecer uma âncora de 0%).

Ela me olhou atentamente, ainda com ar amistoso. Estava fazendo um cálculo, preparando-se para o tipo de aposta que é ao mesmo tempo

QUANDO SE É UM JATO...

financeira e psicológica, exatamente dessas apostas que cada um de nós faz todos os dias. Ia apostar que eu não era o tipo de pessoa capaz de fazer escândalo. Afinal, eu me mostrara cortês o tempo todo, sem nunca elevar a voz ou sequer dizer em voz alta palavras como vômito ou estragado. E era evidente que ela achava que esse comportamento continuaria. Apostava que eu não jogaria a cadeira para trás e começaria a gritar, que não me postaria na porta do restaurante para informar a possíveis clientes que tivera ânsias de vômito com o meu frango, completamente estragado, que os chefs deviam tê-lo cheirado, achando que podia perfeitamente passar, ou então estavam tão desligados de seu trabalho que Deus sabe o que mais — uma colher, um naco de polegar, uma dose cavalar de desinfetante — podia ir parar na próxima refeição. E assim, convencida dessa aposta, ela disse "sim": exatamente, sim, era o melhor que podia me oferecer. "Tudo bem", respondi, e ela se foi. Deixei US$ 5 de gorjeta, totalizando US$ 36,09 — não fazia o menor sentido punir a pobre garçonete, certo? —, saí e botei Trilby num táxi. A gerente tinha apostado que eu não criaria caso — e estava certa.

Até agora.

O restaurante, para quem quiser saber, chama-se French Roast e fica na esquina norte da Rua 85 com a Broadway, em Manhattan.

Da última vez que fui verificar, o frango assado ainda estava no cardápio. *Bon appétit.*

Por favor, comprem gasolina!
(STEVEN D. LEVITT)

O e-mail reproduzido a seguir, que vem tendo enorme circulação, pode representar mais um ponto baixo no pensamento econômico. Nele, o dia 1º de setembro é declarado "Dia Sem Gasolina":

QUANDO ROUBAR UM BANCO

CALCULOU-SE QUE SE TODO MUNDO NOS ESTADOS UNIDOS E NO CANADÁ NÃO COMPRASSE NEM UMA ÚNICA GOTA DE GASOLINA DURANTE UM DIA INTEIRO, TODOS AO MESMO TEMPO, AS EMPRESAS DE PETRÓLEO ACABARIAM SE AFOGANDO EM SEUS ESTOQUES.

AO MESMO TEMPO, A INDÚSTRIA TERIA UMA PERDA LÍQUIDA DE MAIS DE US$ 4,6 BILHÕES, AFETANDO O LUCRO FINAL DAS EMPRESAS PETROLÍFERAS.

POR ISSO, O DIA 1º DE SETEMBRO FOI DECLARADO "DIA DE MOSTRAR PARA ELES" E O POVO DESSES DOIS PAÍSES NÃO DEVE COMPRAR UMA ÚNICA GOTA DE GASOLINA NESSE DIA.

A MELHOR MANEIRA DE FAZÊ-LO É ENCAMINHAR ESTE E-MAIL AO MAIOR NÚMERO POSSÍVEL DE PESSOAS E NO MAIS BREVE TEMPO, PARA ESPALHAR A PALAVRA DE ORDEM.

ESPERAR QUE O GOVERNO ENTRE EM CENA PARA CONTROLAR OS PREÇOS NÃO VAI DAR EM NADA. ONDE ESTÃO A REDUÇÃO E O CONTROLE DE PREÇOS PROMETIDOS PELOS PAÍSES ÁRABES HÁ DUAS SEMANAS?

É BOM LEMBRAR QUE NÃO SÓ O PREÇO DA GASOLINA ESTÁ SUBINDO COMO AS COMPANHIAS AÉREAS SÃO OBRIGADAS A ELEVAR SEUS PREÇOS. O MESMO ACONTECE COM AS EMPRESAS DE TRANSPORTE TERRESTRE, O QUE AFETA OS PREÇOS DE TUDO MAIS A SER TRANSPORTADO. BENS COMO ALIMENTOS, ROUPAS, MATERIAIS DE CONSTRUÇÃO, EQUIPAMENTOS MÉDICOS ETC. QUEM PAGA NO FIM DAS CONTAS? NÓS!

NÓS PODEMOS MUDAR AS COISAS. SE ELES NÃO ENTENDEREM A MENSAGEM DEPOIS DE UM DIA, VOLTAREMOS A FAZER QUANTAS VEZES FOREM NECESSÁRIAS.

FAÇA ENTÃO A SUA PARTE E ESPALHE A PALAVRA DE ORDEM. ENCAMINHE ESTE E-MAIL PARA TODOS OS SEUS CONHECIDOS. ASSINALE NO SEU CALENDÁRIO O DIA 1º DE SETEMBRO COMO O DIA EM QUE OS CIDADÃOS DOS ESTADOS UNIDOS E DO CANADÁ DIRÃO "BASTA!".

OBRIGADO E TENHA UM EXCELENTE DIA :O}

QUANDO SE É UM JATO...

Aqui vai uma lista (certamente) parcial de equívocos absolutamente tolos nesse e-mail:

1. Se ninguém comprar gasolina hoje, mas todo mundo fizer os mesmos percursos de carro, significa apenas que teríamos de comprar mais gasolina antes, para nos preparar para não comprar nenhuma no dia 1º de setembro, ou que compraremos mais alguns dias depois. Assim, ainda que você acreditasse que isso privaria as empresas de petróleo de US$ 4,6 bilhões nesse dia, os consumidores acabariam devolvendo o dinheiro. Se fosse o "Dia de não comprar café no Starbucks", talvez tivesse alguma chance de fazer diferença, pois os clientes compram café no Starbucks e o bebem no mesmo dia, de modo que uma xícara de café que se deixou de comprar hoje pode nunca vir a ser consumida. Mas isso não se aplica no caso da gasolina, especialmente se ninguém for convidado a reduzir o consumo. O resultado serão apenas filas mais longas nos postos no dia seguinte.

2. Um dia de total boicote à gasolina não reduziria o lucro final das empresas petrolíferas em nada da ordem de US$ 4,6 bilhões, ainda que fosse acompanhado de uma moratória de um dia no uso da gasolina. Os norte-americanos consomem cerca de 9 milhões de barris de gasolina por dia. Cada barril tem cerca de 42 galões, o que corresponde a 378 milhões de galões de gasolina vendidos por dia nos Estados Unidos, ou o equivalente a um galão por pessoa. Acrescentem-se mais uns 10% relativos ao Canadá. A US$ 3 o galão, temos uma receita de cerca de US$ 1,2 milhão. A parte de lucro nas receitas dessa indústria é provavelmente de 5% ou menos, de modo que o impacto sobre o lucro final seria no máximo de US$ 60 milhões — ou aproximadamente 1/100º do pretendido. E, se considerarmos o ponto (1) acima, mesmo isso seria um grosseiro exagero do verdadeiro impacto.

QUANDO ROUBAR UM BANCO

3. Um dia de abstenção total na compra de gasolina certamente não levaria a indústria do petróleo a se afogar nos próprios estoques. Os estoques de gasolina nos EUA costumam ser de aproximadamente 200 milhões de barris, mas no momento estão mais para baixo — um dos principais motivos pelos quais os preços da gasolina estão altos. Um excedente de 9 milhões de barris não criaria qualquer problema para os estoques.

De modo que todo mundo faça o favor de comprar gasolina no dia 1º de setembro.

E se alguém algum dia tiver a brilhante ideia de pôr em circulação um e-mail como este, pelo menos se dê ao trabalho de dizer que as pessoas deixem de usar a gasolina, em vez de não comprá-la.

Esta postagem foi publicada em agosto de 2005, quando o preço médio da gasolina comum nos EUA estava em torno de US$ 2,85 por galão. Enquanto estou escrevendo (janeiro de 2015), o galão custa US$ 2,06, o que aumenta ainda mais os motivos para que as pessoas comprem gasolina!

Os básicos da economia pirata[1]
(Entrevista conduzida por Ryan Hagen)

Recentemente, a tripulação do *Maersk Alabama* sobreviveu a um ataque de piratas na Somália,[2] voltando para casa para um merecido descanso. Mas, com o aumento da tensão entre os EUA e o saco de gatos da confederação de piratas somalianos,[3] achamos que valeria a pena buscar no passado possíveis dicas para controlar os fora da lei que atuam pelos mares do mundo.

Peter Leeson é economista na George Mason University e autor de *The Invisible Hook: The Hidden Economics of Pirates* [O gancho invisível:

QUANDO SE É UM JATO...

a economia oculta dos piratas].[4] Leeson aceitou responder a algumas perguntas relevantes sobre pirataria:

P. *O gancho invisível* não é apenas um título inteligente. O que o diferencia da mão invisível de Adam Smith?

R. Em Adam Smith, a ideia é que cada indivíduo empenhado em promover o interesse próprio é levado por uma espécie de mão invisível a promover também o interesse da sociedade. A ideia do gancho invisível é que os piratas, apesar de criminosos, ainda são movidos pelo interesse próprio. Foram, assim, levados a construir sistemas de governo e estruturas sociais que lhes permitiam perseguir melhor seus objetivos criminosos. Eles estão ligados uns aos outros, mas a grande diferença é que, para Adam Smith, o interesse próprio resulta em cooperação que gera riqueza e melhora a situação de outras pessoas. No caso dos piratas, o interesse próprio resulta em cooperação que destrói riqueza, ao permitir que saqueiem de maneira mais eficaz.

P. Você afirma que os piratas criaram suas próprias versões precoces de democracia constitucional, com direito a uma separação de poderes, décadas antes da Revolução Americana. Isso só terá sido possível porque agiam fora da lei, inteiramente fora do controle de qualquer governo?

R. Exatamente. Os piratas do século XVIII criaram um sistema bem completo de democracia. A razão pela qual essas estruturas são movidas pela criminalidade é que eles não podem contar com o Estado para o fornecimento dessas estruturas. Desse modo, mais que ninguém, os piratas precisavam descobrir um sistema de imposição da ordem que lhes possibilitasse permanecer juntos por tempo suficiente a fim de obter êxito no roubo.

P. Quer dizer que esses sistemas democráticos e participativos representaram para os indivíduos da marinha mercante um incentivo a se juntarem às tripulações piratas, pois podiam ser mais livres com eles do que em seus próprios navios?

R. Os marinheiros tinham mais liberdade e eram mais bem remunerados como piratas do que nos navios mercantes. Mas talvez o mais importante é que eles estavam livres da arbitrariedade dos capitães e do abuso de poder que sabidamente exerciam sobre suas tripulações. Numa democracia pirata, uma tripulação podia — e frequentemente o fazia — depor o capitão se ele abusasse do poder ou se mostrasse incompetente.

P. Você escreve que os piratas não eram necessariamente os perversos sanguinários que em geral imaginamos. De que maneira o gancho invisível explica seu comportamento?

R. A ideia básica é que, uma vez que tenhamos reconhecido que os piratas são atores econômicos — empresários, na realidade —, fica claro que não teriam interesse em brutalizar todos aqueles que atacavam. Para estimular os marinheiros mercantes a se render, eles precisavam transmitir a ideia de que, rendendo-se, seriam bem tratados. Era o incentivo que os piratas davam aos marinheiros para que se rendessem pacificamente. Se abusassem dos prisioneiros de maneira brutal, segundo a tão frequente descrição clássica, estariam na verdade solapando o incentivo para que as tripulações mercantes se rendessem, o que geraria grandes custos para eles próprios. Precisariam lutar até o fim com mais frequência, pois os mercantes ficariam na expectativa de ser torturados indiscriminadamente se fossem capturados. Em vez disso, o que em geral encontramos nos registros históricos são piratas dando mostras de notáveis feitos de generosidade. O outro lado da moeda, naturalmente, é que, se alguém resistisse, eles tinham

QUANDO SE É UM JATO...

de liberar uma fúria infernal para submetê-lo. É daí que vem a maioria das histórias de atrocidades cometidas pelos piratas. O que não quer dizer que nenhum pirata jamais tenha cedido aos próprios impulsos sádicos, mas quero crer que a população pirata não apresentava maior proporção de sádicos que a sociedade legitimamente formada. Mas os piratas sádicos tendiam a reservar seus atos de crueldade para os momentos que lhes rendessem benefícios.

P. Quer dizer então que não obrigavam vítimas a caminhar às cegas pela prancha projetada sobre o mar?

R. Não havia nada disso. Não existem registros históricos a respeito na pirataria dos séculos XVII ou XVIII.

P. Você encara a pirataria como uma marca. E uma marca de enorme sucesso, tendo durado centenas de anos após o extermínio dos próprios piratas. Qual a chave desse sucesso?

R. Os piratas procuravam cultivar um tipo muito específico de reputação. Era um equilíbrio delicado que tinham de manter. Não queriam ter fama de crueldade desumana ou de loucura total. Queriam ser vistos como homens sempre alertas, prontos a reagir, e que fariam algo horrível se você tentasse forçar ou resistir. Dessa maneira, os prisioneiros que faziam tinham um incentivo no sentido de obedecer a todas as exigências dos piratas. Ao mesmo tempo, queriam ter a fama de aplicar todas aquelas terríveis e cruéis torturas aos prisioneiros que não atendessem a suas exigências. Histórias sobre essas horríveis torturas foram transmitidas não só boca a boca, mas pelos jornais do início do século XVIII. Quando um prisioneiro era libertado, muitas vezes procurava os meios de comunicação para fazer um relato da sua captura. Assim, quando os colonos liam tais descrições, ficava ainda mais institucionalizada a ideia dos piratas como homens surtados — o que funcionava

QUANDO ROUBAR UM BANCO

muito bem para eles. Era uma forma de publicidade proporcionada por membros legítimos da sociedade, mais uma vez contribuindo para reduzir os custos dos piratas.

P. Que lições podemos extrair de *O gancho invisível* no trato com os piratas modernos?

R. Devemos reconhecer que os piratas são atores econômicos racionais e que a pirataria é uma opção profissional. Se os considerarmos irracionais ou voltados para outras metas, acabaremos encontrando para o problema da pirataria soluções ineficazes. Como sabemos que os piratas reagem a custos e benefícios, deveríamos pensar em soluções que alterem esses custos e benefícios, no sentido de moldar os incentivos que venham ao caso para os piratas e impedi-los de entrar numa vida de pirataria.

A mão visível
(Steven D. Levitt)

Digamos que você quisesse comprar um iPod por um bom preço, vasculhando um mercado on-line local como a Craigslist para tentar achar. Teria alguma importância para você, na fotografia do iPod fechado, se a pessoa nas mãos de quem ele estivesse (você só vê a mão e o punho) fosse negra ou branca? E se a mão que o segurasse tivesse uma tatuagem bem visível?

Desconfio de que a maioria diria que a cor da pele da pessoa segurando o iPod não teria importância. Mas provavelmente um número maior de pessoas diria que a tatuagem talvez as dissuadisse de responder ao anúncio.

O fato, contudo, é que os economistas nunca gostaram de se fiar muito no que as pessoas dizem. E os atos certamente falam de maneira eloquente em recentes pesquisas efetuadas pelos economistas Jennifer

QUANDO SE É UM JATO...

Doleac e Luke Stein.[5] Ao longo de um ano, eles publicaram centenas de anúncios em mercados on-line locais, alterando aleatoriamente a mão que segurava o iPod a ser vendido, ora negra, ora branca, ora branca com uma enorme tatuagem. Eis o que constataram:

> As pessoas negras se saem pior que as brancas numa série de avaliações de resultado nesses mercados: recebem 13% menos respostas e 17% menos ofertas. Esses efeitos são mais acentuados no nordeste e de magnitude semelhante aos associados à exibição de um punho tatuado. Adotando-se como critério pelo menos uma oferta, os vendedores negros também recebem 2-4% menos ofertas, mesmo quando escolhem o universo de compradores — menos preconceituosos, presume-se. Além disso, os compradores que se comunicam com vendedores negros evidenciam menor grau de confiança: têm 17% menos probabilidade de incluir seu nome nos e-mails, 44% menos probabilidade de aceitar entregas por correio e 56% mais probabilidade de manifestar preocupação quanto a um eventual pagamento a distância. Encontramos indícios de que os vendedores negros obtêm resultados particularmente ruins nos mercados menos densos; há sinais de que a discriminação pode não "sobreviver" num ambiente de considerável competição entre os compradores. Por outro lado, os vendedores negros têm pior resultado nos mercados racialmente mais isolados e nos de alto índice de crimes contra a propriedade, indicando que a disparidade pode ser explicada pela discriminação estatística.

Que podemos então concluir desse estudo? O resultado mais claro é que, se você quiser vender alguma coisa on-line, seja você branco ou negro, trate de encontrar um branco para aparecer na foto. Você provavelmente poderia dizer que os publicitários já entenderam isso há muito tempo e na verdade deram um passo a mais, certificando-se de que a referida pessoa branca seja também uma bela loura.

QUANDO ROUBAR UM BANCO

É muito mais difícil, nesse tipo de conjuntura, entender por que os compradores tratam de maneiras diferentes os vendedores negros e brancos. Como observam os autores, existem duas principais teorias sobre a discriminação: hostilidade e discriminação estatística. Falando de hostilidade, os economistas estão querendo dizer que os compradores não querem fazer negócio com um vendedor negro nem mesmo se o resultado da transação for idêntico. Ou seja, os compradores não desejariam um vendedor negro nem mesmo se ele proporcionasse exatamente a mesma qualidade que um vendedor branco. No caso da discriminação estatística, por outro lado, a mão negra está no lugar de algum tipo de fator negativo: maior probabilidade de ser roubado, maior probabilidade de que o produto tenha sido roubado ou talvez um vendedor que viva muito longe, de tal maneira que será muito difícil encontrar-se para fazer a compra pessoalmente.

A parte mais impressionante desse estudo de Doleac e Stein é sua tentativa de distinguir entre essas duas explicações concorrentes, hostilidade e discriminação estatística. E como é que fazem? Uma das coisas que fazem é variar a qualidade do anúncio. Se o anúncio é realmente de alta qualidade, conjeturam os autores, talvez mande uma mensagem capaz de superar a motivação de discriminação estatística para não comprar do vendedor negro. Constatou-se que a qualidade do anúncio não importa muito no efeito racial, o que, no entanto, talvez ocorra porque a diferença de qualidade entre os anúncios não é grande o suficiente para realmente importar. Os autores exploram igualmente o impacto do fato de se estar numa região com mais ou menos mercados concentrados e também em diferentes lugares com índices altos e baixos de crime contra a propriedade. Os vendedores negros se saem particularmente mal nas cidades de altos índices de criminalidade, o que é interpretado pelos autores como indício de que a discriminação estatística está em ação.

Realmente gostei muito dessa pesquisa. Ela é um exemplo do que os economistas chamam de "experiência de campo natural", apresentando

QUANDO SE É UM JATO...

o que de melhor as experiências de laboratório têm a oferecer (real aleatoriedade), mas com o realismo decorrente da observação das pessoas
em mercados de fato, sem que os sujeitos da pesquisa saibam que estão
sendo analisados.

TV em preto e branco
(STEVEN D. LEVITT)

Em *Freakonomics*, mencionamos de passagem que nos EUA negros e
brancos têm hábitos muito diferentes em matéria de televisão. *Monday
Night Football* é o único programa que sempre esteve entre os dez
mais vistos tanto por negros quanto por brancos. *Seinfeld*, um dos
mais populares de todos os tempos entre os brancos, nunca esteve
entre os cinquenta mais vistos pelos negros.

Fiquei surpreso, assim, ao me deparar com um levantamento
Nielsen dos índices de audiência no horário nobre em função da cor
da pele.

Os dez programas mais populares entre os brancos:

1. *CSI*
2. *Grey's Anatomy*
3. *Desperate Housewives*
4. *Dancing with the Stars*
5. *CSI: Miami*
6. *Sunday Night Football*
7. *Survivor*
8. *Criminal Minds*
9. *Ugly Betty*
10. *CSI: NY*

E entre os negros:

1. *Grey's Anatomy*
2. *Dancing with the Stars*
3. *CSI: Miami*
4. *Ugly Betty*
5. *Sunday Night Football*
6. *Lei e Ordem: SVU*
7. *CSI: NY*
8. *CSI*
9. *Next Top Model*
10. *Desaparecidos*

Se os dados colhidos nessa semana representam um bom indicador (o que eu acho ser o caso), podemos dizer que houve uma notável convergência em termos de hábitos televisivos. Alguns anos atrás, quase todos os programas de maior audiência entre os negros tinham personagens predominantemente negros e em sua maioria não faziam parte da programação das quatro maiores redes. Atualmente, é quase perfeita a paridade entre o que negros e brancos veem e, embora muitos desses programas tenham personagens negros, nenhum deles apresenta um elenco predominantemente negro.

Será que essa convergência nos hábitos televisivos sinaliza algum padrão mais amplo de convergência cultural? Provavelmente não, mas vale a pena ficar de olho.

Em meio a todas as mudanças, contudo, uma coisa parece tão certa quanto a morte e os impostos: tanto negros quanto brancos assistirão às partidas de futebol se forem transmitidas no horário nobre.

Até onde vai o seu altruísmo?
(Stephen J. Dubner)

Duas horríveis catástrofes naturais marcaram as semanas recentes: um ciclone na Birmânia e um terremoto na China, em ambos os casos com a morte de dezenas de milhares de pessoas.

QUANDO SE É UM JATO...

Você já assinou um cheque para fazer uma doação em algum desses casos? Tenho sérias dúvidas.

Por que digo isso? Antes de considerar essas recentes tragédias, vejamos três outros desastres naturais dos últimos anos, relacionados abaixo com número de vítimas fatais e total de doações beneficentes norte-americanas (segundo Giving USA):[6]

1. Tsunami na Ásia (dezembro de 2004)

220 mil mortos

US$ 1,92 bilhão

2. Furacão Katrina (agosto de 2005)

1.833 mortos

US$ 5,3 bilhão

3. Terremoto no Paquistão (outubro de 2005)

73 mil mortos

US$ 0,15 bilhão ($ 150 milhões)

Os norte-americanos doaram em socorro às vítimas do furacão Katrina quase o triplo de dinheiro que doaram para as do tsunami na Ásia, muito embora este tenha vitimado bem mais pessoas. Mas faz sentido, certo? O Katrina causou devastação nos Estados Unidos.

Ocorre então um terrível terremoto no Paquistão, matando 73 mil pessoas, e as contribuições norte-americanas são de apenas US$ 150 milhões, fazendo o valor de US$ 1,92 bilhão doado depois do tsunami parecer extremamente generoso. A quantia corresponde a apenas cerca de US$ 2.054 por morte no Paquistão, contra aproximadamente US$ 8.727 no caso do tsunami. Duas catástrofes distantes, ambas com enormes perdas em vidas humanas — mas com gigantesca disparidade nas doações norte-americanas. Por quê?

273

QUANDO ROUBAR UM BANCO

Há provavelmente muitas explicações:

1. Fadiga de catástrofes causada pelo Katrina e pelo tsunami; e
2. Pouca cobertura na mídia.

Você se lembra da cobertura do tsunami asiático nos meios de comunicação? Aposto que sim, especialmente porque, além de atingir regiões pobres, ele também causou devastação em resorts da moda, como Phuket. Você se lembra da cobertura do furacão Katrina? Claro. Mas e do terremoto no Paquistão? No meu caso, lembro ter lido algumas breves notas nos jornais, mas não vi nenhuma cobertura na televisão.

Vejamos um estudo recente de Philip H. Brown e Jessica H. Minty intitulado "Cobertura nos meios de comunicação e doações humanitárias depois do tsunami de 2004". Aqui vai sua conclusão, algo surpreendente, mas sensata:

> Usando as doações feitas através da internet depois do tsunami de 2004 para um estudo de caso, demonstramos que a cobertura de catástrofes nos meios de comunicação tem um dramático impacto nas doações aos organismos de socorro humanitário, significando um minuto adicional de cobertura no noticiário noturno da televisão e um aumento de 0,036 nas doações em relação ao padrão médio, ou 13,2% da doação média diária de um típico organismo dessa natureza. Da mesma forma, uma reportagem adicional de setecentas palavras no *New York Times* ou no *Wall Street Journal* aumenta as doações em 18,2% da média diária. Esses resultados são robustos para controle da oportunidade da cobertura na mídia e das considerações de ordem fiscal.

E o que faz com que determinada catástrofe tenha ampla cobertura e outra não? Mais uma vez, provavelmente são muitos os fatores, destacando-se a natureza da catástrofe (vale dizer, seu grau de dramaticidade e de telegenia) e sua localização. Voltando às recentes tragédias na Birmânia e na China, eu diria que alguns outros atores merecem consideração:

QUANDO SE É UM JATO...

1. Estamos num momento de intensa cobertura política nos EUA, o que é difícil de desalojar dos espaços de comunicação.
2. A cobertura de catástrofes ocorridas muito longe consome bastante tempo e dinheiro, tornando duplamente proibitivo quando os meios de comunicação estão num momento de corte de custos.
3. Nem a Birmânia nem a China (ou o Paquistão) têm o que poderíamos chamar de um índice muito alto de popularidade entre os norte-americanos. Aposto que a maioria dos norte-americanos não seria capaz de encontrar a Birmânia no mapa. E, se eles têm alguma impressão a respeito do país, certamente não será uma impressão boa ("junta militar").

De fato, as doações à Birmânia até agora são muito, muito baixas. Considerando-se os frequentes desequilíbrios na distribuição de socorro às vítimas de catástrofes,[7] talvez não seja tão terrível. Ainda assim, se você é o tipo de pessoa que costuma doar dinheiro para necessitados, não caberia supor que a família de uma vítima do ciclone na Birmânia é tão merecedora da sua caridade quanto qualquer outra pessoa? As forças políticas ou as narrativas de uma catástrofe não deviam alterar nossa reação quanto às necessidades que se apresentam, não é mesmo?

Talvez preferíssemos pensar que doamos quase cegamente, dependendo da necessidade, e não da nossa reação aos fatores específicos de determinada catástrofe. Mas a crescente literatura econômica sobre doações beneficentes mostra que não é assim. Numa pesquisa de âmbito limitado, mas muito eloquente, John List sustenta que, se alguém quiser pedir doações batendo de porta em porta, a melhor coisa que pode fazer para que sejam generosas é ser uma loura atraente.[8]

Lembrei-me dessa pesquisa quando a Liga Nacional de Futebol Americano (NFL) arrecadou dinheiro numa maratona televisiva de fim de semana depois do furacão Katrina. Entre os jogos e nos intervalos, a liga destacou estrelas do futebol para atender o telefone. Em relação ao número de pessoas que assistem aos jogos de futebol, o valor em dinheiro

275

arrecadado pela liga foi ridiculamente pequeno. Fiquei me perguntando se não teriam conseguido muito mais usando as lindas líderes de torcida para pedir doações em vez de escalar os jogadores.

Assim, considerando-se as particularidades das catástrofes na Birmânia e na China, por mais trágicas que tenham sido, sinto-me perfeitamente à vontade para prever que as contribuições beneficentes norte-americanas em cada caso não serão muito grandes. É possível que o único tipo de altruísmo realmente existente seja o que os economistas gostam de chamar de "altruísmo impuro". Significa isso que os seres humanos são superficiais e egoístas? Que só doam para determinada causa se for atraente para eles de alguma maneira? Será que teremos no futuro algum tipo de movimento de "marketing de catástrofes" no qual as instituições de ajuda humanitária aprendam a apelar para possíveis doadores?

A economia da caridade de rua
(Stephen J. Dubner)

Não faz muito tempo, eu jantava com Roland Fryer e nossas respectivas cônjuges. Não me lembro bem da razão, mas a conversa se encaminhou para gestos de caridade na rua. A conversa estava tão interessante que eu tive a ideia de fazermos uma pergunta sobre caridade a algumas outras pessoas. Suas respostas são reproduzidas abaixo (e no fim você pode ver o que Roland e eu achamos).

Os participantes são: Arthur Brooks, que ensina Administração e Negócios na Universidade Syracuse e é autor de *Who Really Cares: The Surprising Truth About Compassionate Conservatism* [Quem realmente se importa: a surpreendente verdade sobre conservadorismo com compaixão]; Tyler Cowen, economista na Universidade George Mason que escreve livros e mantém o blog Marginal Revolution; Mark Cuban, o multifacetado empresário, proprietário do time de basquete Dallas Ma-

QUANDO SE É UM JATO...

vericks; Barbara Ehrenreich, autora do clássico dos preços baixos *Miséria à americana* e muitos outros livros; e Nassim Nicholas Taleb, notório *bon-vivant* e autor de *A lógica do cisne negro* e *Fooled by Randomness* [Enganado pela aleatoriedade].

Aqui vai a pergunta que fizemos a cada um deles:

> Você está andando pela rua em Nova York e todo o dinheiro de que dispõe são US$ 10. Chega então a uma esquina com um vendedor de cachorro-quente de um lado e um mendigo do outro. O mendigo parece que andou bebendo; o vendedor de cachorro-quente parece um cidadão honesto. Como é que você distribuiria os US$ 10 que tem no bolso, se é que distribuiria, e por quê?

ARTHUR BROOKS

Lidamos com essa situação o tempo todo — tanto literal quanto figurativamente. Quem vive numa cidade se depara constantemente com alcoólatras necessitados. E a questão é: dar esmolas a eles ou não? No fundo do coração, a gente teme que acabem com a própria vida se continuarem recebendo esmolas. Mas parece muita insensibilidade não dar nada.

Esse dilema não se limita ao tratamento que damos aos sem-teto. Nas políticas públicas de nossa comunidade, vemos partes da população que, assim tememos, podem tornar-se dependentes da "caridade" do governo se proporcionamos esse tipo de ajuda a pessoas necessitadas. Há inclusive quem argumente que países inteiros podem perder a autossuficiência recebendo muita ajuda externa. Por isso as habituais metáforas sobre dar o peixe para alguém comer ou ensiná-lo a pescar e assim por diante.

Além disso, certas pessoas se preocupam muito com a dignidade dos necessitados. Para uns, isso significa que devemos dar-lhes o que quer que peçam. Para outros, significa que a caridade é degradante e não faz bem, devendo ser totalmente substituída por programas governamentais.

Como dizem os esquimós, "Os presentes criam escravos como os chicotes criam os cães".

Como é então que tudo isso me ajuda a resolver o que farei ao me aproximar do mendigo embriagado e do honrado vendedor de cachorro-quente? Eu preciso decidir se me importo a) com os desejos e a independência do mendigo; e b) o impacto e a eficácia do meu presente para o bem no mundo. São quatro as possibilidades, cada uma com sua ação respectiva:

1. Eu me importo com a independência do mendigo, mas não com o impacto do meu presente. Dou-lhe algum dinheiro, que provavelmente será gasto em bebida. Mas que diabos, todos nós temos livre-arbítrio, certo? Eu não o obriguei a comprar bebida em vez de comida.

2. Eu me preocupo com o impacto do meu presente, mas não com a independência do mendigo. Compro então um cachorro-quente para ele — ou, melhor ainda, dou dinheiro para uma organização de atendimento aos sem-teto.

3. Eu me preocupo com a independência do mendigo e com o impacto do meu presente. É a situação mais difícil, em geral implicando a vã tentativa de tentar convencer o mendigo a "conseguir ajuda". Imagine-se tentando uma intervenção dessas na rua.

4. Eu não me preocupo com a independência do mendigo nem com o impacto de um presente. É a situação mais fácil de todas. Compro um cachorro-quente para mim e ignoro o bebum. Não se esqueça do molho, e vou querer também uma Pepsi diet.

Qual a minha escolha? Em geral opto pelo número dois, a menos que esteja realmente com muita preguiça ou acompanhado de alguém que saiba que escrevo livros sobre caridade — e, nesse caso, às vezes escolho o número um.

TYLER COWEN

Não gosto de dar dinheiro a mendigos. A longo prazo, serve apenas para estimular a mendicância. Se considerarmos que um mendigo ganha, digamos, US$ 5 mil por ano, com o tempo os candidatos a mendigos

QUANDO SE É UM JATO...

acabariam investindo o equivalente a cerca de US$ 5 mil de tempo e energia para se tornarem mendigos. O ganho líquido é pequeno, se é que de fato existe. Dizem que em Calcutá as pessoas decepam partes do corpo para impressionar mais como mendigos; trata-se de um exemplo extremo desse fenômeno. Explico essa lógica mais detalhadamente no meu livro *Discover Your Inner Economist* [Descubra seu economista interior].

Estranhamente, o argumento em favor de dar ao mendigo pode ser mais fundamentado se ele for alcoólatra. O alcoolismo aumenta as chances de que ele esteja pedindo dinheiro aleatoriamente, não pondo em prática uma estratégia calculista de absurdamente investir recursos na mendicância. Nesse caso, contudo, posso imaginar que a doação será desperdiçada em bebida e, em todo caso, não quero mesmo dar-lhe o dinheiro.

Se gostasse de cachorro-quente, eu compraria um cachorro-quente do vendedor, em vez de lhe dar o dinheiro a troco de nada. No fim do dia, ele provavelmente vai jogar comida fora. De qualquer maneira, receberá o dinheiro e, nesse caso, por que desperdiçar um cachorro-quente?

Uma terceira alternativa, apenas implícita na pergunta, consiste em simplesmente rasgar o dinheiro. O que contribuirá para aumentar proporcionalmente o valor do dinheiro de outros, distribuindo os ganhos de maneira muito ampla. Como muitas cédulas de dólar estão em poder de estrangeiros pobres (sobretudo na América Latina), os ganhos iriam para os que conseguem economizar em dólares. Entre essas pessoas estariam muitos trabalhadores pobres, um grupo que encaro como beneficiários merecedores.

Duas coisas me preocupam, no entanto, nessa alternativa. Primeira, os traficantes de drogas e outros criminosos têm muito dinheiro vivo na mão — e por que haveria eu de ajudá-los? Depois, a Receita Federal poderia (ainda que apenas num sentido probabilístico) reverter o efeito do meu ato, imprimindo mais moeda.

Conclusão: comprar um cachorro-quente.

Segunda conclusão: não praticar caridade em Nova York.

MARK CUBAN

Eu fico com o dinheiro no bolso e continuo andando, pois não tenho nenhum motivo para simplesmente entregar o dinheiro numa esquina.

BARBARA EHRENREICH

Vamos descartar desde logo a melosa resposta que a pergunta parece implorar? Ou seja, que eu use os US$ 10 para comprar um cachorro-quente para o mendigo e talvez dê o troco ao vendedor como gorjeta, assim recompensando um cidadão trabalhador e ao mesmo tempo garantindo que o indolente mendigo não tenha como comprar mais uma bebida — e, ainda por cima, claro, me compenetrando de uma boa dose de moralismo de classe média.

Embora seja ateia, concordo com Jesus nessas questões de mendicância. Ele recomendou que, se alguém nos pedir o casaco, devemos dar também o sobretudo. (Na verdade, disse: se um homem "processá-lo na Justiça" pelo casaco, mas a maioria dos mendigos pula essa parte legal.) Jesus não disse: primeiro, submeta o pedinte ao teste do bafômetro ou primeiro sente com ele para uma conversa séria sobre "ambição" e "metas". Disse apenas: entregue o maldito casaco.

Em termos de observância religiosa, se um mendigo me aborda diretamente, não posso deixar de entregar algum dinheiro. Como posso saber se ele andou bebendo ou sofre de algum distúrbio neurológico? E por que haveria de me importar, se não estou encarregada de cuidar da sua liberdade condicional? E antes que alguém virtuosamente lhe ofereça um cachorro-quente, deveria pensar na possibilidade de que o mendigo seja vegetariano ou só coma carne kosher ou halal.

De modo que, se o mendigo se aproxima e estende a mão, e eu tenho apenas uma nota de US$ 10 no bolso, não posso deixar de entregá-la. Não é da minha conta se ele pretende gastá-la com leite em pó para seu bebê faminto ou uma dose de Thunderbird.

QUANDO SE É UM JATO...

NASSIM NICHOLAS TALEB

A pergunta não procede e as eventuais respostas não dariam qualquer informação útil. Vou explicar:

Quando estive recentemente com Stephen Dubner para uma sessão de queijos e vinhos (eu comi 100% do queijo), ele perguntou por que a economia me incomoda tanto como disciplina, a tal ponto que tenho reações alérgicas quando encontro economistas acadêmicos. De fato, minha alergia pode ser física: recentemente, num voo da British Airways entre Londres e Zurique, sentei no corredor tendo do outro lado um economista internacional das melhores universidades norte-americanas, trajando um blazer azul e lendo o *Financial Times*. Pedi que trocasse de lugar e aceitei uma classe inferior, só para respirar o ar sem poluição da classe econômica. Eu ia para um retiro nas montanhas suíças, num cenário semelhante ao do livro *A montanha mágica*, de Thomas Mann, e não queria que minha sensibilidade fosse violentada.

Eu disse a Stephen que minha alergia a economistas tem fundamentos morais, éticos, religiosos e estéticos. Mas aqui vai outro motivo fundamental: o que eu costumo chamar de "ludicidade" ou "falácia lúdica" (do latim *ludes*, que significa "jogos"). Diz respeito à configuração de situações nas perguntas de múltipla escolha ao estilo acadêmico, destinadas a parecer com "jogos" de regras diretas e inequívocas. Essas regras são divorciadas ao mesmo tempo do próprio ambiente e de sua ecologia. Mas o fato é que os processos decisórios no Planeta Terra não costumam envolver perguntas de múltipla escolha ao estilo das provas e testes acadêmicos isolados do seu contexto — motivo pelo qual os bons alunos em geral não se saem tão bem quanto os colegas que aprendem na escola das ruas. E se muitas vezes as pessoas parecem incoerentes, como acontece em muitas "charadas", isso ocorre com frequência porque o próprio teste é que está errado. Dan Goldstein refere-se a esse problema como "nulidade ecológica".

Ecologicamente, portanto, na vida real, agimos de maneiras diferentes, dependendo do contexto. Assim sendo, se eu tivesse de ecologizar essa pergunta, responderia da seguinte maneira: se estivesse caminhando pelas ruas em Nova York, dificilmente eu haveria de me deparar com a eventualidade de desembolsar US$ 10 — provavelmente estaria pensando no meu próximo livro ou em como viver numa sociedade sem economistas (ou sem filósofos analíticos). E minha reação dependeria da ordem dos fatores: mendigo primeiro ou vendedor ambulante primeiro.

Se eu me deparasse com um mendigo, tentaria resistir à tentação de lhe dar dinheiro (já dou o suficiente a anônimos através de organizações de caridade), mas tenho certeza de que não conseguiria. Para tanto, preciso estar diante de um mendigo bêbado. Minha reação também depende da eventualidade de me deparar ou não com imagens de crianças famintas antes desse encontro — o que me deixaria sensibilizado. E não devemos subestimar a química pessoal. Poderei dar-lhe muito mais que US$ 10 se ele me lembrar do meu querido tio-avô, ou então atravessar a rua se ele se parecer, ainda que de longe, com o economista Robert C. Merton. Naturalmente, se me perguntassem depois do ocorrido, eu jamais daria o fator "química" como motivo da minha decisão e sim uma narrativa teórica parecendo bem inteligente.

Mas a minha história do avião tem um detalhe. No mesmo voo da British Airways entre a Suíça e a Inglaterra, sentei-me certa vez ao lado de outro economista que talvez tenha sido o primeiro a revelar essa nulidade ecológica. Seu nome era Amartya Sen e ele se apresentou a mim como filósofo, não como economista. Além disso, tinha semelhança física com o primeiro economista (embora não usasse um blazer azul). Senti orgulho de respirar o mesmo ar que Sen.

* * *

Só para constar, quando Fryer e eu conversamos sobre o tema semanas atrás, nenhum de nós o desenvolveu tanto quanto as pessoas acima (com a única exceção, talvez, de Cuban).

QUANDO SE É UM JATO...

Minha posição era que pedir esmolas é algo quase universalmente ineficaz e ainda por cima uma chateação; e, como prefiro recompensar o bom comportamento, em vez de punir o mau, eu daria ao sujeito do cachorro-quente parte do meu dinheiro, ou todo ele. Afinal, ele é que está lá diariamente prestando um serviço, tendo de pagar impostos, taxas etc. O pedinte, enquanto isso, dispõe de alternativas muito mais eficazes e efetivas de conseguir comida e abrigo do que obter aleatoriamente alguns dólares de gente como eu — e, quanto mais eu dou, mais estou pedindo que ele passe a vida nas ruas.

Roland, por sua vez, daria os US$ 10 ao pedinte; era tão pouco dinheiro, disse, que teria maior impacto marginal no pedinte que no sujeito do cachorro-quente.

Subornar as crianças para se esforçarem mais nas provas
(STEVEN D. LEVITT)

Usamos incentivos financeiros diretos para motivar muitas atividades na vida. Ninguém espera que os funcionários de uma lanchonete distribuam sanduíches de graça. Ninguém espera que os professores apareçam na escola e deem aulas sem ser remunerados. Mas, no caso dos alunos da escola, achamos que as distantes recompensas financeiras que terão anos ou décadas mais tarde devem bastar para motivá-los, muito embora, para a maioria da garotada, um mês ou dois signifiquem uma eternidade.

Para entender um pouco mais se em seu empenho escolar as crianças podem reagir a incentivos financeiros, realizei uma série de experiências de campo com John List, Susanne Neckermann e Sally Sadoff. E recentemente registramos os resultados num documento de trabalho.[9]

Ao contrário da maioria dos estudos anteriores envolvendo crianças, escolas e remunerações, nessa pesquisa não estamos tentando fazer com que a garotada estude muito ou aprenda mais. Estávamos atrás de algo ainda mais simples: apenas conseguir que o aluno se esforce mais no teste propriamente dito. Desse modo, não falamos às crianças da recompensa financeira antes da hora — apenas as surpreendemos no exato momento em que se sentam para fazer o teste, oferecendo até US$ 20 caso se saiam melhor.

Para identificar ganhos no incentivo financeiro, os alunos precisam saber que serão remunerados imediatamente. Quando dizemos que o pagamento virá um mês depois, eles não se saem melhor do que sem incentivo algum. O que não é uma boa notícia para os que sustentam que as recompensas que chegam anos ou décadas no futuro são suficientes para motivar estudantes.

Os melhores resultados se dão quando entregamos o dinheiro aos alunos antes do teste, para em seguida tomá-lo de volta se não atendem aos padrões. Esse resultado está na linha do que os psicólogos chamam de "aversão à perda".

No caso das crianças menores, sai muito mais barato suborná-las com bobagens como troféus e almofadas de pum, mas com os alunos mais velhos dinheiro é a única coisa que funciona.

É incrível como as pessoas se sentem ofendidas quando pagamos aos alunos para se saírem bem — são muitos e-mails e comentários negativos. Roland Fryer tem enfrentado a mesma reação a suas experiências de incentivos financeiros em cidades de todo o país.

Talvez os críticos estejam certos e o motivo de eu estar tão confuso seja o fato de que meus pais me pagavam US$ 25 toda vez que eu ganhava a nota máxima no ginásio e no colegial. Mas uma coisa é certa: como minha única fonte de renda eram aquelas propinas ligadas aos resultados nas provas e o dinheiro que ganhava dos amigos jogando pôquer, eu me esforçava muito mais no colegial do que faria sem os incentivos monetários. Muitas famílias de classe média pagam aos filhos pelas notas. Por que então a ideia parece tão polêmica para outras pessoas?

O salmão está delicioso: um exemplo de incentivos em ação
(STEVEN D. LEVITT)

Saímos em grupo uma noite dessas para jantar num restaurante razoavelmente sofisticado. Enquanto examinávamos o cardápio, a garçonete teve a gentileza de informar que o salmão estava particularmente delicioso. Disse também que seria uma boa ideia experimentarmos a pasta de alcachofra. Era a sua favorita.

Infelizmente, nossas preferências não eram fáceis de harmonizar. Nenhum de nós pediu o salmão, tampouco foi grande o interesse pela pasta de alcachofra. Ao recolher os cardápios, a garçonete mais uma vez perguntou se não queríamos dar uma chance à pasta de alcachofra. Meio na brincadeira, um de nós perguntou se havia algum motivo para que ela estivesse insistindo na sugestão.

Provavelmente percebendo que estava lidando com um bando de economistas meio nerds e apreciadores da verdade, ela respondeu com honestidade: o chef tinha criado uma nova sobremesa (e ela adora sobremesas). O membro da equipe que naquela noite vendesse maior quantidade de pastas de alcachofra e entradas de salmão receberia uma boa porção da nova sobremesa de graça. Nós então tratamos de recompensar devidamente a criativa abordagem dos incentivos por parte do restaurante acrescentando uma pasta de alcachofra ao nosso pedido.

Mais tarde, durante a refeição, perguntei se o restaurante costumava propor incentivos com frequência para que os atendentes vendessem determinados produtos. Ela relatou que numa oportunidade anterior eles tinham oferecido um prêmio de US$ 100 para a pessoa que obtivesse maior número de pedidos de determinado prato.

"Uau!", disse eu. "Esses US$ 100 devem tê-los estimulado de verdade."

"Na verdade, a sobremesa me entusiasma mais", respondeu ela.

Mais um ponto para os incentivos não pecuniários.

Camarãonomics
(STEVEN D. LEVITT)

Recentemente, fiz uma pergunta simples no blog: "Por que estamos comendo tanto camarão?" (Entre 1980 e 2005, a quantidade de camarão consumida por pessoa nos Estados Unidos quase triplicou.) Eu não esperava mais de mil respostas!

Fiz a pergunta porque Shane Frederick, professor de Marketing na Sloan School do Instituto de Tecnologia de Massachusetts (Massachusetts Institute of Technology, MIT), tinha entrado em contato comigo a respeito de uma intrigante hipótese. Ele escreveu sobre a impressionante regularidade nas respostas que obtinha quando perguntava a diferentes pessoas por que estávamos comendo tanto camarão:

Os psicólogos (na verdade, provavelmente todo mundo que não seja economista) dão explicações centradas nas mudanças de posição da curva de demanda — mudanças de preferências ou informação etc. Por exemplo:

1. As pessoas estão mais preocupadas com as questões de saúde e o camarão é mais saudável que a carne vermelha;
2. O restaurante Red Lobster mudou de agência de publicidade e seus anúncios agora estão fazendo mais efeito;

E assim por diante. Os economistas, em compensação, tendem a dar explicações centradas na "oferta". Por exemplo:

1. Estão sendo produzidas redes melhores para a pesca do camarão;
2. As condições climáticas no Golfo têm sido mais favoráveis para as ovas de camarão;

E assim por diante.

QUANDO SE É UM JATO...

Achei a hipótese de Shane interessante. Quando ensino Microeconomia no nível intermediário, os alunos parecem ter muito mais facilidade para entender o lado da demanda que o da oferta. Na maioria dos casos, temos bem mais experiência como consumidores que como produtores, de modo que tendemos a encarar as coisas pela lente da demanda, não da oferta. Precisamos que os economistas nos treinem a entender os fatores envolvidos na oferta.

Meus colegas forneceram indícios que tendiam a confirmar a hipótese de Shane. Os oito economistas da Universidade de Chicago aos quais fiz a pergunta do camarão consideraram que a resposta tinha algo a ver com maior eficiência na produção — vale dizer, explicações com base na oferta.

Foi o que me levou a estender a pergunta aos leitores do blog, para ver como seriam suas respostas. Com a ajuda de Pam Freed (uma estudante de Harvard que pretende se especializar em Economia e inicialmente deu uma resposta na base da "demanda", mas rapidamente optou por uma história de "oferta" em resposta a meu olhar devastador), catalogamos os primeiros quinhentos comentários recebidos.

Pois bem, Shane, lamento informar que sua hipótese não se saiu lá tão bem assim nos dados recolhidos.

Tivemos 393 observações aproveitáveis (107 de vocês não seguiram as orientações).

Primeiro, as boas notícias para a hipótese. Como imaginava Shane, os não economistas (vale dizer, qualquer pessoa que não tenha seguido especialização em Economia na universidade) acharam em sua maioria que estamos comendo mais camarão por motivos ligados à demanda (por exemplo, o filme *Forrest Gump: o contador de histórias*, o aumento do número de vegetarianos que comem camarão etc.). Dos universitários com especialização em outros terrenos que não a economia, 57% apresentaram apenas explicações pelo lado da demanda, contra 24% que responderam apenas com fatores ligados à oferta. Os demais ofereceram explicações misturando oferta e demanda.

QUANDO ROUBAR UM BANCO

Onde a teoria não se sai tão bem, contudo, é no fato de que 20% dos entrevistados que se tinham especializado em Economia não pareciam assim tão diferentes do resto. Aproximadamente 47% dos especializados em Economia deram exclusivamente respostas baseadas na demanda e apenas 27%, na oferta. (A maior probabilidade era de que os especialistas em Economia dessem explicações baseadas tanto na oferta quanto na demanda.)

Para sermos justos com Shane, há uma grande diferença entre ser professor de Economia e se ter graduado em Economia. Na verdade, a similaridade entre formandos em Economia e as outras pessoas talvez sirva como indicação de que atualmente nossos currículos do ensino de economia não estão ajudando muito a instilar bons instintos econômicos nos alunos — ou pelo menos o tipo de intuição econômica que os meus colegas têm.

Quem pensa mais diferente dos economistas acadêmicos? O prêmio vai (o que não surpreende) para formandos em Inglês e (de maneira algo mais surpreendente) formandos em Engenharia, que, juntos, deram 49 respostas optando esmagadoramente por explicações baseadas na demanda.

Curiosamente, a probabilidade de que as mulheres em geral dessem explicações baseadas na oferta era de apenas metade em comparação com os homens. Deixarei que você mesmo avalie eventuais causas e consequências desse resultado.

Então por que o consumo de camarão aumentou tanto?

Não tenho certeza, mas um dos fatores é que os preços caíram muito. Segundo um artigo acadêmico,[10] o preço real do camarão caiu cerca de 50% entre 1980 e 2002. Quando a quantidade aumenta e os preços estão caindo, só pode significar que os produtores encontraram maneiras mais baratas e melhores de produzir camarão. Um artigo publicado em *Slate* sustenta que houve uma revolução na criação de camarões.[11] Também podem estar em ação fatores ligados à demanda, mas aparentemente não estão no cerne da questão.

QUANDO SE É UM JATO...

Assim, para os poucos realmente empenhados que chegaram até aqui nesta postagem, aqui vai outra pergunta: em flagrante contraste com o consumo de camarão, a quantidade de atum enlatado consumida nos últimos tempos vem caindo constantemente; estariam os motivos ligados à oferta ou à demanda?

Por que as mulheres são tão infelizes?
(STEVEN D. LEVITT)

Encontrei Justin Wolfers há algumas semanas e brinquei com ele que já se haviam passado meses desde que vira uma pesquisa sua pela última vez nas manchetes dos jornais. Ele não demorou muito para esclarecer que ele e Betsey Stevenson, sua parceira na vida e na economia, foram notícia duas vezes na semana passada. A primeira foi num artigo na página de opinião do *Times*,[12] argumentando que os meios de comunicação interpretaram de maneira totalmente equivocada estatísticas recentemente divulgadas sobre o divórcio. Embora o noticiário proclame que os dados recém-divulgados comprovam que os norte-americanos têm hoje maior probabilidade que nunca de se divorciar, Stevenson e Wolfers mostram que esse padrão resulta exclusivamente de uma mudança na maneira como os dados são coletados. Na verdade, é hoje menor o número de pessoas que se casam, mas aquelas que o fazem têm maior probabilidade de continuar juntas.

Além disso, Stevenson e Wolfers publicaram um novo estudo, "O paradoxo do declínio da felicidade feminina",[13] que provavelmente vai causar grande controvérsia. Praticamente todos os indicadores econômicos e sociais tendem a mostrar que os últimos 35 anos foram ótimos para as mulheres. O controle da natalidade deu-lhes a possibilidade de controlar a reprodução. Elas estão recebendo muito mais educação e fazendo investidas em muitas profissões tradicionalmente dominadas pelos homens. A defasagem salarial entre os gêneros diminuiu substancialmente. As mulheres estão vivendo mais que nunca. Certos estudos indicam inclusive que os homens começam a assumir mais responsabilidades em casa e na criação dos filhos.

Considerando-se todas essas mudanças, as indicações apresentadas por Stevenson e Wolfers são impressionantes: as mulheres afirmam sentir-se menos felizes do que há 35 anos, especialmente em relação aos correspondentes índices de felicidade dos homens. O que se aplica tanto a mulheres que trabalham quanto a donas de casa que são mães, casadas ou solteiras, sejam de alto nível de educação, sejam de um nível mais baixo. A situação é pior para mulheres mais velhas; as que têm idades entre 18 e 29 anos não parecem estar se saindo tão mal. As mulheres com filhos se saíram pior que as mulheres sem filhos. A única exceção digna de nota a esse padrão são as mulheres negras, que se sentem mais felizes hoje que três décadas atrás.

Essas constatações têm algumas explicações alternativas. Segue aqui a minha lista, que de certa maneira difere da lista apresentada por Stevenson e Wolfers:

1. A felicidade das mulheres foi artificialmente inflada na década de 1970 em virtude do movimento feminista e do otimismo por ele gerado. Sim, as coisas de fato melhoraram para as mulheres nas últimas décadas, mas talvez essa mudança tenha ocorrido muito mais lentamente do que se esperava. Desse modo, em relação a expectativas tão altas, as coisas se revelaram algo decepcionantes.

2. Nos últimos 35 anos, a vida das mulheres tornou-se mais parecida com a dos homens. Os homens sempre foram historicamente menos felizes que as mulheres. Talvez não seja surpresa, então, que as coisas que sempre deixaram os homens infelizes no mercado de trabalho agora também estejam atormentando as mulheres.

3. Antigamente, era muito grande a pressão social para que as mulheres fingissem estar felizes mesmo se não estivessem. Hoje, a sociedade permite que as mulheres expressem seus sentimentos abertamente quando não estão satisfeitas com a vida.

QUANDO SE É UM JATO...

4. Relacionado ao número três: esses critérios de felicidade relatados são tão irremediavelmente atropelados por outros fatores que perdem completamente o significado. O sempre crescente exército de pesquisadores da felicidade vai pirar com o que vou dizer, mas existem indícios muito fortes (inclusive um estudo de Marianne Bertrand e Sendhil Mullainathan) de que as declarações de felicidade deixam muito a desejar como medidas de avaliação de resultados.[14]

Stevenson e Wolfers não se posicionam sobre qual seria a explicação mais provável. Se tivesse de arriscar um palpite, eu diria que os números três e quatro são os mais plausíveis.

Enquanto isso, perguntei a uma amiga qual achava que seria a resposta, mas ela estava deprimida demais para responder.

Qual o melhor conselho que você já recebeu?
(STEPHEN J. DUBNER)

Chegou aquela época do ano: formatura. Celebridades, dignitários e um ou outro eventual coringa são mobilizados para despachar os formandos para o futuro com coragem, confiança, convicção (blá-blá-blá e mais blá-blá-blá)...

E há também uma mulher que chamaremos apenas de S., pois sua missão é secreta. Seu filho, N., está para se formar no colegial e S. está fazendo um "álbum de conselhos" para ele. Vem escrevendo às mais variadas pessoas (inclusive a nós) para perguntar: "Qual foi o melhor (ou o pior) conselho que você já recebeu?" Escreve ela: "Minha mãe fez a mesma coisa para mim quando me formei no colegial e eu quero levar a tradição adiante com meus filhos. Foi o presente mais memorável que recebi."

Como alguém poderia deixar de atender a semelhante pedido? Minha primeira inclinação foi dizer a N. que meu melhor conselho para ele seria ter uma mãe tão preocupada com os filhos que pedisse conselhos a estranhos.

Seja como for, aqui vai o que lhe escrevi. Não posso dizer que seja tão interessante assim, nem mesmo um conselho tão importante, mas foi o que me veio à cabeça:

Caro N.,

Certa vez, quando tinha mais ou menos 14 anos, recebi um conselho que nem pretendia ser um conselho, mas acabou ficando comigo a vida inteira.

Estava pescando num lago, num barquinho a motor, com um sujeito chamado Bernie Duszkiewicz. Ele era o barbeiro da cidade (melhor dizendo, um dos dois barbeiros, mas você entendeu: era uma cidade muito pequena mesmo). Meu pai tinha morrido quando eu estava com 10 anos e alguns homens simpáticos da cidade se deram ao trabalho de me acompanhar em pequenas aventuras. Em sua maioria, tinham a ver com a pesca. Eu nem gostava tanto assim de pescar, mas acho que mamãe achava que eu gostava e eu era tímido ou obediente demais para me opor.

Estávamos no lago pescando robalo, acho eu, passando de um ponto teoricamente bom para o próximo sem conseguir absolutamente nada. Até que começou a chover. O sr. Duszkiewicz conduziu o barco até a margem e o ancorou debaixo de umas árvores baixas, para não ficarmos encharcados. Começamos a jogar o anzol dali mesmo — e, pasmem, eu finalmente peguei um peixe. Não devia ter mais de quinze centímetros de comprimento, um peixe-lua ou um achigã-da-rocha — mas pelo menos era um peixe. E então peguei outro, e mais outro. Eram pequenos demais para que os quiséssemos, mas era divertido pegá-los.

Até que o sol saiu e o sr. Duszkiewicz levantou âncora. Eu era muito tímido e precisei juntar todas as forças para dizer: "Aonde estamos indo? Este lugar aqui é excelente!"

"Ora, não queremos ficar pegando apenas esses pequenos", respondeu ele. "Não valem a pena. Vamos pegar um peixe de verdade."

Para ser honesto, fiquei algo magoado — os peixes que eu estava pegando eram peixes de verdade e muito mais divertidos que não pegar

QUANDO SE É UM JATO...

nada. E continuamos tendo má sorte quando voltamos para os pontos mais profundos do lago: nenhum peixe.

Mas a lição ficou comigo. Embora tivéssemos voltado para casa de mãos vazias, fomos atrás dos peixes grandes. A curto prazo, pensar assim pode não ser tão divertido. Mas é com o longo prazo que devemos estar preocupados — as grandes metas, aquelas que demandam muitos fracassos antes de serem alcançadas. Elas podem valer a pena (claro que podem também não valer). É uma lição de custo de oportunidade: se você passar o tempo todo atrás dos peixinhos, não terá tempo — ou não desenvolverá a técnica, ou a paciência — para um dia pegar os grandes.

Desejo o melhor para você,

Stephen J. Dubner

Bom, era esta a minha história com os peixes. O engraçado é que, por memorável que o conselho fosse, hoje em dia eu constantemente deixo de levá-lo em consideração.

Mas basta imaginar como eu estaria ainda pior se ele pelo menos não me perseguisse, como uma segunda consciência.

O maior elogio jamais feito
(STEVEN D. LEVITT)

Recebi ontem este e-mail de um fã:

Li *Freakonomics* e fiquei — para dizer o mínimo — completamente tonto. Você é um pensador brilhante e, honestamente, até faz lembrar a mim mesmo.

Agradecimentos

Suzanne Gluck é a nossa santa padroeira. Suzanne, somos muito gratos por seu apoio e especialmente sua amizade. Também devemos agradecer a muitas outras pessoas na WME, entre as quais Tracy Fisher, Cathryn Summerhayes, Henry Reisch, Ben Davis, Lori Odierno, Eric Zohn, Dave Wirtschafter, Bradley Singer e o pessoal que ao longo dos anos tem cuidado de tudo: Eve Attermann, Erin Malone, Judith Berger, Sarah Ceglarski, Georgia Cool, Caroline Donofrio, Kitty Dulin, Samantha Frank, Evan Goldfried, Mac Hawkins, Christine Price, Clio Seraphim, Mina Shaghaghi e Liz Tingue.

Muitos agradecimentos, como sempre, à excelente equipe da William Morrow/HarperCollins, que trabalha com tanto afinco por nós e muitos outros autores felizardos. Esses quatro livros de Freakonomics têm sido uma longa e maravilhosa viagem com todos vocês! Agradecimentos especiais a Henry Ferris, Claire Wachtel, Liate Stehlik, Lisa Gallagher, Michael Morrison, Brian Murray, Jane Friedman, Lynn Grady, Tavia Kowalchuk, Andy Dodds, Dee Dee DeBartlo, Trina Hunn e às muitas outras pessoas talentosas que contribuíram tanto para este empreendimento.

Na Penguin UK, tivemos a enorme sorte de ter sido editados por uma dupla de pensadores dedicados e bons amigos, Alexis Kirschbaum e Will Goodlad. Obrigado também a Stefan McGrath pelo constante apoio.

QUANDO ROUBAR UM BANCO

Obrigado ainda ao pessoal maravilhoso da Harry Walker Agency, que com tanta frequência nos mandam em expedições extraordinárias. E à equipe da Freakonomics Radio na WNYC, por seu magnífico trabalho de transformar nossas divagações em algo próximo da coerência.

E há também o plantel de dezenas de pessoas, pelo menos, que ao longo dos anos têm trabalhado duro no blog. Realmente foi um estouro.

Obrigado a Mary K. Elkins, Lorissa Shepstone e Gordon Clemmons, da Being Wicked, e a Chad Troutwine e sua equipe por construírem e constantemente reconstruírem uma caixinha de areia para ficarmos brincando.

No *New York Times*, obrigado especialmente a Gerry Marzorati, David Shipley, Sasha Koren, Jeremy Zilar, Jason Kleinman e Brian Ernst.

O blog teve ao longo dos anos uma série de editores que não só contribuíram com toneladas de excelentes textos como impediram que nós dois saíssemos do ar. Obrigado a Rachel Fershleiser, Nicole Tourtelot, Melissa Lafsky, Annika Mengisen, Ryan Hagen, Dwyer Gunn, Mathew Philips, Azure Gilman, Bourree Lam e Caroline English, com agradecimentos especiais a Bourree e Dwyer pela triagem inicial de mais de 8 mil postagens, e a Ryan, entre outras contribuições, por suas perguntas e respostas piratas da página 264.

Obrigado também aos muitos colaboradores convidados do blog de *Freakonomics* ao longo dos anos, fosse em perguntas e respostas, nos Quóruns ou em eventuais ensaios. Temos uma grande dívida em particular com o incrível elenco de colaboradores permanentes: Ian Ayres, Captain Steve, Dan Hamermesh, Dean Karlan, Andrew Lo, Sanjoy Mahajan, James McWilliams, Eric Morris, Nathan Myhrvold, Jessica Nagy, Kal Raustiala, Seth Roberts, Steve Sexton, Fred Shapiro, Chris Sprigman, Sudhir Venkatesh e Justin Wolfers. Agradecimentos especiais a Captain Steve, James e Sudhir por autorizarem a reprodução neste livro de algumas de suas postagens.

AGRADECIMENTOS

Um dos componentes do blog — na verdade, um dos melhores — não pode ser reproduzido neste livro: o feedback dos leitores. Pudemos nos deliciar com seus comentários inteligentes, perceptivos ou indignados; suas perguntas e sugestões; sua infindável curiosidade e gentileza. Obrigado a cada um dos leitores: foram vocês que nos mantiveram na estrada por dez anos.

Notas

1. Estávamos apenas querendo ajudar

1. Ver *Freakonomics* e John J. Donohue III e Steven D. Levitt, "The Impact of Legalized Abortion on Crime", *The Quarterly Journal of Economics* 116, nº 2 (maio de 2001).
2. Ver Becker e Rubinstein, "Fear and the Response to Terrorism: An Economic Analysis", Centre for Economic Performance Discussion Paper 1079 (setembro de 2011).
3. Ver, por exemplo, Pape, *Dying to Win* (Random House, 2005).
4. Ver Johnston, "I.R.S. Enlists Help in Collecting Delinquent Taxes", *The New York Times*, 20 de agosto de 2006.
5. Ver Dubner e Levitt, "Filling in the Tax Gap", *The New York Times Magazine*, 2 de abril de 2006.
6. Para outras ideias a respeito, ver Dubner, "What I Told the American Library Association", Freakonomics.com, 5 de maio de 2014.
7. Ver também "The Freakonomics of Tenure", *The Chronicle of Higher Education*, 23 de março de 2007.
8. Ver Mark Thompson, "Restoring the Draft: No Panacea", *Time*, 21 de julho de 2007.
9. Ver Smith, "Market Priesthood", Noahpinion.com, 15 de maio de 2014.
10. Ver Dubner e Levitt, "Why Vote?", *The New York Times Magazine*, 6 de novembro de 2005; e Dubner, "We the Sheeple", Freakonomics Radio, 25 de outubro de 2012.

QUANDO ROUBAR UM BANCO

11. Ver Steven P. Lalley e E. Glen Weyl, "Quadratic Voting", documento de trabalho SSRN, fevereiro de 2015.
12. Ver Jacob K. Goeree e Jingjing Zhang, "Electoral Engineering: One Man, One Vote Bid", documento de trabalho, 27 de agosto de 2012.
13 Ver Ferraz e Finan, "Motivating Politicians: The Impacts of Monetary Incentives on Quality and Performance", documento de trabalho NBER, abril de 2009.
14. Ver Finan, Ernest Dal Bó e Martin Rossi, "Strengthening State Capabilities: The Role of Financial Incentives in the Call to Public Service", *The Quarterly Journal of Economics* 18, nº 3 (abril de 2013).

2. Mão-Boba, o Masturbador, e os perigos de Wayne

1. Ver Joe Williams, "What's in a Name? A Royal Heritage", *Orlando Sentinel*, 18 de agosto de 2006.
2. Ver "Ex-Navy Marksman Gets 84-to-Life in Gang Shooting", *U-T San Diego*, 25 de maio de 2006.
3. Ver Lee, "And if It's a Boy, Will It Be Lleh?", *The New York Times*, 18 de maio de 2006.
4. Uma excelente fonte de tendências em matéria de nomes pode ser encontrada no site da Social Security Administration: http://www.ssa.gov/oact/babynames/.
5. Ver "Hurricane Dealt Blow to Popularity of Katrina as Baby Name", *The New York Times* (matéria da Associated Press), 13 de maio de 2007; e, para lembrar, uma boa fonte em matéria de tendências para nomes de bebês encontra-se em http://www.ssa.gov/oact/babynames/.
6. Ver *State of Idaho v. Dale D. Limberhand*, Nº 17656, Court of Appeals of Idaho, 14 de março de 1990.

3. Que venha a alta dos preços da gasolina!

1. Ver Eileen Faxas, "Up Close: Cost of Generic Drugs Varies Widely", KHOU--TV.com, 13 de dezembro de 2003.
2. Ver "Generic Prescription Drug Price Comparison Chart", WXYZ-TV.com.
3. Ver "Generic Drugs: Shop Around for the Best Deals", ConsumerReports.org.
4. Ver "Senator Feinstein Urges Californians to Be Aware That Generic Drug Prices Vary Greatly From Pharmacy to Pharmacy", 8 de maio de 2006.
5. Sarah Rubenstein, "Why Generic Doesn't Always Mean Cheap", *The Wall Street Journal*, 13 de março de 2007.

NOTAS

6. Ver Levitt, "Fight Global Pandemics (or at Least Find a Good Excuse When You're Playing Hooky)", Freakonomics.com, 18 de maio de 2007; ver Levitt, "Netflix $ Million Prize", Freakonomics.com, 6 de outubro de 2006.

7. Ver Matthew Cole, "U.S. Will Not Pay $25 Million Osama Bin Laden Reward, Officials Say", ABCNews.com, 19 de maio de 2011.

8. Ver Morley Safer, "Should We Make Cents?", 60 Minutes, 10 de fevereiro de 2008.

9. Ver Levitt, "The Two Smartest Musicians I Ever Met", Freakonomics.com, 5 de abril de 2006; e Levitt, "From Now on I Will Leave the Reporting to Dubner", Freakonomics.com, 9 de abril de 2006.

10. Ver "Manny Pacquiao Won't Ever Fight in New York Due to State Tax Rates", *The Wall Street Journal*, 7 de agosto de 2013.

11. Ver Lance Pugmire, "Promoter: Manny Pacquiao May Never Again Fight in the U.S.", *The Los Angeles Times*, 31 de maio de 2013.

12. Ver "Golfer Phil Mickelson Plans 'Drastic Changes' Over Taxes", CBSNews.com, 21 de janeiro de 2013.

13. Ver Badenhausen, "Phil Mickelson Wins Historic British Open and Incurs 61% Tax Rate", Forbes.com, 22 de julho de 2013.

14. Ver entrevista de Larry King com Jagger em *Larry King Live*, CNN, 18 de maio de 2010.

15. O histórico de preços da gasolina foi obtidos na U.S. Energy Information Administration; ver também fuelgaugereport.com da American Automobile Association.

16. Ver Aaron S. Edlin e Pinar Karaca Mandic, "The Accident Externality From Driving", *The Journal of Political Economy* 114.5 (2006).

17. Ver *Tires and Passenger Vehicle Fuel Economy: Informing Consumers, Improving Performance*, The National Academies Press, Special Report 286 (2006).

18. Ver He Zhu, Fernando A. Wilson e Jim P. Stimpson, "The Relationship Between Gasoline Price and Patterns of Motorcycle Fatalities and Injuries", *Injury Prevention* (2014).

4. Concursos

1. Ver Sarah Lyall, "Britain Seeks Its Essence, and Finds Punch Lines", *The New York Times*, 26 de janeiro de 2008.

2. Ver Rachel Fershleiser e Larry Smith (eds.), *Not Quite What I Was Planning: Six-Word Memoirs by Writers Famous and Obscure* (HarperCollins, 2008). Nota: Rachel Fershleiser foi a primeira editora do blog de Freakonomics.

5. Como ter medo da coisa errada

1. Ver "Current Trends Injuries Associated with Horseback Riding — United States, 1987 and 1988", Centers for Disease Control.

2. Ver "Alcohol Use and Horseback-Riding-Associated Fatalities — North Carolina, 1979-1989", Centers for Disease Control.

3. Ver Ray LaHood, "Current Data Makes It Clear: Child Safety Seas and Booster Seats Save Lives, Prevent Injury", Fast Lane (blog do Departamento de Transportes dos EUA), 22 de outubro de 2009.

4. Ver Levitt e Dubner, *SuperFreakonomics* (William Morrow, 2009); e Dubner e Levitt, "The Seat-Belt Solution", *The New York Times Magazine*, 10 de julho de 2005.

5. Ver Levitt e Dubner, *Freakonomics* (William Morrow, 2005).

6. Ver Peter Maass, "The Breaking Point", *The New York Times Magazine*, 21 de agosto de 2005.

7. Ver Tierney, "The $10,000 Question", *The New York Times*, 23 de agosto de 2005.

8. Ver Tierney, "Economic Optimism? Yes, I'll Take That Bet", *The New York Times*, 27 de dezembro de 2010.

9. Ver Shin-Yi Chou, Michael Grossman e Henry Saffer, "An Economic Analysis of Adult Obesity: Results from the Behavioral Risk Factor Surveillance System", documento de trabalho NBER Nº 9247, outubro de 2002.

10. Ver Jonathan Gruber e Michael Frakes, "Does Falling Smoking Lead to Rising Obesity?", documento de trabalho NBER Nº 11483, julho de 2005.

11. Ver J. Eric Oliver, *Fat Politics: The Real Story Behind America's Obesity Epidemic* (Oxford University Press, 2006).

12. Al Baker e Matthew L. Wald, "Weight Rules for Passengers Called Obsolete in Capsizing", *The New York Times*, 1º de julho de 2006.

13. Ver Kahneman, *Thinking, Fast and Slow* (Farrar, Straus and Giroux, 2011).

14. Ver Matt Richtel, "U.S. Cracks Down on Online Gambling", *The New York Times*, 15 de abril de 2011.

15. Levitt e Thomas J. Miles, "The Role of Skill Versus Luck in Poker", documento de trabalho NBER 17023, maio de 2011.

16. Amy Gardner, "9 Muslim Passengers Removed From Jet", *The Washington Post*, 2 de janeiro de 2009.

17. Christopher Beam, "800,000 Missing Kids? Really?", Slate.com, 17 de janeiro de 2007.

NOTAS

6. Se você não está trapaceando, é porque não tentou

1. Ver Levitt e Dubner, *Freakonomics* (William Morrow, 2005).
2. Manjoo, "How Bots Rigged D.C.'s 'Hot' Reporter Contest", Salon.com, 22 de agosto de 2007.
3. Ver Melissa Lafsky, "Freakonomics v. Lolita: Can You Tell the Difference?", Freakonomics.com, 18 de junho de 2007.
4. Ver Martinelli e Parker, "Deception and Misreporting in a Social Program", Centro de Investigacion Economica documento de debate 06-02, junho de 2006.
5. Ver Dubner e Levitt, "Selling Soap", *The New York Times Magazine*, 24 de setembro de 2006.
6. Ver Levitt e Dubner, *Freakonomics* (William Morrow, 2005).
7. Ver Kulkarni, "What a Business Model!", ganeshayan.blogspot.com, 21 de março de 2007.
8. Ver Aaron Zelinsky, "Put More Muscle in Baseball Drug Tests", *The Hartford Courant*, 18 de dezembro de 2007.
9. Ver Adanthar, "Beat: Absolute is *actually* rigged (serious) (read me)", 15 de setembro de 2007, twoplustwo.com.
10. Ver Gilbert M. Gaul, "Cheating Scandals Raise New Questions About Honesty, Security of Internet Gambling", *The Washington Post*, 30 de novembro de 2008.
11. Ver Gaul, "Timeline: Catching the Cheaters", *The Washington Post*.
12. Dubner e Levitt, "Filling in the Tax Gap", *The New York Times Magazine*, 2 de abril de 2006.
13. Ver Austan Goolsbee, "The Simple Return: Reducing America's Tax Burden Through Return-Free Filing", documento de debate The Hamilton Project 2006-04, julho de 2006.
14. Ver Jack Gillum e Marisol Bello, "When Standardized Test Scores Soared in D.C., Were the Gains Real?", *USA Today*, 30 de março de 2011.
15. Ver Gillum, Bello, e Scott Elliott, "D.C. to Dig Deeper on Test Score Irregularities", *USA Today*, 30 de março de 2011.
16. Ver Levitt e Dubner, *Freakonomics* (William Morrow, 2005); e Brian A. Jacob e Levitt, "Rotten Apples: An Investigation of the Prevalence and Predictors of Teacher Cheating", *The Quarterly Journal of Economics* (agosto de 2003).

7. Mas será que é bom para o planeta?

1. Ver John A. List, Michael Margolis e Daniel E. Osgood, "Is the Endangered Species Act Endangering Species?", documento de trabalho NBER 12777, dezembro de 2006.

2. Ver Sam Peltzman, "Regulation and the Natural Progress of Opulence", monografia do American Enterprise Institute, 23 de maio de 2005.
3. John Tierney, "How Virtuous Is Ed Begley Jr.?", *The New York Times* (TierneyLab), 25 de fevereiro de 2008.
4. Ver Chris Goodall, *How to Live a Low Carbon Life* (Earthscan, 2007).
5. Ver Dubner e Levitt, "Laid-Back Labor", *The New York Times Magazine*, 6 de maio de 2007.
6. Ver Christopher L. Weber e H. Scott Matthews, "Food-Miles and the Relative Climate Impacts of Food Choices in the United States", *Environmental Science & Technology* 42, nº 10 (abril de 2008).
7. Ver Mary MacPherson Lane, "Brothel Cuts Rates for 'Green' Customers", Associated Press, 17 de outubro de 2009.
8. Ver "Food Packaging and Climate Change", carboncommentary.com, 29 de outubro de 2007.
9. Ver J. Lundqvist, C. de Fraiture e D. Molden, "Saving Water: From Field to Fork—Curbing Losses and Wastage in the Food Chain", documento SIWI (2008).
10. Ao ser perguntado em fevereiro de 2015 se ainda era o caso, um porta-voz da 350.org respondeu: "Não, ainda não lançamos uma campanha para pressionar as pessoas a optar por uma dieta vegana. Tampouco temos campanhas para levar as pessoas a dirigir menos, reciclar, usar menos papel ou tantas outras maneiras valiosas de combater as mudanças climáticas. A 350.org não trabalha na esfera das mudanças de estilo de vida individual — existem muitos outros grupos valorosos fazendo isso —, mas na construção de um movimento de caráter mais social para combater o problema."
11. Ver "Reducing Shorter-Lived Climate Forcers Through Dietary Change", World Preservation Foundation.
12. Ver Bill McKibben, "The Only Way to Have a Cow", *Orion*, abril de 2010.
13. Ver "Conspicuous Conservation: The Prius Effect and Willingness to Pay for Environmental Bona Fides", documento de trabalho, 30 de junho de 2011.
14. Ver Stephen J. Dubner, "Hey Baby, Is That a Prius You're Driving?", Rádio Freaknomics, 7 de julho de 2011.

8. Acertar em cheio

1. Ver Dubner e Levitt, "Dissecting the Line", *The New York Times Magazine*, 5 de fevereiro de 2006.
2. Ver Adams, *Broke: A Poker Novel* (iUniverse, 2006).

NOTAS

3. Ver Dubner e Levitt, "A Star is Made", *The New York Times Magazine*, 7 de maio de 2006; K. Anders Ericsson, Neil Charness, Paul J. Feltovich e Robert R. Hoffman, *The Cambridge Handbook of Expertise and Expert Performance*, Cambridge University Press, 2006.

4. Ver Dubner e Levitt, "Monkey Business", *The New York Times Magazine*, 5 de junho de 2005.

5. Ver David Romer, "Do Firms Maximize? Evidence from Professional Football", *Journal of Political Economy* 118, n° 2 (2006).

6. Pierre-André Chiappori, Steven D. Levitt e Timothy Groseclose, "Testing Mixed-Strategy Equilibria When Players Are Heterogeneous: The Case of Penalty Kicks in Soccer", *The American Economic Review* 92, n° 4 (setembro de 2002).

7. Ver Tobias Moskowitz e L. Jon Wertheim, *Scorecasting: The Hidden Influences Behind How Sports Are Played and Games Are Won* (Crown Archetype, 2011).

8. Ver Levitt, "Why Are Gambling Markets Organised So Differently From Financial Markets?", *The Economic Journal* 114 (abril de 2004).

9. Ver Dubner e Levitt, "Dissecting the Line", *The New York Times Magazine*, 5 de fevereiro de 2006.

10. Ver Thomas J. Dohmen, "In Support of the Supporters? Do Social Forces Shape Decisions of the Impartial?", documento de estudo IZA N°. 755, abril de 2003.

11. Ver Myron Cope, *Double Yoi!* (Sports Publishing, 2002).

12. Ver Stephen J. Dubner, *Confessions of a Hero-Worshiper* (William Morrow, 2003).

13. Ver Roy Blount Jr., *About Three Bricks Shy of a Load* (Little, Brown and Company, 1974).

9. Quando roubar um banco

1. Ver "Burnice Comes Home", *Time*, 8 de julho de 1966.

2. Ver a série National Incident-Based Reporting System (NIBRS) do FBI.

3. Ver Barry Reilly, Neil Rickman e Robert Witt, "Robbing Banks: Crime Does Pay — But Not Very Much", *Significance* (The Royal Statistical Society, junho de 2012).

4. Ver Roland G. Fryer, Steven D. Levitt e John A. List, "Exploring the Impact of Financial Incentives on Stereotype Threat: Evidence From a Pilot Study", *American Economic Review: Papers & Proceedings* 98, n° 2 (2008).

5. Ver Alain Cohn, Michel André Maréchal e Thomas Noll, "Bad Boys: The Effect of Criminal Identity on Dishonesty", documento de trabalho Nº 132 da Universidade de Zurique (outubro de 2013).
6. The Demographic and Health Surveys Program, U.S. Agency for International Development.
7. Ver Dubner, "Life Is a Contact Sport", *The New York Times Magazine*, 18 de agosto de 2002.
8. Ver Arty Berko, Steve Delsohn e Lindsay Rovegno, "Athletes and Guns", *Outside the Lines* e ESPN.com, 15 de dezembro de 2006.
9. Ver Philip J. Cook, Jens Ludwig, Sudhir Venkatesh e Anthony A. Braga, "Underground Gun Markets", *The Economic Journal* 117, nº 524 (novembro de 2007).
10. Ver Nellie Andreeva, "NBC Buys 'Freakonomics'-Inspired Drama Procedural Produced by Kelsey Grammer", *Deadline.com*, 7 de agosto de 2012.

10. Mais sexo, por favor, somos economistas

1. Ver, por exemplo, Mark Landler, "World Cup Brings Little Pleasure to German Brothels", *The New York Times*, 3 de julho de 2006.
2. Ver "The Nation: Sex Tax", *Time*, 25 de janeiro de 1971.
3. Ver "Sex Tax: 'Broad-Based'", *The Tech* (jornal do MIT), 13 de janeiro de 1971.
4. Ver Steven E. Landsburg, "Women Are Chokers", Slate.com, 9 de fevereiro de 2007.
5. Ver Landsburg, "What I Like About Scrooge", Slate.com, 20 de dezembro de 2006.
6. Ver, por exemplo, Landsburg, *The Armchair Economist* (Free Press, 1993); Landsburg, *Fair Play* (Free Press, 1997); Landsburg, *More Sex Is Safer Sex* (Free Press, 2007).
7. Para uma abordagem mais completa dos negócios de Allie, ver Levitt e Dubner, *SuperFreakonomics* (William Morrow, 2009). Allie também foi tema de Dubner, "The Upside of Quitting", Rádio Freakonomics, 30 de setembro de 2011.
8. Ver Dubner, "The Most Dangerous Machine", Rádio Freakonomics, 1º de maio de 2014.
9. Ver Dubner, "Fighting Poverty With Actual Evidence", Rádio Freakonomics, 27 de novembro de 2013.
10. Ver Dubner, "What Came First, the Chicken or the Avocado?", Rádio Freakonomics, 24 de abril de 2014.

NOTAS

11. Ver Dubner, "What You Don't Know About Online Dating", Rádio Freako-nomics, 6 de fevereiro de 2014; neste episódio era focalizada a pesquisa do economista Paul Oyer, de Stanford, autor de *Everything I Ever Needed to Know About Economics I Learned from Online Dating* (Harvard Business Review Press, 2014).

11. Caleidoscópio

1. Ver Sarah Lyall, "In Literary London, the Strange Case of the Steamy Letter", *The New York Times*, 31 de agosto de 2006.
2. Ver Jim Collins, *Good to Great: Why Some Companies Make the Leap... and Others Don't* (HarperCollins, 2001).
3. Ver Thomas J. Peters e Robert H. Waterman, Jr., *In Search of Excellence: Lessons from America's Best-Run Companies* (Harper & Row, 1982; Har-perBusiness Essentials, 2004).
4. Ver Dubner, *Turbulent Souls: A Catholic Son's Return to His Jewish Family* (William Morrow, 1998); reeditado como *Choosing My Religion: A Memoir of a Family Beyond Belief* (HarperPerennial, 2006.)
5. Ver Dubner, "I Don't Want to Live Long. I Would Rather Get the Death Penalty Than Spend the Rest of My Life in Prison", *Time*, 18 de outubro de 1999.
6. Ver Dubner, "Life Is a Contact Sport", *The New York Times Magazine*, 18 de agosto de 2002.
7. Ver Dubner, "The Silver Thief", *The New Yorker*, 17 de maio de 2004.
8. Ver Dubner, "Toward a Unified Theory of Black America", *The New York Times Magazine*, 20 de março de 2005.

12. Quando se é um jato...

1. Na época desta entrevista, Ryan Hagen era assistente de pesquisa na *Freako-nomics* e contribuía assiduamente para o blog, os livros e outras iniciativas; atualmente, conclui seu Ph.D. em Sociologia na Universidade Columbia.
2. Ver Matt Zapotosky, "Amid Breakfast of Champions, Pirated Ship's Crew Shares a Story of Turnabout", *The Washington Post*, 17 de abril de 2009.
3. Ver Reuters, "Pirates Attack U.S. Ship Off Somalia", *The New York Times*, 14 de abril de 2009.
4. Ver Peter T. Leeson, *The Invisible Hook: The Hidden Economics of Pirates* (Princeton, 2009).
5. Ver Jennifer L. Doleac e Luke C.D. Stein, The Visible Hand: Race and Online Market Outcomes", documento de trabalho SSRN, 1º de maio de 2010.

QUANDO ROUBAR UM BANCO

6. Ver Philip H. Brown e Jessica H. Minty, "Media Coverage and Charitable Giving After the 2004 Tsunami", documento de trabalho Nº 855 do William Davidson Institute, dezembro de 2006.

7. Ver por exemplo "Tsunami Aid Went to the Richest", BBC.com, 25 de junho de 2005

8. Ver Craig E. Landry, Andreas Lange, John A. List, Michael K. Price e Nicholas G. Rupp, "Toward an Understanding of the Economics of Charity: Evidence from a Field Experiment", *Quarterly Journal of Economics* 121, nº 2 (maio de 2006).

9. Ver Steven D. Levitt, John A. List, Susanne Neckermann e Sally Sadoff, "The Impact of Short-Term Incentives on Student Performance", documento de trabalho da Universidade de Chicago, setembro de 2011.

10. Ver U. Rashid Sumaila, A. Dale Marsden, Reg Watson e Daniel Pauly, "A Global Ex-Vessel Fish Price Database: Construction and Applications", *Journal of Bioeconomics* 9, nº 1 (abril de 2007).

11. Brendan Koerner, "The Shrimp Factor", Slate.com, 13 de janeiro de 2006.

12. Ver Betsey Stevenson e Justin Wolfers, "Divorced From Reality", *The New York Times*, 29 de setembro de 2007.

13. Ver Stevenson e Wolfers, "The Paradox of Declining Female Happiness", documento de estudo IZA Nº 42347 (2009).

14. Ver Marianne Bertrand e Sendhil Mullainathan, "Do People Mean What They Say? Implications for Subjective Survey Data", documento de trabalho MIT Economics Nº 01-04 (janeiro de 2001).

Índice

11 de setembro, atentados de, 181, 214-215
350.org, 154-158
60 Minutes, 59-60

aborto, 63, 243
Absolute Poker, site, 134, 37
acidentes de moto, 92
acobertamento, 107, 137
Acompanhante de luxo, 222-227
Adams, Brandon, 166
Administração de Segurança dos Transportes (Transportation Security Administration, TSA), 13-14, 96-97, 214-215
Aeroporto J.F.K., 26-27
Aeroporto LaGuardia, 26-28
Aeroporto Newark-Liberty, 26-27
aeroportos, fechamento, 26-28
aeroportos, segurança, 13, 18, 96-97, 77-78, 214-215
Akerlof, George, 141
aleatoriedade, 270-271
alistamento militar, 28-30

Allie (acompanhante de luxo), 222-227
altruísmo impuro, 257-276
altruísmo, 272-276
Altucher, James, 168-169
ancoramento, 260
andar de carro:
    e o meio ambiente, 144-145
    falta de civilidade, 140-142
aptônimos, 44-47
aquecimento global, 81-82, 154-158
armas de fogo:
    atirar em ladrões, 206-207
    atletas portando secretamente, 205
    causa de mortes, 209-214
    informações anônimas sobre, 210-211
    leis sobre armas portadas secretamente, 206-207
    proibição em Washington, 207-209
    propriedade, 209
    uso ilegal, 209
Armstrong, Lance, 133
Arum, Bob, 68
assaltos a bancos, 191-193

311

assistência de saúde:
  decisões, 108
  Sistema Nacional de Saúde Britânico,
    30-33
assistência médica, limitações, 250
atividades perigosas:
  caminhar bêbado, 91
  cavalgar, 91-92
  resultando em obesidade, 103-106
atletas:
  apostas, 69
  imposto de renda, 68-70
autorreferencial, atitude, 109
aversão à perda, 176-179
aversão ao risco, 111-112

Badenhausen, Kurt, 69
Baltimore Sun, The, 199
base informativa, 195-196
Becker, Gary, 17, 83-85
beisebol, autógrafos, 74-75
beisebol, esteroides, 132-133
Belichick, Bill, 130-131, 178-179
bens não fungíveis, 65
Bertrand, Marianne, 291
Betjeman, John, 238
bibliotecas públicas, 20-22
bin Laden, Osama, 56-57
Bing, Stanley, 233
Birmânia, ciclone, 272-276
bling-bling, 159
blogs, 9-11, 39
  como caleidoscópios, 229
Bloomberg, Michael, 205
Blount, Roy Jr., 186
boliche, 176
Bolt, Usain, 69
bordel em Berlim, 149

boxe, 68
Boxer, Barbara, 50
Boxwell Brothers, 46
Braga, Anthony, 210
Bratton, Bill, 142
Broderick, Matthew, 92
Brooks, Arthur, 276-277
Brown, Philip H., 142
Bunning, Jim, 56
Burress, Plaxico, 185, 204-205
Bush, George W., 50-51, 96, 120

caçador de dados de primeiro grau,
    187-188
Caesars Entertainment, 112
Caesars Palace, 163-164
camarão, 286-89
caminhar bêbado, 91
canções, preços de, 66-67
"Captain Steve", 76-79
cáries dentárias, 232-233
carne, comer 154-58
Carnegie, Andrew, 22
carnívoros, 154-158
carros:
  assentos infantis de segurança, 93-95
  consumo ostentatório, 158-159
  falta de civilidade, 140-142
  preços, 53-55
Carson, Rachel, 156
cartas em cadeia, 124-125
casa, construir a própria, 147
Case, Justin, 46
Castro, Jesus "Manny" Jr., 211-212
catástrofes e doações beneficentes, 272-
    276
centavos, 59-62
Champagne, Dom Perignon, 42

ÍNDICE

Chicago Tribune, pesquisa, 235
China:
  criminalidade, 193-195
  leite em pó infantil, 255-256
  terremoto, 272-276
ciclistas, Tour de France, 131-133
Clemens, Roger, 130, 131
Clinton, Hillary, 50
Coca-Cola, fórmula, 57-58
código fiscal, 138-139
Cohn, Alain, 195-196
Coinstar, 61
coleta de doações na rua, 276-282
Collins, Jim, 239
comida:
  asas de frango, 70-71
  camarão, 286-289
  consumo local, 145-149
  deleite, 147
  desperdício, 152-154
  embalagem, 151-154
  estragada, 153
  frango estragado, 258-261
  ineficiência no transporte, 147-148
  kiwi, 72-74
  mau atendimento, 229-230
  obesidade, 103-105
  valor nutritivo, 147
comissários de bordo, 25
concursos, 83
  fraudados, 119
  lema para os EUA, 87-89
  Twitter, 85-87
  vícios, 83-85
Congresso, EUA:
  estabelece o Código Fiscal, 138-139
  prêmio pela captura de bin Laden, 56-57
  Receita Federal (IRS), 18-20

consumidores de alimentos produzidos
  localmente, 145-149
consumo ostentatório, 158-159
contabilidade mental, 64-65
Cook, Phil, 210
Cope, Myron, 183, 184
corridas de cavalos, 188-189
Cowen, Tyler, 276, 278-279
Cowher, Bill, 186
Craig, Larry, 45
crianças, assentos de segurança, 93-95
crianças, suborno, 282-285
crime:
  assaltantes, 206-207
  assalto, 206
  base informativa para criminosos, 195-
    196
  e aborto, 242-243
  e *The Wire*, 196-199
  gangues de rua, 196-202, 210-211, 212
  índices inconstantes, 208
  leis sobre armas, 207-209
  mortes por arma de fogo, 209-214
  na China, 193-195
  penas de prisão, 113, 191-192, 206-207,
    209, 211, 221
  rapto de crianças, 117
  roubo de banco, 191-193
  teoria das "janelas quebradas", 142
Cuban, Mark, 276, 280
Cyrus, Miley, 257

Daily Show, The, 231
Dal Bó, Ernesto, 36-37
Daly, John, 233
Daschle, Tom, 138, 139
Dawkins, Richard, 240
"de bom a excelente", (Collins), 239, 240

decisões irracionais, 106-107
democracia, alternativa a, 33-35
Dennett, Daniel, 240
desenhos animados, 256-258
desenhos animados, vozes, 256-258
Deus, no título de livros, 240-241
"Dia Sem Gasolina", 261-264
Diagnóstico Genético de Pré-Implante
(DGP), 236-238
diminuição do rendimento marginal,
173
discriminação estatística, 270
divórcio, estatísticas, 289
doações beneficentes:
catástrofes, 272-276
coleta de rua, 276-283
Dohmen, Thomas, 181
Doleac, Jennifer, 268-270
Donohue, John, 292
dopagem, no Tour de France, 131-133
Duke, Annie, 161
Duncan, Arne, 93
Duszkiewicz, Bernie, 292

economia comportamental, 106-107,
108, 259-260
economia:
comportamental, 106-107, 108, 176,
259-60
escrever a respeito de, 242-243
mão invisível, 265
mão visível, 268-271
versus moral, 243
Edlin, Aaron, 81
efeito Prius, 159
Ehrenreich, Barbara, 277, 280
Ehrlich, Paul, 98, 101
Eikenberry (dono de funerária), 46

elogios, 295
embalagens, 151-154
Engelberger, Perfect, 42
Ericsson, Anders, 170, 172
especialistas, 10 mil horas de prática,
172-173
especialização, eficácia da, 148
esportes:
apostas em times, 111
atletas ilegalmente armados, 205
aversão à derrota, 176-179
bolas de beisebol autografadas, 74-75
boliche, 174-176
corridas de cavalos, 164, 168-189
dopagem, 131-132, 133
esteroides, 132-133
futebol americano, 176-179, 181-186,
204-205
futebol, 178-179, 180, 181, 217
golfe, 170-174
hipismo, 91-92
impostos sobre renda de atletas, 68-70
trapacear, 129-131
vantagem de jogar em casa, 179-181
Estados Unidos, lema de seis palavras,
87-89
estatística:
mal-interpretadas, 289
na medicina, 236-238
esteroides, 132-133
estranhos, medo de, 115-117
experiência de campo natural, 271
externalidade negativa, 80

Fanning, Dakota, 257
Feinstein, Dianne, 52
Feldman, Paul, 66
felicidade, 108-109, 289-291

ÍNDICE

feminismo, 290-291

"ferimentos de sangue", 129-130

Ferraz, Claudio, 36

Finan, Frederico, 36

floresta tropical, salvar, 150-151

Fox, Kevin, 216

Frakes, Michael, 104

fraldas descartáveis ou de pano, 144

frango estragado, 258-261

frango, preço das asas, 70-71

Frankfurt, Harry, 233

Freakonomics (Levitt & Dubner), 1-2, 39, 41, 53, 66, 91, 94, 119, 140, 191, 215-216, 222, 231, 233, 236, 250-251, 257, 271, 295

Freakonomics.com, 1-4, 8, 199

Frederick, Shane, 286-288

Freed, Pam, 287

Friedman, Milton, 28

Frost, Robert, 186

Fryar, Irving, 204-205

Fryer, Roland, 195, 242, 276, 283, 284

Fuller, Thomas, 166-167

função de avaliação, 169

Fundação para a Preservação do Planeta (World Preservation Foundation, WPF), 154-157, 165-167

furacão Katrina, 43-44, 273-276

futebol americano:

    aversão à derrota, 176-179

    Imaculada Recepção, 184

    Pittsburgh Steelers, 181-186

    simpósio de novatos, 204-205

futebol, 19, 180, 181, 217

Gacy, John Wayne Jr., 41

Gagné, Éric, 130

gamão, 167-170

GAME (Gang Awareness Through Mentoring and Education [Conscientização sobre Gangues pelo Aconselhamento e a Educação]), 211-212

gangues de rua, 196-202, 210-211, 212

gasolina, moratória, 261-264

gasolina, preços, 79-82

Gates, Bill, 21

Geiger, Bernice, 191

Geithner, Tim, 138

Gladstone, Bernard, 220

Gly-Oxide, 232-233

Goeree, Jacob, 34

Goldstein, Dan, 281

golfe, 170-176

Goodall, Chris, 144

Goolsbee, Austan, 139

Gordon, Phil, 161-162, 165, 166

gorjetas, e comissários de bordo, 25-26

Goss, Pat, 171-172

governo:

    mecanismos de votação, 33-35

    remuneração dos políticos, 35-38

    rendimentos dos jogos de azar, 114

Greatest Good, 32, 253

Greene, Mean Joe, 184

Grossman, Michael, 103

Gruber, Jonathan, 104

Grzelak, Mandi, 227-228

guarda-chuvas, riscos dos, 96-97

hábitos televisivos, 271-272

Hagen, Ryan, 264-268

Harold's Chicken Shack, 70-71

Harris, Franco, 184

Hatcher, Teri, 257

Hemenway, David, 212-213

Henderson, Kaya, 140

hipismo, 92
Hitchens, Christopher, 240
Holmes, Santonio, 183-185
hostilidade, teoria da discriminação, 270
Hussein, Saddam, 56

ideias científicas, sua legitimidade, 109
identidade de gênero, 195
identidade, conceito, 141-142
Imaculada Recepção, 184
impostos:
  guerra aos, 18-20
  sobre renda de atletas, 68-69
  sobre sexo, 218-220
  sonegação, 138-139
In Search of Excellence (Peters e Waterman), 239
incentivos, 22-23, 35-38, 62-63, 86-87, 98, 100, 108, 120, 144, 283-285
ineficiência nos transportes, 147-149
Investindo no piquete, 63
iPad, 110
Irfan, Atif, 115-117
IRS (Receita Federal norte-americana), 18-20, 138-139, 219

Jackson, Vincent, 183
Jacob, Brian, 140
Jagger, Mick, 70
"janelas quebradas", teoria criminalística, 142
Jarden Zinc, 60
Jines, Linda Levitt:
  e *Freakonomics*, 233, 250-251
  elogio fúnebre do irmão, 250-253
  intervenções do pai, 243-250
Jingjing Zhang, 34

jogos de apostas:
  a uma carta da mesa final, 165-167
  como não trapacear, 134-135
  corridas de cavalos, 164, 188-189
  em atletas, 68-69
  em times, 111
  gamão, 167-170
  na circulação de jornais, 199
  pôquer pela Internet, 112-114, 136
  recorde imbatível, 165
  Rochambeau ("Pedra, papel e tesoura"), 161-162
  vinte e um, 163-164
  World Series of Poker, 161, 165-167
Johnson, Larry, 177
Johnston, David Cay, 18-19

Kaczynski, Ted (Unabomber), 242
Kahneman, Daniel, 10, 106-109, 176
Katrina (nome popular), 43-44
Kennedy, Bobby, 235
Kentucky Derby, 188-189
Keyes, Alan, 235
KFC, 229-230
Killefer, Nancy, 138
kiwi, 72-75
Kormendy, Amy, 146
Kranton, Rachel, 141
Kulkarni, Ganesh, 123-124

Laffer, curva de, 68
Lago George, acidente de barco, 105-106
LaHood, Ray, 26, 93-96
Lancaster, Barbara, 187
Landsburg, Steven, 220
Lane, Mary MacPherson, 149
Las Vegas:
  aversão ao risco, 112

ÍNDICE

pôquer, 112-114, 134-137, 161-163, 165-167

vinte e um, 163-164

Lee Hsien Loong, 36

Lee, Jennifer 8., 42

Leeson, Peter, 264-268

Lei das Espécies Ameaçadas, 143-144

Lei de Aplicação da Proibição de Apostas na Internet (Unlawful Internet Gambling Enforcement Act, UIGEA), 114

leite em pó infantil, 255-256

Levitt, Michael, "A morte de uma filha", 243-250

List, John, 111, 143, 195, 275-276, 283

livros, 20-22

de dieta, 104

Deus no título, 240-241

memórias falsas, 128-129

merda [bullshit] no título, 233-234, 240

no iPad, 110

sobre negócios, 238-241

lobistas, 60

Loveman, Gary, 112

lucros, apostar no verde em busca de, 149-150

ludicidade (falácia lúdica), 281

Ludwig, Jens, 210-212

Maass, Peter, 97-101

Madoff, Bernie, 117

Malthus, Reverendo Thomas R., 98

Mandic, Pinar, 81

Manjoo, Farhad, 120

Mão-Boba (O Masturbador), 45-46

Maréchal, Michel André, 195-96

Margolis, Michael, 143

Martinelli, César, 121-123

Masters, Will, 72-81

Matthews, H. Scott, 148-149

McCain, John, 38

McDonald's, funcionários, 230

McKibben, Bill, 154-158

McLaughlin, Dan, 172-174

McWilliams, James, 151-53, 154-59

mecanismos de votação, 33-35

medicina, e estatísticas, 236-238

medidas antifraude, 95

medo de estranhos, 115-117

meio ambiente:

andar de carro, 143-144

aquecimento global, 80-81, 154-158

comer carne, 154-158

consumo alimentar local, 145-149

consumo ostentatório, 158-159

embalagem, 151-154

emissões de gases do efeito estufa, 148, 153, 156

extração de petróleo, 97-103

fraldas de pano ou descartáveis, 144

Lei das Espécies Ameaçadas, 143-144

lucratividade, 149-150

o Prius e sua "fama verde", 159

sacos de papel ou de plástico, 144-145

salvar a floresta tropical, 150-51

veganismo, 154-158

meios de comunicação:

doações beneficentes, 272-276

geradores de medo, 101

melhor conselho, 291-293

memórias falsas, 128-129

mendigos, 276-283

mentalidade de rebanho, 125-128

mentiras de reputação, 121-23

mercados de ações, capitalização, 64

merda [bullshit] no título de livros, 233-234, 240

Merton, Robert C., 282
Mickelson, Phil, 69
Miles, Tom, 114
Minty, Jessica H., 274
Moonen, Scott, 47
moral versus economia, 242-243
morfina, valor da, 250
Morgan, Yourhighness, 41
Moscowitz, Toby, 179-181
movimento antiaborto, 63
mudanças climáticas, 154-158
mulheres africanas, pesquisa sobre, 202
mulheres:
  e felicidade, 289-291
  feminismo, 290-291
Mullainathan, Sendhil, 291
Mumbai, sistema ferroviário, 123-124
mundo acadêmico:
  open house na escola, 187
  subornar alunos, 283-285
  titularidade, 22-24
  trapaça de professores, 93, 139-140
Murphy, Kevin, 57
Myers, Mike, 257

Nadal, Rafael, 69
namoro on-line, 227-228
National Health Service [Serviço Nacional de Saúde] (Reino Unido), 30-36
National Highway Traffic Safety Administration [Administração Nacional de Segurança do Tráfego Rodoviário] (NHTSA), 212-213
National Violent Death Reporting System [Sistema Nacional de Informações sobre Mortes Violentas], 213
Neckermann, Susanne, 283
New York Times, The, 10, 15, 18, 42, 87, 97-103, 144, 233

Nielsen Ratings, índices de assistência de TV, 271-272
Noll, Chuck, 186
Noll, Thomas, 195-196
nomes, 39
  aptônimos, 44-47
  caráter imprevisível, 43-44
  celestial, 42
  do meio, 39-41
  primeiro, 41, 42
Nostradamus, 98
nulidade ecológica, 281

Obama, Barack, 36, 183, 234-236
obesidade, 103-106
observação de pássaros, 240-241
ódio pelo e-mail, custo, 49-51
oferta e demanda, 72-74, 98, 99-100, 102-103, 113, 286-289
Oliver, Eric, 105
ônibus, andar de, 125-127
OPEP (Organização dos Países Exportadores de Petróleo), 99-100
oportunidade, custo de, 292-293
oportunidades, 121-122
Osgood, Daniel, 143

Pacquiao, Manny, 68-69
Pape, Robert, 17
Paquistão, terremoto, 273-275
Pardo, Bruce, 115-117
Pareto, esquema de eficiência de, 34
Pária (programa de TV), 215-16
Parker, Susan W., 121-123
Pataki, George, 105
patrocínio empresarial, 75-76
Paulos, John Allen, 241
Paulson, Henry, 202

ÍNDICE

pegadinhas, 238
pele, cor da, no mercado, 268-271
Peltzman, Sam, 144
Pense como um Freak (Levitt & Dubner), 30, 31
Pepsico, 57-58
pesca, 292
petróleo, "pico do", 97-103
petróleo, extração, 97-103
Pettitte, Andy, 130-131
Pham, David "O Dragão", 166
pilotos, 77-79
piratas somalis, 264-268
piratas, 264-268
Pittsburgh Steelers, 181-186
Plack, Les, 47
planejamento familiar, 62-63
Polamalu, Troy, 184
Poland Spring, engarrafamento de água, 11
Pollan, Michael, 146
pôquer pela internet, 112-114, 136-137
pôquer:
    a uma carta da mesa final, 165-167
    como não trapacear, 134-135
    pela internet, 112-14, 136-137
    recorde imbatível, 165
    torneio "troca de tiros", 165
    trapacear, 134-137
    World Series of Poker, 161-162, 165
prática, 10 mil horas, 170, 172-173
preços de imóveis, 64-65
preços:
    ancoramento, 260
    aumento, 98, 99
    da gasolina, 79-82
    das vozes nos desenhos animados, 257
    de alimentos, 103

    de asas de frango, 70-71
    de bolas de beisebol autografadas, 74-75
    de canções, 66-67
    de carros, 53-55
    de ódio por e-mail, 49-51
    de remédios por receita, 51-53
    de um centavo, 59-62
    discriminação, 150
    do camarão, 288
    do kiwi, 72-74
    e substitutos, 100
    imobiliários, 64-65
    oferta e demanda, 72-74, 98, 99-100, 102-103, 113, 286-289
    patrocínio empresarial, 75-76
    "pico do petróleo", 97-103
    recompensa por bin Laden, 56-57
problema de agente principal, 178
processo decisório, 106-107, 178-179
procrastinação, 107
profetas do apocalipse, 97-98
prostituição:
    bordel de Berlim, 149
    legalização, 217, 225-227
    serviço de acompanhante, 222-227

raça:
    hábitos televisivos, 271-272
    no mercado, TV, 265-271
Rádio Freakonomics, 227-228
rapto de crianças, 117
Reeve, Christopher, 92
Reilly, Barry, 193
relatório em causa própria, 121-123
remédios por receita, preços, 51-53
Rickman, Neil, 193
RICO (estatuto federal de combate às máfias), 198

Rios, Brandon, 68
riscos, assumir, 107
Rochambeau ("Papel, pedra e tesoura"), 161-162
Rodriguez, Alex, 130
Roe versus Wade, 23
Roethlisberger, Ben, 92
Romer, David, 178
Rooney, família, 183
Rose, Charlie, 231
Rose, Pete, 74-75
Rossi, Martin, 36-37
Rossotti, Charles O., 19
Rubinstein, Yona, 17
rúgbi, ferimentos de sangue, 129-130

sabedoria dental, 232-233
sacolas de papel ou de plástico, 144
Sadoff, Sally, 283
Saffer, Henry, 103
salários:
    dos políticos, 35-38
    e mercados, 28-29
    e qualidade dos candidatos, 37
Sandusky, Jerry, 107
satisfação, 108-109
segurança, controles de, 96-97
segurança, excesso de, 95-96
selos postais, isenção de, 124-125
Seltzer, Margaret, 128
sem-teto, 277-278
Sen, Amartya, 282
Senado do Estado de Nova York, 199-202
Serviço de Imigração e Naturalização, Formulário N-400, 202-203
Serviço de Imigração e Naturalização, Formulário N-400, 202-204
sexo:
    casual, 222

garota de programa de luxo, 222-227
impostos sobre, 118-120
mais, 220-222
prostituição, 217, 220-224
Sexton, Alison e Steve, 159
Shin-Yi Chou, 103
Siberry, Jane, 66-67
Silvertooth, Eugene "Chip", 47
Simmons, Matthew, 101-103
Simon, Julian, 101
sistema médico, interações com o, 243
Smith, Adam, 265
Smith, Noah, 30-31
soalho de centavos, 62
Stein, Luke, 369-371
Steinem, Gloria, 50
Stenger, Victor, 240
Stevenson, Betsey, 289-291
Stewart, Jon, 231
Stewart, M.R., 239-240
Stubbs, Bob, 46
subjetividade, 147
substitutos perfeitos, 58
suco de laranja, 150-151
Sullenberger, Chesley "Sully", 76-77
SuperFreakonomics (Levitt & Dubner), 53, 91, 94, 106, 108, 222
Swift, Jonathan, 220

Taleb, Nassim Nicholas, 277, 281-282
Taylor, Brian, 215
Taylor, Sean, 205
Tejada, Miguel, 130
Teorema da impossibilidade de Arrow, 33
Terrível Toalha, 184
terrorismo, 13-18, 96-97, 214
Thaler, Richard, 65, 259-260
Tierney, John, 101-103

ÍNDICE

Tinker, David, 41
titularidade acadêmica, 22-24
Tomlin, Mike, 186
Tour de France, 131-132
trabalho:
  incentivos ao, 285
  versus lazer, 145-146
tráfego aéreo congestionado, 26-28
trapaça de professores, 93, 139-140
trapaças:
  como não trapacear, 134-135
  e os "ferimentos de sangue", 129-130
  em relatos autorreferenciais, 121-123
  memórias falsas, 128-129
  natureza humana, 119
  no pôquer, 134-137
  no transporte ferroviário de Mumbai,
    140-141
  nos esportes, 129-131
  nos impostos, 18-20, 68-70, 108, 138-139
  para ser o tal, 119-120
  por professores, 93, 139-140
Travolta, John, 257
Tropicana, 150-151
tsunami asiático, 274
tubarões, ataques, 101
Tversky, Amos, 176
Twitter, concurso, 85-87

vantagem de jogar em casa, 179-181
Veblen, Thorstein, 158
veganismo, 154-158
Velde, François, 59

Venkatesh, Sudhir, 196-202, 210-211
Vermeil, Dick, 176-77
viajar sem passagem, 124
vícios racionais, 83-185
vícios racionais, 83-88
vinte e um, 163-164
Virgin Mobile, 61-62
Voo 1549 da US Airways, 76-77

Wayne (nome do meio), 40-41
Weber, Christopher L., 148, 149
Weller, Mark, 60-61
Werner, James, 42
Wertheim, Jon, 179-181
Weyl, Glen, 33-34
White, Byron "Whizzer", 182
Williams, Tom, 129-130
Wilson, A.N., 238
Winfrey, Oprah, 50
Wire, The, 196-199
Witt, Robert, 193
Wolf, Cyril, 51-52
Wolfers, Justin, 289-291
World Preservation Foundation (WPF),
    ver Fundação para a Preservação do
    Planeta
World Series of Poker, 161-162, 165-167
Worthy, Paige, 44-45

xadrez, 168-169

Zelinsky, Aaron, 132-133

Este livro foi composto na tipologia Minion
Pro Regular, em corpo 11/16, e impresso em
papel off-white no Sistema Cameron da
Divisão Gráfica da Distribuidora Record.